当代中国海运经济的历史考察

以政府与市场的作用为视角

麦正锋 著

上海交通大学出版社
SHANGHAI JIAO TONG UNIVERSITY PRESS

内容提要

本书以政府与市场的作用为视角,对当代中国海运经济史作系统性考察,分析了各时期政府与市场在海运经济中的行为与绩效,认为海运经济的发展需要政府与市场二者共同发挥作用,通过解决好政府与市场间的"分工"关系,可以实现强政府与强市场的有机结合,而正确处理好政府与市场的关系需要从海运产业的发展阶段和特征出发。

图书在版编目(C I P)数据

当代中国海运经济的历史考察:以政府与市场的作用为视角 / 麦正锋著. —上海:上海交通大学出版社,2019
ISBN 978 - 7 - 313 - 21409 - 6

Ⅰ.①当…　Ⅱ.①麦…　Ⅲ.①海上运输-运输经济-经济史-研究-中国-现代　Ⅳ.①F552.9

中国版本图书馆 CIP 数据核字(2019)第 122116 号

当代中国海运经济的历史考察
——以政府与市场的作用为视角

著　　者:麦正锋
出版发行:上海交通大学出版社　　　　　地　　址:上海市番禺路 951 号
邮政编码:200030　　　　　　　　　　　电　　话:021 - 64071208
印　　刷:上海天地海设计印刷有限公司　经　　销:全国新华书店
开　　本:710mm×1000mm　1/16　　　印　　张:14
字　　数:242 千字
版　　次:2019 年 8 月第 1 版　　　　　　印　　次:2019 年 8 月第 1 次印刷
书　　号:ISBN 978 - 7 - 313 - 21409 - 6/F
定　　价:68.00 元

前　言

Preface

　　自 15 世纪地理大发现以来,海运成为国际货物贸易最主要的运输方式。海运在国民经济与国家战略安全上发挥重要的作用,因此海运业的发展历来受到沿海国家和地区的重视。对于海运业的发展,长期存在保护主义与自由主义之争,从国际关系的角度看,它是国家利益之争;但从资源配置的角度看,它是政府与市场之争,因为保护主义与自由主义的具体政策落实就体现出资源配置中政府与市场的地位之争。2008 年世界金融危机爆发以来,中国海运经济遭受严重打击。海运业界不断呼吁中国政府进行救市。国货国运与国轮国造等保护主义的提议日渐增多。在中国许多行业都在呼吁减少政府干预之际,海运业却在呼吁加大政府干预显得格外引人注目。在此背景下,以政府与市场的作用为视角对当代中国海运经济作历史考察,试图为当前中国海运经济的发展提供历史启示,同时,丰富海运经济学的基础研究。

　　本书综合运用历史学、经济学和统计学的理论和方法,对当代中国海运经济史做系统性的考察。着重围绕“在当代中国海运经济发展过程中,政府与市场如何发挥作用以及发挥了什么作用”这个问题展开论述,重新审视中华人民共和国成立以来政府与市场在海运经济中的作用变迁。

　　在计划经济体制时期(1949—1978 年),中国共产党领导的海运经济新体系之重建不是通过市场的力量来推动,而是依靠政权的力量自上而下来进行。重建后的海运市场体系政府干预力度增强,市场机制作用下降。在政权更替交接时期,新政权面对着紧张的政治军事局势,采取以政府干预为主的经济政策是历史的使然。同时,也应看到在这个过程中出现的一些矫枉过正的做法也带来负面影响。中国的海运经济在国内受政府干预的同时,在国际上还受到市场机制的影响。海运经济是在计划经济时代中国开放程度相对较高的经济领域之一。在国际市场上租用船舶、购买船舶和使用外国班轮是该时期中国海运在计划经济外主要的市场行为,租赁价格、船舶价格和运输价格深受国际市场机制的影响。该时期海运效率的提高主要依靠政府干预推进,对于公共产品的投资如港口建设,政府的配置效率较高。对于技术变革,政府干预容易受到政治因素影响而违背事物发展的规律。对于运输协作,政府部门自始至终担当主角。总体上看,在计划经济体制下,政府干预过多,市场的作用受到抑制,仅在国际海运中得以发挥。政府的作用主要体现在建立了有序、统一的海运体系,市场的作用主要体现在提高对国外海运资源的利用效率。

在改革开放启动时期(1979—1991年),通过改革后计划经济时期建立高度集中的海运管理经营体制发生改变,政府对企业的管理权限在收缩,对企业的干预减少,海运企业的自主权得到扩大。值得注意的是,政府权力的收缩不是全线而退,而是实行内外有别的策略,对内收缩,减少对企业的干预,对外不变,支持本国企业参与国际竞争,在1988年之前,中国政府对本国海运企业持保护主义政策。该时期,市场力量在海运经济中的扩大,随着市场准入的放宽,海运市场的运输、代理和融资主体多元化。海运市场由此出现多元竞争的局面,包括中外竞争、体制内竞争和计划内外竞争。经过对市场的治理,初步形成了竞争机制、价格机制和供求机制。总体上看,在该时期中国船舶和港口装卸的技术水平进步并不显著,但是海运的经济效益提高明显,其原因主要是改革开放带来的制度创新,具体而言是调整了政府与市场的关系,政府高度集中且控制全面的权力开始收缩,市场的力量从国际渗入到国内,政府与市场的力量共同作用于海运经济。政府的作用在于促进海运市场的开放、竞争、有序、统一;市场的作用体现在市场机制的初步形成,对海运资源配置发挥越来越重要的作用。

在市场经济体制框架基本形成时期(1992—2001年),由于市场的盲目性和滞后性给海运经济的发展带来了新的问题,中国政府采取的干预主要有:调控运力增长速度,抑制运能过剩;调控沿海港口建设规模,提高港口吞吐能力;实施"抓大放小"策略,加强大型海运企业在国际海运市场的竞争力,以及对海运业实行行业管理。该时期,市场体系进一步完善,对海运经济初步发挥资源配置的基础性作用。从信息服务和中介服务反映出海运市场由虚拟向实体、无形向有形的转型;从集装箱、船舶生产以及船员劳务等相关产业体现出海运经济全方位国际化;从境外海运企业在华经济行为和港口基础设施建设市场折射出海运市场的规范化。

在市场经济体制初步完善时期(2002—2013年),政府在海运资源配置中的影响力相对下降,政府影响海运经济的方式和领域发生改变,市场在海运资源配置中发挥了基础性作用。首先,政府较少地直接干预运输资源的配置,更多是间接干预,干预的范围一般局限于船主,即运力的调控,而货主的经济行为则在范围之外,对船主与货主之间的关系没有直接干预。其次,在船舶生产中船舶资源供需"错位",造成造船行业大量承造出口船,而国内海运企业却大量购进外国船的现象;鉴于造船工业与国防建设有密切关系,需要政府的适度干预;在船舶经营中国内海运企业为了经济利益将船舶移籍国外,而政府为了国家利益争取将船舶加入中国籍,实质上这是政府与市场对船舶资源配置的一场较量。再者,在中国进入世界贸易组织之后港口"群雄四起",但是港口资源利用效率不高,对于岸线资源的配置政府较之市场效率更高,因此需要调整港口资源配置的方式,充分发挥政府在整合各级行政区的港口资源和推进国际航运中心建设上的作用。

把握产业特征是制定产业经济发展政策的前提基础,是调整产业经济活动中政府与市场关系的重要依据。通过比较中外海运史,从历史演进的角度发现海运业具有四个显著的产业特征:①海运业是国民经济的基础性产业;②工业化进程引起的运输方式代际变化将使海运业的影响力趋于下降;③海运业与国家安全密切相关;④时代背景的差异使海运业对大国崛起的影响发生变化。

通过系统梳理当代中国海运经济的发展历程,可以得到以下四点结论和启示:

第一,海运经济的发展需要政府与市场二者共同发挥作用,不能单纯依赖政府干预,也不能单纯依赖市场调节。在计划经济时期,不仅有政府干预,还存在市场机制;在市场经济时期,不仅有市场机制,还存在政府干预。尽管当代中国海运经济史是一个市场化的过程,呈现出政府力量在不断减弱、市场力量在不断增强的趋势,但是并不代表政府力量完全从海运经济领域退出。虽然海运业的国际化和市场化程度较高,但仍然需要政府干预。世界上没有任何两个国家的海运政策是完全一致的,但是都存在相似之处,即都需要政府与市场的共同作用。

第二,海运经济的发展可以实现强政府与强市场的有机结合。政府与市场在各自的界限范围内发挥作用,其力量自然越是强大越有利,在这个意义上看,强政府与强市场的结合最完美。当代中国海运经济的历史表明,政府与市场既存在"对立"关系,也存在"分工"关系,通过解决好"分工"关系,可以实现强政府与强市场的有机结合。

第三，海运经济政策的制定要注重从产业发展的阶段出发。纵览中外海运经济史，得出两个规律性的认识：一是当海运业处在幼稚阶段采取保护主义政策较为有利；二是当海运业处在成熟阶段采取自由主义政策较为有利。在海运业处在成熟阶段坚持实行自由主义政策，不应因为海运业周期性的低谷出现而过分地加大政府干预，超越政府作用的界限，破坏市场机制的发挥。

第四，海运经济政策的制定要注重从产业具有的特征出发。实现大国崛起的强国梦离不开海运业的支撑，但是，需要辩证看待海运业，不可过度拔高它的地位。过度拔高海运业的地位，将产生政府干预过多的负面影响，不利于海运业的健康持续发展。

目　录
Contents

导　论

一、选题意义

自 15 世纪地理大发现以来,海运成为国际货物贸易最主要的运输方式。作为世界经济交往的纽带,海运扩大了市场范围,促进了世界分工。海运也因此成为改变世界经济地理格局的重要因素,经济、贸易和工业中心趋海布局。目前,世界上的国家和地区共有 224 个,其中沿海国家和地区有 181 个。据统计,世界上大约有二分之一以上的人口,200 多个有 100 万以上人口的大城市中的四分之三,以及 70% 的工业资本集中在狭长的沿海地带。[①] 19 世纪末,美国军事理论家阿尔弗雷德·塞耶·马汉(Alfred Thayer Marhan)提出了著名的"海权论"。他认为,对海洋的控制权决定海洋国家的根本命运,海权是统治世界的决定因素,而拥有一支现代化商船队是构建完整海权体系的一个必要条件。鉴于此,沿海国家和地区无一不重视海运业的发展。

对于海运业的发展,历来存在保护主义与自由主义之争,从国际关系角度看,它是国家利益之争;但从资源配置的角度看,它是政府与市场之争,因为保护主义与自由主义政策的具体落实就体现在资源配置中政府与市场的地位之争。

在中国,自 2008 年世界金融危机爆发以来国内海运经济遭受严重打击,海运企业普遍亏损。中国远洋运输(集团)总公司是中国实力最强的海运企业,其旗下的资本平台中国远洋从 2009 年起三度成为 A 股上市公司的"亏损王",险遭退市。国外的海运企业虽然也受到冲击但很快实现扭亏转盈,而中国的海运企业却深陷困境难以自拔。海运业界不断呼吁中国政府进行救市,在此后数年

---

①　季国兴:《中国的海洋安全和海域管辖》,上海人民出版社,2009 年,第 4 页。

的全国两会上多次提出议案。国货国运与国轮国造等保护主义政策的提议日渐增多。在中国许多行业都在呼吁减少政府干预之际,海运业却在呼吁加大政府干预显得格外引人注目。在此背景下,笔者选择该题,试图能实现以下两点价值。

第一,海运业在国际化和市场化方面走在其他产业之前,即便在计划经济时期与国际市场的联系从未间断,在改革开放进程中具有开放时间早、开放程度高的特点。海运业的改革往往处于先行先试的地位,例如,1951年成立的中波轮船股份有限公司是新中国第一家中外合资企业、第一家股份制公司;1979年,招商局投资开发蛇口工业区打响了改革开放的第一炮;它的经验和教训成为中国社会主义市场经济建设的宝贵财富。因此,本书通过对现实提出的"如何看待政府与市场在海运经济中的角色?"以及"如何发挥政府与市场在海运经济中的作用?"等问题做出来自经济史视角的回应,一方面为海运业的发展提供一些历史启示;另一方面有利于深入认识中国在改革开放进程中应如何处理好政府与市场的关系,为其他产业的发展提供借鉴意义。

第二,海运经济史是海运经济学的基础性研究,但是长期不受重视,研究较为薄弱,尤其是当代中国海运经济史。由于对当代中国海运经济发展历程的忽视,导致在中国海运经济政策的理论研究和实践中,较少从自身发展的特点出发,过多依赖国际经验,偏离国情实际。本书研究当代中国海运经济史,为海运经济学的基础研究增添一份力量。

二、研究现状

与本书紧密相关的研究领域集中在海运经济史研究、海运经济政策研究以及海运服务贸易研究三个方面。

1. 海运经济史研究

中华人民共和国成立以来,海运经济史的研究主要集中在历史学界和航海学界。历史学界的研究侧重于古代和近代的海运经济史研究,也许是扼守"当代人不言当代史"的训言,几乎没有触及当代的海运经济史领域。航海学界的研究发轫于20世纪80年代,经过30余年的发展,已成为海运经济史研究的主力军。航海学界的研究时间跨度长,从古至今。航海学界人士具备航海专业知识,有些还有航海业务的经历,与历史学界相比,他们的研究显得专业性程度更高,尤其是从航海科技的视角研究具有不可替代的地位。航海学界取得了令人瞩目的学术成果,其中引起广泛关注的有两大工程。

第一,《中国水运史丛书》工程。20 世纪 80 年代以来,在交通部、中国航海学会大力倡导、中国航海史研究会具体组织下,出版《中国水运史丛书》,丛书分为四大类:一是中国航海、内河整体史;二是部分省份的航运史;三是部分城市的港口史;四是部分大型航运企业史。到目前为止已出版了 50 多部,2 000 余万字。其中,内容涉及当代海运的有:《中国航海史(现代航海史)》①《河北省航运史》②《山东航运史》③《江苏航运史(现代部分)》④《福建航运史(现代部分)》⑤《广东航运史(现代部分)》⑥《广西航运史》⑦《秦皇岛港史(现代部分)》⑧《天津港史(现代部分)》⑨《烟台港史(现代部分)》⑩《连云港港史(现代部分)》⑪《上海港史(现代部分)》⑫《宁波港史》⑬《温州港史》⑭《福州港史》⑮《厦门港史》⑯《北海港史》⑰《中远发展史——中国远洋运输公司史》⑱《招商局史(现代部分)》⑲。该丛书是目前中国涉及海运经济的最大型史书,它以编年体为叙事方式,展示了中国海运经济兴衰和演变的历史过程,探讨了在不同的历史条件下所形成的海运经济发展的特点和规律。

第二,《中国航海史基础文献汇编》工程。中国的航海历史悠久,在中外的史籍中有大量关于航海活动的记载,内容相当丰富。但这些记载都比较分散,长期以来未能进行系统的全面发掘整理。2006 年,中国交通运输部立项规模宏大的

① 中国航海学会:《中国航海史(现代航海史)》,人民交通出版社,1989 年。
② 王树才:《河北省航运史》,人民交通出版社,1988 年。
③ 《山东航运史》编委会:《山东航运史》,人民交通出版社,1993 年。
④ 束方昆:《江苏航运史(现代部分)》,人民交通出版社,1994 年。
⑤ 刘启闽:《福建航运史(现代部分)》,人民交通出版社,2001 年。
⑥ 《广东航运史(现代部分)》编委会:《广东航运史(现代部分)》,人民交通出版社,1994 年。
⑦ 《广西航运史》编审委员会:《广西航运史》,人民交通出版社,1991 年。
⑧ 黄景海:《秦皇岛港史(现代部分)》,人民交通出版社,1987 年。
⑨ 贵义和:《天津港史(现代部分)》,人民交通出版社,1992 年。
⑩ 纪少波、陈江令:《烟台港史(现代部分)》,人民交通出版社,2008 年。
⑪ 徐德济:《连云港港史(现代部分)》,人民交通出版社,1989 年。
⑫ 金立成:《上海港史(现代部分)》,人民交通出版社,1986 年。
⑬ 郑绍昌:《宁波港史》,人民交通出版社,1989 年。
⑭ 周厚才:《温州港史》,人民交通出版社,1990 年。
⑮ 福州港史志编辑委员会:《福州港史》,人民交通出版社,1996 年。
⑯ 厦门港史志编纂委员会:《厦门港史》,人民交通出版社,1993 年。
⑰ 顾裕瑞、李志俭:《北海港史》,人民交通出版社,1988 年。
⑱ 中国远洋运输总公司《中远发展史》编委会:《中远发展史——中国远洋运输公司史》,人民交通出版社,2000 年。
⑲ 朱士秀:《招商局史(现代部分)》,人民交通出版社,1995 年。

航海文化建设工程,委托大连海事大学开展中国航海史基础文献研究,计划用6 年至8 年时间,编辑出版数千万字的多卷本《中国航海史基础文献汇编》。《中国航海史基础文献汇编》将全面系统地检索、梳理、汇编自远古至1949 年中华人民共和国成立间各历史时期的历史典籍、类书、笔记、地方志、档案、考古发现、遗址遗存、中外学术成果和民俗风情等基础文献中与中国航海史有关的图文记载与实物资料,内容包括历代航海事件、航海人物、航海路线、航海地名、航海工具、航海技术、航运经营与管理、航运政策与法规以及主要港口等。分正史卷、别史卷、类书卷、方志卷、考古卷、档案卷、学术卷、海外卷和杂录卷等9 个分卷。至今已经陆续出版了部分分卷。这部鸿篇巨制的问世,必将对中国乃全世界航海史的研究产生深远的影响。

航海学界除了以上两大工程之外,其余的研究成果较为分散,例如还有《中国外运四十年》[①]《大连轮船公司史》[②]《中远集装箱运输有限公司(上海远洋运输公司)史》[③],均是海运企业的发展史。此外,还有钱玉戡的《国民经济恢复时期海运史述略》,概述了中国海运事业在建国头三年的艰苦创业史及其主要成就;[④]卫太夷的《关于"一五"时期我国海运管理改革的探讨》认为"一五"时期中国海运量的增长率远远高于海运运力的增长率,但是,海运的计划任务能够如期完成,海运效率的提高主要原因是海运企业经营管理的改善和革新。[⑤]

在海运经济史研究领域中,经济学背景出身的学者较少,代表性成果有:姜旭朝的《中华人民共和国海洋经济史》,它将当代中国海运业演变划分为三个时期进行分析,1949—1957 年为恢复发展时期;1958—1978 年为曲折发展时期;1979—2005 年为高速发展时期,对各时期的发展概况进行事实描述。[⑥]彤新春的《试论新中国海运事业的发展和变迁(1949—2010)》,通过考察新中国海运事业的发展和变迁,发现中国海上贸易、海洋运输的强弱与经济增长具有同步性,与英国、美国、日本等国依靠"世界工厂"的制造业地位建立其海运大国的发展历程既有相关性也有自己的独特之处。中国经济的快速增长已经改变了几个世纪以

---

① 《中国对外贸易运输总公司发展史》编写组:《中国外运四十年》,中国工人出版社,1990 年。

② 蔡雅丽:《大连轮船公司史》,大连海事大学出版社,1999 年。

③ 中远集装箱运输有限公司史编纂委员会:《中远集装箱运输有限公司(上海远洋运输公司)史》,上海人民出版社,2004 年。

④ 钱玉戡:《国民经济恢复时期海运史述略》,《上海海运学院学报》1986 年第4 期。

⑤ 卫太夷:《关于"一五"时期我国海运管理改革的探讨》,《上海海运学院学报》1986 年第2 期。

⑥ 姜旭朝:《中华人民共和国海洋经济史》,经济科学出版社,2008 年。

来的世界海运格局,并在海运服务贸易方面越来越具有重要地位。①

2．海运经济政策研究

海运经济政策一直是海运经济研究的重点内容,主要分为三大类:第一类是总结性的研究;第二类是建议性的研究;第三类是评价性的研究。

第一类总结性的研究主要任务是对海运经济政策进行总结。代表性成果有:孙光圻的《国际海运政策》,它对 1949—1997 年中国的国际海运政策作出了概要性的介绍;②随后王杰、闵德权、王莉的《国际海运政策概论》,在前者的基础上进行扩充,时间下限延长至 2009 年。③

第二类建议性的研究主要任务是对中国海运经济现状提出政策建议。这类研究占主体地位,代表性成果有:

徐文宇的《发展我国远洋运输事业及若干政府行为》,提出政府应积极使用宏观调控手段,实行政策性引导,扶植促进航运企业发展,包括政府应用法律手段规范市场,创造平等竞争的环境;政府应运用法律手段引导企业健康发展;政府应对发展远洋运输业实施政策倾斜。④

张培林、梁小威的《我国国际航运经济政策优化分析》,应用国际航运保护经济政策比较评价模型进行比较评价分析,发现中国现时的国际航运经济政策的开放性高于韩国、日本、美国等,并提出了优化我国国际航运经济政策的建议:建立反保护规则;适度货载优先;补贴扶持。⑤

刘铁利、王全喜的《中外国际航运业税收制度的比较与借鉴》,通过中外比较,发现中国航运业税制内外失衡、船舶折旧年限长、企业税负较重。因此提出:统一中、外资航运企业的税制,取消对外资航运企业的税收优惠;设立"第二船籍登记制度";在境外营运超过 183 天的国际航运企业,免交其运营的营业税和所得税;对国际航运企业从事运营的船舶予以一定的财政税收返还。⑥

于谨凯、侯瑞青的《海洋运输业竞争力提升中的政府补贴机制研究》,认为中国对海运业补贴少于其他海运强国,建议政府完善政府补贴机制,建立直接补贴

①　肜新春:《试论新中国海运事业的发展和变迁(1949-2010)》,《中国经济史研究》2012 年第 2 期。

②　孙光圻:《国际海运政策》,大连海事大学出版社,1998 年。

③　王杰、闵德权、王莉:《国际海运政策概论》,大连海事大学出版社,2010 年。

④　徐文宇:《发展我国远洋运输事业及若干政府行为》,《中国港口》1996 年第 4 期。

⑤　张培林、梁小威:《我国国际航运经济政策优化分析》,《中国软科学》1998 年第 6 期。

⑥　刘铁利、王全喜:《中外国际航运业税收制度的比较与借鉴》,《涉外税务》2005 年第 9 期。

与间接补贴相结合的机制;建立政府补贴的监督机制;加大航运业研发补贴。[①]

王幸子的《航运补贴制度研究》,指出航运补贴制度存在的不足,提出创设符合世贸规则的新型的航运补贴类型,包括航运企业上市补贴、融资创新补贴、航运企业业务创新补贴、人员引进和培训基金和环境保护奖励基金。[②]

贾大山的《海运强国战略》,认为实现海运强国战略需要政府职能转变:一是进一步做好"策划人",保持海运发展长期的主动性;二是努力做好"守夜人",保障国家安全;三是行使市场"裁判员"职责,保持海运市场秩序;四是完善公共"服务员"职能,服务海运发展。[③]

通过中美两国比较提出建议的有:徐仪佑的《美国海运政策演变及中国海运政策趋向建议》,提出将海运业列为具有战略意义的基础产业之一,予以优先发展;完善中国海运服务贸易的法规体系,健全管理和监督机制;正确对待外资在中国海运领域的发展。同时,提倡企业也不能一味依靠政府的扶持,而要不断苦练内功,提高市场竞争力。[④]金钰的《美国航运政策及其立法研究》,提出借鉴美国航运保护政策,制定中国必要的航运保护政策,包括国轮货载优先政策、航运企业税收优惠政策以及航运企业造船融资担保政策。[⑤]马艳飞、王晓霞的《浅析我国航运保护政策的完善》,提出参照美国的做法,采用间接的方式降低航运企业的营运税收;确立航运企业造船融资担保政策,由国有商业银行为航运企业提供担保;以专项立法形式,明确规定国际航运反保护规则。[⑥]

第三类评价性的研究主要任务是对中国海运经济政策作出评价,代表性成果有:

聂佳玉、王玉田的《中国海运政策的调整及其对航运业发展的影响分析》,概括了中国海运政策调整的主要内容,比较分析了中外海运政策,指出了中国海运政策的正负两面影响。[⑦]

包鹏程、王晓的《我国现行航运政策的比较研究》,认为虽然中国现存的政策存在缺陷,但是目前的航运政策无疑是很成功的,在短短的二十多年里,极大地

① 于谨凯、侯瑞青:《海洋运输业竞争力提升中的政府补贴机制研究》,《内蒙古财经学院学报》2009 年第 6 期。
② 王幸子:《航运补贴制度研究》,东北财经大学,2010 年硕士学位论文。
③ 贾大山:《海运强国战略》,上海交通大学出版社,2013 年。
④ 徐仪佑:《美国海运政策演变及中国海运政策趋向建议》,《世界海运》1999 年第 4 期。
⑤ 金钰:《美国航运政策及其立法研究》,大连海事大学,2000 年硕士学位论文。
⑥ 马艳飞、王晓霞:《浅析我国航运保护政策的完善》,《法制与社会》2007 年第 3 期。
⑦ 聂佳玉、王玉田:《中国海运政策的调整及其对航运业发展的影响分析》,《水运管理》1998 年第 8 期。

促进了中国航运业的发展,使中国步入了世界航运大国之列。[①]

杨靳、邵哲平的《自由主义航运政策对中国航运业的影响》,认为自由主义航运政策是符合中国航运业国情的,对中国航运业的发展是有效的,它使中国航运业在全球的竞争力是逐步增加的。如果要采取传统的"货载保留"或者"国货国运"的政策,是要将中国的航运政策带回到传统的航运保护主义政策中,只会使中国的航运竞争力下降。[②]

3. 海运服务贸易研究

根据世界贸易组织的规则,海运业属于服务贸易产业,因此从 20 世纪 90 年代中期起,"海运服务贸易"成为中国学界对海运业通常使用的术语,也在此时国际贸易学界开始进入海运经济领域的研究。

于立新的《开放中国航运服务贸易市场的思考》,通过国际比较,认为中国航运服务贸易市场准入程度深,开放范围广,提出转变政府职能,建立高效、有序的管理体制;继续适度开放中国航运服务市场;合理保护本国航运企业。[③]

万红先、戴翔的《我国海运服务贸易竞争力的国际比较》,从国际比较的角度分析了中国海运服务业面临的竞争环境及其国际竞争力现状,提出:一方面,以市场为导向,通过资本运营实现规模扩张,从而实现规模经济应是中国海运业今后发展的方向。应充分利用发展中国家的保护性条款,确定开放步骤,利用法律对中国海运企业进行保护,制定有利于航运企业技术进步、提高市场竞争实力的政策;另一方面,通过适度货载优先、非关税壁垒、贷款保障、政府补贴、优惠等政策适度保护本国海运业,尤其是应提高间接政府补贴程度,达到提高中国海运业竞争力的目的。[④]

王婧祎的《WTO 国际海运服务贸易与我国海运业开放》,认为中国加入世界贸易组织之后,中国国际海运市场的开放程度已达到发达国家的水平。因此,中国现行海运政策必须作出适应性的调整:遵循逐步自由化原则;实行有条件的最惠国待遇标准,充分利用 GATS 的"最惠国待遇豁免或例外"条款;坚持循序渐进的国民待遇原则,逐步取消"超国民待遇";优化船舶结构,加快管理体制的

① 包鹏程、玉晓,《我国现行航运政策的比较研究》,《南通航运职业技术学院学报》2003 年第 3 期。
② 杨靳、邵哲平:《自由主义航运政策对中国航运业的影响》,《中国水运(学术版)》2006 年第 8 期。
③ 于立新:《开放中国航运服务贸易市场的思考》,《财贸经济》1999 年第 10 期。
④ 万红先、戴翔:《我国海运服务贸易竞争力的国际比较》,《国际商务(对外经济贸易大学学报)》2007 年第 1 期。

改革,提高船舶运输的安全性与国际竞争力;积极参与海运服务贸易多边规则的谈判和制定。[①]

陈双喜、王磊、宋旸的《我国海运服务贸易逆差影响因素研究》,采用2001—2008年中国海运服务贸易各项数据,利用描述性统计分析方法、回归因素分析模型分别对中国海运服务贸易的发展现状和影响中国海运服务贸易逆差的主要因素进行了实证检验,研究结果显示国轮承运比例、海运服务贸易竞争力及开放度因素对中国海运服务贸易逆差的影响较为显著,并基于分析结果提出相应的对策建议:通过政府采购行为提高国货国运的比例;设定适度的货载优先制度;以税制、借贷优惠等间接的调控措施来进行隐蔽性扶持。最后指出海运业自由化趋势是无法改变的,短期内开放所带来的冲击会影响海运服务贸易发展,但从长远来看,开放是有利于海运服务贸易发展的。[②]

赵沫的《我国海运服务贸易竞争力研究》,利用层次分析法建立了评价海运服务贸易竞争力的评价指标体系,经过测算,中国仅排名在世界第7位,因此认为中国是典型的海运服务贸易大国而非强国,提出要适当保护和扶持本国海运服务贸易的发展,进一步提高国际竞争力。[③]

4. 简要评价

已有的研究取得了丰硕的成果,构成了后人深入研究的坚实基础,从目前来看还存在三个值得开拓的研究空间:

第一,从研究时段看,呈现断裂、零碎的状态。《中国水运史》丛书中的时间下限大多数至1990年,而海运经济政策和海运服务贸易的研究恰恰大多数是从20世纪90年代起至今。唯有姜旭朝的《中华人民共和国海洋经济史》以及彤新春的《试论新中国海运事业的发展和变迁(1949—2010)》在研究时段上比较完整,但限于篇幅其内容过于简要,还不能完全展现全貌。因此,当代中国海运经济史整体性的研究还是该领域的一块"短板",需要弥补。

第二,从研究视角看,出现政府与市场分离的现象。政府与市场的关系是经济学理论的核心问题之一,是一个古老而又常新的研究话题。海运经济的发展也常触及政府与市场的关系,已有的研究要么站在政府的立场,要么站在市场的视角,视角过于单一造成研究易于脱离实际。因此,需要将政府与市场相结合对

---

① 王婧祎:《WTO国际海运服务贸易与我国海运业开放》,《上海经济研究》2008年第11期。
② 陈双喜、王磊、宋旸:《我国海运服务贸易逆差影响因素研究》,《财贸经济》2011年第2期。
③ 赵沫:《我国海运服务贸易竞争力研究》,大连海事大学,2011年硕士学位论文。

当代中国海运经济史进行考察。

第三,从研究观点看,存在值得商榷之处。海运经济政策研究较多地偏向保护主义,主张加强政府干预;海运服务贸易研究较多地认为中国海运市场过度开放。这些问题都是影响今后海运经济决策的重要参考,需要再审慎对待。

三、研究对象

1. 时空范围

本书研究的时间范围为当代,起自 1949 年,至 2013 年。本书研究的空间范围为中国大陆,由于香港、澳门和台湾地区在海运管理享有相对的自主权,加之海运行业数据统计与中国大陆不统一,因此未将港澳台三地列入本书研究范围。

2. 海运业

狭义的海运业仅指航运业;广义的海运业包括作为主业的航运业以及密切相关的两个产业——港口业和造船业。本书的海运业是指广义的海运业。海运业有军用与民用之分,本书讨论的是民用海运业,不包括军事海上运输、军港和军工造船。

四、理论方法

1. 历史学的理论和方法

本书对当代中国海运经济作历史考察,主要运用的理论和方法是来自历史学。依据法国年鉴学派的"三种时段"划分方法[1]以及经济史学家赵德馨的"沉淀论"与"追随论"理论[2],本书将研究时限定于 1949—2013 年。通过对当代中国海运经济作"中期"考察,较为系统地梳理当代中国海运经济的发展脉络,发掘重要的历史细节,尽力展现一个真实的、完整的历史图景,总结出当代中国海运经济的规律性。

---

[1]　法国年鉴学派的"三种时段"划分方法:即把历史过程分为短期、中期、长期三个阶段,一般事件的延续时间在 10 年以下称为"短期",延续时间在 10 年到 100 年之间为"中期",100 年以上为"长期"。

[2]　赵德馨:《跟随历史前进》,《中南财经大学学报》1995 年第 6 期。

2. 经济学的理论和方法

本书以政府与市场为视角,主要综合运用新凯恩斯主义学派约瑟夫·E. 斯蒂格利茨[①]、发展经济学派林毅夫[②]、武力[③]等经济学界关于"政府与市场的作用""政府的经济职能"的理论。通过这些理论解释当代中国海运经济的发展历史,从中探寻出政府与市场在经济发展中的普遍性,以及在不同产业经济中的特殊性。

3. 统计学的理论和方法

本书注重定性与定量研究相结合,通过大量发掘、整理数据来论证,并绘制多种图表,增强说理的严谨性和形象性。根据时间序列研究的理论和方法,运用stata12 计量分析软件,建立 VAR 模型考察了 1978—2011 年海运货物周转量、沿海港口固定资产投资和经济增长之间是否存在长期均衡关系和短期动态关系,完成对海运业与国民经济关系的实证研究。

五、框架结构

本书分为七个部分:第一部分是导论;第二部分至第五部分是本书的主体,将当代划分为计划经济体制时期(1949—1978 年)、改革开放时期(1979—1991年)、市场经济体制框架基本形成时期(1992—2001 年)、市场经济体制初步完善时期(2002—2013 年)共四个时期进行历时性分析;第六部分是分析海运业的产业特征;第七部分是结束语。

第一部分是导论。分别介绍本书的选题意义、研究现状、概念界定、理论方法、框架结构、基本观点、创新之处与不足之处等。

第二部分即第一章,从体系重建、国际海运和海运效率三个方面论述计划经济体制时期(1949—1978 年)政府和市场在海运经济中发挥的作用。

第一,分析了包括管理、要素和市场诸体系在内的海运经济新体系建构的历史背景以及曲折过程,认为中国共产党领导的海运经济新体系之重建不是通过市场的力量来推动,而是依靠政权的力量自上而下来进行;重建后的海运市场体

---

① (美)约瑟夫·E. 斯蒂格利茨等著,郑秉文译:《政府为什么干预经济:政府在市场经济中的角色》,中国物资出版社,1998 年。

② 林毅夫、蔡昉、李周:《中国的奇迹:发展战略与经济改革》,上海三联书店;上海人民出版社,1999 年。

③ 武力:《1949—2002 年中国政府经济职能演变述评》,《中国经济史研究》2003 年第 4 期。

系政府干预力度增强,市场机制作用下降;在政权更替交接时期,新政权面对紧张的政治军事局势,采取以政府干预为主的经济政策是历史使然;同时,也应看到在这个过程中出现的一些矫枉过正的做法也带来了一定的负面影响。

第二,分析了中国海运中的国际运输部分,从中国向国际市场租用、购买船舶以及中国与外国班轮进行运价博弈中揭示了中国的海运经济在国内受政府干预的同时,在国际上还受到市场机制的影响,海运经济是在计划经济时代中国对外开放程度相对较高的经济领域之一;在国际市场上租用船舶、购买船舶和使用外国班轮是该时期中国在海运计划经济外主要的市场行为,租赁价格、船舶价格和运输价格深受国际市场机制的影响。

第三,分析了影响海运效率的三个主要因素:港口建设、技术变革和运输协作,发现提高效率主要依靠政府干预推进,对于公共产品的投资如港口建设,政府的配置效率较高;对于技术变革,政府干预容易受到政治因素影响而违背事物发展的规律;对于运输协作,政府部门自始至终担当主角,企图通过政府干预的途径打破铁道部与交通部之间的隔阂,加强相互间的联系,从运输协作中窥视出海运效率的障碍在于政府干预,解除这个障碍的手段还是政府干预。

总体上看,在计划经济体制下,政府处在主导地位,市场的作用受到抑制,仅在国际海运中得以发挥。政府的作用主要体现在建立了有序、统一的海运体系;市场的作用主要体现在提高对国外海运资源的利用效率。

第三部分即第二章,从海运体制改革和海运市场开放两个方面论述改革开放启动时期(1979—1991年)政府和市场在海运经济中发挥的作用。

第一,分析了海运体制在政企分开和放权地方两方面的改革,认为通过改革后计划经济时期建立高度集中的海运管理经营体制发生改变,政府对企业的管理权限在收缩,对企业的干预减少,海运企业的自主权得到扩大。值得注意的是,政府权力的收缩不是全线而退,而是实行内外有别的策略,对内收缩,减少对企业的干预,对外不变,支持本国企业参与国际竞争,在1988年之前,中国政府对本国海运企业持保护主义政策。

第二,分析了市场力量在海运经济中的扩大,随着市场准入的放宽,海运市场的运输、代理和融资主体多元化;海运市场由此出现竞争的局面,包括中外竞争、体制内竞争和计划内外竞争;经过对市场的治理,初步形成了竞争机制、价格机制和供求机制。

总体上看,在该时期中国船舶和港口装卸的技术水平进步并不显著,但是海运的经济效益提高明显,其原因主要是改革开放带来的制度创新,具体而言是调整了政府与市场的关系,政府高度集中且控制全面的权力开始收缩,市场的力量从国际渗入到国内,政府与市场的力量共同作用于海运经济。政府的作用在于促进海运市场的开放、竞争、有序、统一;市场的作用体现在市场机制的初步形成,在海运资源配置中发挥越来越重要的作用。

第四部分即第三章,从政府对海运经济的宏观调控和市场对海运资源配置的基础条件两个方面论述市场经济体制框架基本形成时期(1992—2001年)政府和市场在海运经济中发挥的作用。

第一,分析了经过海运体制的改革和海运市场的开放,市场的盲目性和滞后性给海运经济的发展带来了新的问题,需要政府加以宏观调控。在这一阶段,中国政府主要采取调控运力增长速度抑制运能过剩;调控沿海港口建设规模提高港口吞吐能力;实施"抓大放小"策略,加强中国大型海运企业在国际海运市场的竞争力以及对海运业实行行业管理转变政府干预海运经济的方式。

第二,分析了海运市场逐步实现实体化、国际化和规范化,使市场在海运资源配置中发挥基础性作用。从信息服务和中介服务反映出海运市场由虚拟向实体、无形向有形的转型;从集装箱、船舶生产以及船员劳务等相关产业体现出海运经济全方位国际化;从境外海运企业在华的经济行为和港口基础设施建设市场折射出海运市场的规范化。

通过分析发现,在该时期海运市场还未完全发育成熟,仍需要加强政府的宏观调控,经探索实践,政府对海运市场的宏观调控从直接调控转向间接调控,政府不再直接干预企业的经营活动,而是通过调控市场来引导企业发展。而市场体系通过进一步完善,对海运经济初步发挥资源配置的基础性作用。事实证明了中国在1992—2001年及时的、扩大的开放决策是富有成效的。

第五部分即第四章,从航运资源配置、船舶资源配置和港口资源配置三个方面论述市场经济体制初步完善时期(2002—2013年)政府和市场在海运经济中发挥的作用。

第一,分析了该时期航运资源过剩的状况以及政府救市过程,发现政府对航运资源配置的方式和影响力发生了很大的变化,政府较少地直接干预运输资源的配置,更多地实现间接干预。干预的范围一般局限于船主,即运力的调控,而货主的经济行为则在范围之外,对船主与货主之间的关系没有直接干预,表明政府对航运资源配置的影响力在下降,凸显市场在航运资源配置发挥更大的作用;同时也指出国家战略物资实行"国货国运"政策的必要性,该政策的推行需要政府干预。

第二,分析了在船舶生产中船舶资源供需"错位",造成造船行业大量承造出口船,而国内海运企业却大量购进外国船的现象;对于"国轮国造"的做法,本书认为这是政府对船舶资源配置干预的一种体现,也是与海运市场化相悖的行为,鉴于造船工业与国防建设有密切关系,需要政府的适度干预;在船舶经营中出现国内海运企业将船舶移籍国外的现象,指出这是在船舶经营过程中市场配置船舶资源的行为,是海运企业的市场行为,船舶移籍问题的复杂性与长期性,实质上是政府与市场对船舶资源配置的一场较量。

第三,分析在中国加入世界贸易组织之后港口"群雄四起"的现象,认为港口资源利用效率不高,对于岸线资源的配置政府较之市场效率更高,因此需要调整港口资源配置的方式,充分发挥政府在整合各级行政区的港口资源和推进国际航运中心建设上的作用。

从以上三个方面的分析表明,政府在海运资源配置中的影响力相对下降,政府影响海运经济的方式和领域发生改变,市场在海运资源配置中发挥了基础性作用。

第六部分即第五章,本书认为,把握产业特征是制定产业经济发展政策的前提基础,是调整产业经济活动中政府与市场关系的重要依据。因此,通过比较中外海运史,从历史演进的角度归纳海运业的四个显著产业特征。

第一,海运业是国民经济的基础性产业。通过运用时间序列研究的理论和方法以及 stata12 计量分析软件,建立 VAR 模型,考察了 1978—2011 年海运货物周转量、沿海港口固定资产投资和经济增长之间是否存在长期均衡关系和短期动态关系,对海运业与国民经济之间的关系进行实证分析。

第二,工业化进程引起的运输方式代际变化将使海运业的影响力趋于下降。从世界工业化与海运业的关系以及 1978—2011 年中国海运对工业总产值的货运强度分析,再从空中运输和管道运输的快速增长对海运产生的替代效应,认为海运虽然仍是国际贸易运输的主要方式,但是海运量增长率下降的大势不会改变。

第三,海运业与国家安全密切相关。海运业带有"半军事化"性质,对维护国家安全和海外利益紧密相关。商船队是一支国防后备力量,享有"第四军事力量"之称。从地缘政治学分析,在海外投资、经营港口和码头的方式取代了武力征服,但同样也可以达到"开疆拓土"的目的。对于企业而言,港口业的风险低于航运业,收益也高于航运业,因此具有资本扩张实力的企业除了经营航运业务还会投资港口业务。对于国家而言,在未来实现国家利益上港口和码头较之商船队更为重要。

第四,时代背景的差异使海运业对大国崛起的影响发生变化。首先分析了海运强国战略提出的背景;然后剖析海运业与强国战略之间的辩证关系;提出要警惕两个方面:①过度拔高海运的地位,造成政府过度干预;②过度拔高海运的地位,造成脱离我国国情实际。本书认为,实现大国崛起的强国梦离不开海运业的支撑,但是,需要辩证看待海运业,不可过度拔高它的地位。过度拔高海运业的地位,将产生政府干预过多的负面影响,不利于海运业的健康持续发展。在中国,对于海运业的产业定位,应将它作为国民经济的基础性产业,以适应国民经济发展的需要为标准,不必将其列为一项支柱产业,不需过于追求海运服务贸易的顺差,不应为了片面追求海运业尤其是商船队的规模而给国家财政带来沉重的负担。

第七部分即结束语,总结归纳观点与启示。

六、基本观点

通过系统梳理当代中国海运经济的发展历程,不难发现这是政府与市场共同发挥作用的过程。海运经济的发展不能单纯依赖政府干预或者市场调节,而是需要政府与市场二者共同发挥作用。在计划经济时期,不仅有政府干预,还存在市场机制;在市场经济时期,不仅有市场机制,还存在政府干预。尽管当代中国海运经济史是一个市场化的过程,呈现出政府力量在不断减弱,市场力量在不断增强,但是并不代表政府力量完全从海运经济领域退出。虽然海运业的国际化和市场化程度较高,仍然需要政府干预。世界上没有任何两个国家的海运政策是完全一致的,但是都存在相似之处,即都需要政府与市场的共同作用。

海运经济的发展可以实现强政府与强市场的有机结合。政府与市场在各自的界限范围内发挥作用,其力量自然越强大越有利,在这个意义上看,强政府与强市场的结合最完美。当代中国海运经济的历史表明,政府与市场既存在"对立"关系,也存在"分工"关系,通过解决好"分工"关系,可以实现强政府与强市场的有机结合。

海运经济政策的制定要注重从产业发展的阶段出发。纵览中外海运经济史,得出两个规律性的认识:一是当海运业处在幼稚阶段采取保护主义政策较为有利;二是当海运业处在成熟阶段采取自由主义政策较为有利。在海运业处在成熟阶段坚持实行自由主义政策,不应因为海运业周期性的低谷出现而过分地加大政府干预,超越政府作用的界限,破坏市场机制的发挥。

海运经济政策的制定要注重从产业具有的特征出发。从历史演进的角度看,海运业具有四个显著的产业特征:①海运业是国民经济的基础性产业;②工业化进程引起的运输方式代际变化将使海运业的影响力趋于下降;③海运业与国家安全密切相关;④时代背景的差异使海运业对大国崛起的影响发生变化。实现大国崛起的强国梦离不开海运业的支撑,但是,需要辩证看待海运业,不可过度拔高它的地位。过度拔高海运业的地位,将产生政府干预过多的负面影响,不利于海运业的健康持续发展。在中国,对于海运业的产业定位,应将它作为国民经济的基础性产业,以适应国民经济发展的需要为标准,不必将其列为一项支柱产业,不需过于追求海运服务贸易的顺差,不应为了片面追求海运业尤其是商船队的规模而给国家财政带来沉重的负担。

七、创新之处

1. 研究方法

目前,中国计量经济史学的研究正处于起步阶段,取得的成果不多,在海运经济史领域中运用计量方法的研究更是鲜见。本书弥补当前研究的不足,利用1978—2011年时间序列数据,采用协整分析、VAR、VEC模型以及脉冲响应函数考察了当代海运货物周转量、沿海港口固定资产投资与经济发展之间的关系。

2. 史料运用

利用个人回忆录和文选,这是以往研究所不引人注意的。本书发掘了曾经主管海运工作的国家领导干部谷牧[①]、粟裕[②]、叶飞[③]和钱永昌[④]等的回忆录和文选,其中披露了鲜为人知的历史细节,弥足珍贵,对于客观认识中国海运业的发展十分有利。《海运情报》是以全世界海运情报信息为主的资料性刊物,情报信息来源中外兼有,内容丰富全面,商业价值与学术研究价值都很高,但一直以来发行量不大,且公开范围比较小,故利用率不高,实为学界的一份缺憾,本书充分发掘这份重要的材料。

[①]　谷牧:《谷牧回忆录》,中央文献出版社,2009年。
[②]　粟裕:《粟裕文选》,军事科学出版社,2004年。
[③]　叶飞:《叶飞回忆录(续):在交通部期间》,人民交通出版社,2001年。
[④]　钱永昌:《轻舟已过万重山》,人民交通出版社,2008年。

3. 研究视角

学界通常以国际海运发展史为研究视角来探讨自由主义政策与保护主义政策、政府与市场的关系,而鲜有从中国海运发展史尤其是当代中国海运发展史来探讨这个问题。这种现状造成了研究结论仅仅是来自国际经验,而不是来自中国经验。如此的研究结论是否适合指导中国的海运经济发展? 这是值得深思的问题。制定符合国情的政策应需要有本国的实践经验,因此本书选择中国的视角,为中国的海运经济发展提供本土经验。

4. 立论观点

第一,通过对当代中国海运经济的历史考察,发现政府与市场对中国海运经济的影响一直贯穿其中,包括计划经济时期在内。

第二,当代中国海运经济的历史表明,政府与市场既存在"对立"关系,也存在"分工"关系,通过解决好"分工"关系,可以实现强政府与强市场的有机结合。

第三,总结出海运业两个规律性的认识:一是当海运业处在幼稚阶段采取保护主义政策较为有利,二是当海运业处在成熟阶段采取自由主义政策较为有利。在产业政策中正确处理好政府与市场的关系,必须从产业的阶段性出发。

第四,需要辩证看待海运业,不可过高拔高它的地位。过分拔高海运业的地位,将产生政府干预过多的负面影响,不利于海运业的健康持续发展。在产业政策中处理好政府与市场的关系,一定要从具体产业的特征出发,不能一概而论。

八、不足之处

1. 历史档案的缺失

目前已整理出版的档案当中,涉及海运经济内容的较少。由于政策所限,相关部门的档案馆不对外开放。故掌握的历史档案十分有限,对于研究的深入非常不利。例如 1979 年之前,中国的交通部门和外贸部门都拥有船队,二者之间存在竞争关系,但是这种竞争关系是否影响海运价格的变动? 由于缺乏详尽的历史档案,这个问题还不能下结论。

2. 理论运用的薄弱

本书史实分析比较多,但是理论分析还不够深入。例如本书对在不同时期政府与市场的力量强弱对比以及各自发挥的作用作出了大量的叙述,但是政府与市场对于海运经济发生作用的内在机理还没有深入地剖析。这需要今后加强理论素养的训练,加以弥补完善。

第一章

计划经济体制时期的海运经济
（1949—1978 年）

第一节　体系重建：政府干预的必然性

20 世纪 40 年代末，受中国大陆政权更替和战争破坏的影响，国民党统治的海运经济体系逐渐瓦解。破旧立新是新政权的第一要务。中国共产党领导的海运经济新体系之重建不是通过市场的力量来推动，而是依靠政权的力量来进行。包括管理、要素和市场诸体系在内的一整套完整的海运经济新体系在人民政府自上而下的干预中重建。

一、管理体系

解放战争后期，解放区的海运事业由属地的中共军事管制委员会进行军事管制。军事管制的首要任务是对国民党的海运管理机构进行接管，主要包括航政和港政两类管理机构。1948 年 4 月，共产党接管辽宁安东（今丹东市）的海运管理机构，拉开了军事接管海运管理机构的序幕。接管的次序随着共产党在军事上的胜利由北向南在各个沿海城市逐步推进。

上海是近代中国的海运中心，对上海海运的接管意义重大。1949 年 5 月 27 日，上海全市解放。上海市军事管制委员会、上海市人民政府宣告成立，在市军管会财政经济接管委员会下设立航运处。上海市军管会财政经济接管委员会航运处根据中共中央制定的"各按系统，整套接收，经过调查研究逐步改造"接管方针和政策，对上海海运机构进行接管。上海海运接管的结束，不但标志着长江口以北的整个北方沿海航区接管宣告完成，而且还意味着已经完成全国海运的主体性接管。

1949年11月1日,中华人民共和国交通部成立,统一管辖全国的水路运输和公路运输。1950年1月,交通部召开首届航务公路会议,确定了全国统一的海运管理机构和工作制度。会议决定在交通部下设航务总局及国营轮船总公司,负责领导航务建设,管理航运工作。同年7月26日,中央人民政府政务院财政经济委员会发布《关于统一航务港务管理的指示》,首先明确指定中央人民政府交通部航务总局及各地港务局为全国统一的航务及港务管理机构,在国内各重要港口,如天津、广州、上海、青岛、大连等市设立了区港务局,负责各片区的港务管理工作;其次规定国营轮船总公司的经营管理、航运业务及运价率之制定统一由中央交通部直接领导,公司必须遵守统一的航务管理制度及当地港务局的指导。

通过以上的机构重设和建章立制,基本上完成了对海运经济由军事管制向行政经营管理的转型。此后,中国海运管理体系几经调整,但均是在政企合一、行政与经营相统一的基础上进行的。由此看出,自新中国成立起,政府对海运经济的干预不仅是宏观上的行业管理,还扩展至企业内部的经营管理。

二、要素体系

船舶、港口和航道是海洋运输的基本要素。在历经解放战争之后,船舶数量锐减,港口破败不堪,航道堵塞严重,海洋运输因之萎靡不振。重建海运要素体系成为提振海运经济的一个重要条件。

(一)船舶

中华人民共和国成立初期,运力严重不足是影响海运发展的最大障碍。国民政府撤离大陆时,曾把官办、民营航业中86%以上的大型海轮及部分江轮劫往台湾、香港或流散至南洋,对来不及撤走的船舶,或凿沉,或炸毁。[①]

在严峻的政治军事环境下,试图在短期内通过市场调节运力的供需平衡是难以实现的。迅速增加船舶数量、提高运力水平只能依靠政府的干预。

政府的干预措施如下:首先,没收国民政府官僚资本的海运企业。国民政府时期,官办海运具有较强的垄断性,控制着全国44%的轮船吨位和重要的港口、码头、仓库及航运工业。招商局是国民政府官办的全国性水运垄断机构,也是当时全国规模最大的轮船公司,总公司设在上海,分支机构遍布沿海和长江全线以

---

① 中国航海学会:《中国航海史(现代航海史)》,人民交通出版社,1989年,第1页。

及海外有关港埠,共有 19 个分局、14 个办事处、7 个国外代理处。1948 年该公司拥有大小船舶 489 艘,计 400 913 总吨,拥有沿海沿江各港码头 64 座,仓座 324 座,船岸职工 15 307 人。1949 年 6 月 5 日,上海市军管会财政经济接管委员会航运处开始对招商局进行接管,公司尚存各类船舶 274 艘,计 120 969 总吨。此外,还对中国油轮公司、善后救济总署水运大队、台湾航业公司上海分公司、中华拖船驳运公司、行政院物资供应局船舶处、交通部上海航政局、交通部船舶修理厂、中华水产公司等十几个官办水运机构接管各类船舶 132 艘,计 40 234 总吨。^①这批接管下来的船舶成为中华人民共和国成立初期海运的主力军。

其次,组织境外船舶归国。中华人民共和国成立初期,数量不少的船舶滞留、流散和被劫持到境外,在香港、澳门和南洋的私营海轮共有 81 艘,总载重吨约有 45 万至 50 万吨。在当时这是一支规模很大的海运力量。但是,境外的船舶面对更为广阔的世界航运市场,若完全根据市场机制,返回中国大陆市场的船舶不一定很多。为了争取更多的船舶,政府的干预必不可少。为此,中国政府向境外积极宣传中国对私营船业的政策,说明政府将保护私商财产,执行"公私兼顾,劳资两利"的基本方针。还宣告将协助归来航商偿还债款,提供燃料费用,在货源分配上给予照顾等。在中国政府的动员下,许多船商纷纷开船回国。仅在中华人民共和国成立后的一年内,总计归来的私营船舶有 21 艘,计 86 941 总吨,130 377 载重吨。上海最大的私营航业——中兴公司,除有 2 艘船被国民党扣留在台湾地区以及 1 艘租给外商之外,其余 5 艘都相继回归中国大陆。^②

再者,打捞修复沉船。国民政府在撤往台湾地区前曾将一部分来不及劫走的船舶炸毁或凿沉。据不完全统计,在长江主要港口和航道内就有沉船 240 余艘,15 万多吨。因此,在国内造船能力低下的情况下,打捞修复这部分沉船有利于迅速提高运力。而当时船舶打捞和维修市场弱小且分散,由它们的力量通过市场机制处理这批沉船,将是一个非常缓慢的过程。政府的干预在此时发挥了市场不可替代的作用。1951 年,建立了人民打捞公司,有组织有计划地对全国范围的沉船进行探摸和打捞,到 1952 年底该公司共打捞起各类沉船 100 艘。^③同时,在政府的支持下,上海规模最大的江南造船厂以最快的速度恢复生产,使打捞的沉船得以迅速修复投入使用。

---

① 中国航海学会:《中国航海史(现代航海史)》,人民交通出版社,1989 年,第 4 ~ 5 页。
② 中国航海学会:《中国航海史(现代航海史)》,人民交通出版社,1989 年,第 27 页。
③ 中国航海学会:《中国航海史(现代航海史)》,人民交通出版社,1989 年,第 10 页。

(二) 港口

港口是水陆交通运输的枢纽,联结着海洋、陆地和河流,是海运的重要因素之一。中华人民共和国成立初期,大多数沿海港口设施简陋,靠泊能力差,处在自然落后状态。在河北省,除秦皇岛之外其他小港基本上没有开发,如北部沿海的新开河口、大蒲河口、王滩(小港)、大清河口、曹妃甸、南堡、黑沿子;南部沿海的岐口、李家堡和大口河口等,这众多的小港只有大清河口和大口河口建有简易装盐码头,黑沿子和李家堡等建有简陋的渔船码头,其余的则完全是自然状态。落后的港口建设严重制约海洋运输业的发展,据中华人民共和国成立初期的调查,从山海关到黄桦县整个河北沿海只有载重 6 吨到几十吨的个体木帆船 19 艘,另有 4 家资本很小的私人船行,总共有机动货轮 5 艘,且已大部分破旧不堪。这些私营船舶总运力仅 1 200 吨。[①]

港口建设具有高投入、周期长和规模大的特点。近代以来,中国港口建设的资金大多来自政府财政,私营港口、码头及仓库的数量极少。中华人民共和国成立初期,国内私人资本力量原本就非常薄弱,况且部分资本家已移民海外,因此,私人资本通过市场运作的方式进入港口建设领域难以实现。在资本市场规模小的情况下,唯有依靠政府的财政投入。中华人民共和国成立后,就实行了政府财政投资建设港口的政策。受投资力量弱小的限制,港口建设规划选择了重点突破的策略,集中力量建设重要的港口。在北方,重点建设天津新港;在南方,重点建设广州黄埔港。

天津港位于渤海湾最西部端点,是华北、西北地区的重要出海口。近代的天津港一度成为仅次于上海的中国第二大商埠。由于天津港的重要地位,中华人民共和国成立后不久即决定在天津塘沽建设新港。1951 年,国务院批准新港一期工程建设计划。它是中国依靠自己的力量兴建的第一个海港,也是国民经济恢复时期为数不多的几项重点工程之一,被称为中华人民共和国港口建设的“头生子”。新港一期工程建成了 4 个 3 000 吨级码头,改造成 8 000 吨级泊位,浚深泊地和航道、修复船闸、修整库场等服务设施。

新港的建成产生巨大的效益。在开港后的第一个五年计划期间,天津港出口的物质占全国各港口出口物质的 60%,进口占全国的 40%,使天津港成为中国北方对外贸易的中心。到 1957 年,天津港外贸吞吐量 181 万吨,较 1950 年增

---

① 王树才:《河北省航运史》,人民交通出版社,1988 年,第 279 - 281 页。

加了近 5 倍,内贸吞吐量跃居全国第四位,有 25 个国家的 300 多艘外轮到港。[①]

广州黄埔港是中国南方最大的港口。黄埔港自 1937 年开始建设,至 1949 年,虽经国民政府十余年的筑港,仍是一个破旧不堪的烂摊子,仅有 400 米的码头 1 座,只能停靠 3 000～5 000 吨级的轮船,仓库面积 9 000 平方米,堆场面积 36 000 平方米,7 台残缺不全的装卸机械。港内道路凹凸不平,野草丛生,港口装卸全靠人力。中华人民共和国成立后,决定扩建黄埔港。在两年内,整治了港内的航道石坝,增建了仓库码头,添设了可以系泊 3 万吨级船的浮筒设备,并修筑了 3 万平方米的货场,以及电厂、铁路线、上下水道等工程。使 8 000 吨级的轮船可以不经香港中转而直驶港内装卸货物。随后逐年扩建,到 1957 年,码头增至 624 米,泊位 9 个,仓库面积 2.8 万平方米,堆场面积 4.4 万平方米,装卸机械 50 台,年吞吐量达 186 万吨。[②]

这些港口的建成,有力地支援了国家经济建设,开拓了国际市场,发展了内外贸易,打破了美国的封锁禁运。

(三) 航道

相对于船舶和港口而言,航道属于公共品,因此航道的治理离不开政府的干预。航道淤塞的原因一方面是自然因素,水底淤泥长期积累所致;另一方面是人为因素,国民党败退前将部分船舶炸毁或凿沉于江底所造成的。在上海港吴淞至龙华的 83 公里长的黄浦江里,就凿沉了 59 艘江海轮船。仅外滩江面,就有 4 艘油轮倾倒在江里。为迅速恢复航运,必须尽快打捞这些沉船。在国民政府时期,绝大多数海港没有设立专职的航道维护机构,主要靠船民自带沙耙,遇浅下水扒沙以维持通航,[③] 政府则没有肩负起航道维护这项公共服务。

1949 年 6 月,上海市军管会航运处成立了专门机构,集中有经验的公私营打捞公司、厂商,聘请著名打捞专家,组成船舶打捞指导委员会,集中大批技术人员和打捞设备。在两个月内,仅上海打捞队就捞起大小沉船 67 艘,141 657 余吨。[④]打捞沉船不仅清理了航道,还提供了运力。

除疏浚航道外,还进行助航设备的建设。在近代以来,沿海的航标、灯塔等助航设备长期受洋人控制的海关管辖,多年来处在废弛落后的状态,国民政府接

---

① 贵义和、刘卯忠:《天津港史(现代部分)》,人民交通出版社,1992 年,第 18—20 页。
② 《广东航运史(现代部分)》编委会:《广东航运史(现代部分)》,人民交通出版社,1994 年,第 52 - 53 页。
③ 《广东航运史(现代部分)》编委会:《广东航运史(现代部分)》,人民交通出版社,1994 年,第 49 页。
④ 中国航海学会:《中国航海史(现代航海史)》,人民交通出版社,1989 年,第 10 页。

管后亦没有得到改善。例如天津曹妃甸灯塔于 1944 年被炸毁,此后数年未能修复,1949 年 11 月,上海纽约太平洋水运公会天津分会及其代表隆祥洋行分别呈请天津航政局及海关早日修复灯塔,并称:"否则船东将不欲派船驶来"。[①]近代港航管理体系存在"多龙治水"的顽疾,政府管理的混乱和低效造成了航道和助航设备建设的缓慢。1950 年 3 月,中央人民政府政务院发布关于关税政策和海关工作的决定,海港和河道的灯塔、导标、浮标、航行气象报道等管理工作及助航设备,连同工作人员、物质器材应立即移交中央人民政府交通部或市的港务局。[②]这就从制度上首次改变了近代以来海关与交通部门共同管理港航业务的传统,从此,交通部门全权管理,而海关部门退出,有利于港航业务的发展。中华人民共和国成立后的三年里,在沿海港口航线上共新建和恢复灯塔 20 处,灯桩、灯浮 32 处。自此以后,海运航行从依靠天然目标领航过渡到用人工航标领航,不仅满足了海船白天航行,而且还为夜间航行创造了良好的条件。经过政府组织的大规模疏浚航道和助航设备建设之后,全国主要海港的通航能力大为提升,效果显著。

三、市场体系

人民政府面对的是一个中介和价格混乱无序的海运市场体系。在中介方面,近代中国海运市场的毒瘤,除了外国势力操纵的洋行之外,还有封建黑恶势力控制的行会组织。这股势力在海运市场经过长期渗透,根深蒂固,他们控制的范围从货源组织、运输安排到码头装卸,几乎涉足海运过程的每一个环节。这些行会组织大多数既无运输工具,又无运输牌照,而是利用个体船户分散、流动、势单力薄的特点,凭借封建把头的势力,操纵货源,采取代雇、包运等手段进行中间剥削,垄断运输市场,扰乱市场秩序。在价格方面,在运力缺乏时,航商居奇抬价;在运力多余时,又跌价竞争,互相吞并;再加上某些"黄牛"报关行从中操纵投机,通过多算或少算吨位,增加或减少计件和尺码,或者用暗中贴补装卸费、驳运费等方式盲目竞争。[③]混乱的价格无法真实地反映海运市场的供需关系。

中华人民共和国成立后,为保证海运的恢复迫切需要重建有序的海运市场体系。首先,取缔旧式的行会组织,建立新的中介代理机构。1951 年 6 月,交通

---

①　贵义和、刘卯忠:《天津港史(现代部分)》,人民交通出版社,1992 年,第 102—103 页。

②　贵义和、刘卯忠:《天津港史(现代部分)》,人民交通出版社,1992 年,第 100 页。

③　金立成:《上海港史(现代部分)》,人民交通出版社,1986 年,第 31 页。

部颁布《轮船业管理暂行办法》,对轮船业的登记设立条件作出明确规定:轮船业非经交通部核准设立并颁发营业证书不得营业;经营轮船业以自备轮船为限,仅有码头、仓库或其他航业设备,或仅租用他人轮船者,均不得申请设立。政府通过立法的形式对行会组织的市场准入作出条件限制,使那些不拥有船舶的行会组织不具备经营资格而对其进行取缔。同时,还通过各种政治运动加以打击,彻底清除了这些封建黑恶势力把持的组织行会。对旧式行会组织进行清理整顿之后,建立船民协会、船业公会等新式行会组织取而代之。旧式行会组织的主要功能是代理业务,而新式行会组织较少开展代理业务,多数是由政府的管理机构承担,由它们受理货源和装运。例如,1952 年 6 月成立的"北洋区民船运输公司天津办事处",后改称"天津民船公司",作为管理沿海民船运输的机构,负责组织民船运输代理。民船公司成立后的三个月,共组织沿海民船完成了 17 841.58 吨的货物运输。在公司的扶持与组织下,民船不需为找货源而到处奔跑。除了代理本省国营与私营船舶的沿海运输,还代理外省 500 吨以下船运业务,公司还开辟新的运输线路。[①]

其次,在统一货源的基础上实现"三统一"。管理秩序的稳定为解决价格无序奠定了基础,因为它使政府统一了货源。例如,1950 年华东区航务管理局组织了"运价委员会",根据"保本、低利、多运"的运价政策,统一航运运价。为了贯彻统一运价,除加强思想和政策教育外,又公布了《违反统一运价处罚办法》,并通过统一货源来加强对私营航商的监督。港口通过国营商业部门已基本掌握了煤、粮、棉纱等大宗货物以及军用物资的货源,在兼顾的原则下,按公私营船舶吨位,实行有计划的分配货源。1949 年 7 月至 1950 年 5 月,分配给私营公司承运的煤占总运量的 43.37%,粮食占 40%左右。这样,既维持了私营公司的营业,又限制了他们盲目竞争的破坏作用。为了集中管理和统一调配船舶,又成立"船舶调配所",对各级客货轮船、拖轮、铁驳、机帆船和 20 吨以上的木帆船,实行统一调度。[②]

在江苏,私人经营海运占很大比重,与刚建立起来的国营企业共同竞争,争夺市场。政府在建立运输管理机构之后,实行强力干预的政策。为减少企业间盲目竞争,组织同航线的企业联营,对供过于求的航线实现航线审批制度;另一方面,加强运价管理,制定统一运价管理办法,防止牟取暴利或任意跌价,还成立

---

① 王树才:《河北省航运史》,人民交通出版社,1988 年,第 279－280 页。
② 金立成:《上海港史(现代部分)》,人民交通出版社,1986 年,第 31－32 页。

运价评检小组,制定统一合理运价。江苏运价管理工作的完善和统一是极其复杂的过程。经过组织同业议价求统一,由托、承、管三方研究评议求统一,以及从成本核算做起,制定基价,再由交通主管部门颁布统一实施等几个步骤,才使运价统一。[①]

为了贯彻利用、限制、改造的方针,在总路线颁布后,对私营轮船业全面实行了"三统一",由管理部门实行统一货源、统一调度、统一运价。1953 年,中国进入第一个"五年计划"建设,4 月 30 日,交通部发布了《关于调整海运系统的组织机构和领导关系的指示》,根据国家建设和生产的需要对海运管理体系进行了调整,同时加强对私营海运业的领导与管理,实行"三统一"政策,使之纳入国家运输计划的轨道。

通过政府的干预,海运市场的中介从民间组织转到政府组织,海运市场的价格从自由转向管制,重建后的海运市场体系政府干预力度增强,市场机制作用下降。应该看到,在政权更替交接时期,新政权面对着紧张的政治军事局势,采取以政府干预为主的经济政策是历史的使然。同时,也应看到在这个过程中出现的一些矫枉过正的做法也带来一定负面的影响。

第二节　国际海运:离不开市场机制

中国在完成"三大改造"之后,走上了高度集中的计划经济道路。对计划经济体制时期的海运经济,学界较多地关注计划经济体制下政府干预的作用,而忽视了国际海运[②]市场下市场机制的影响。造成这种现象的主要原因是研究的视野仅局限于国内,还没有扩展到国际海运范畴。海运经济的国际性特点显著,尤其是远洋运输离不开国际交往,中国的海运经济在国内受政府干预的同时,在国际上还受到市场机制的影响。在国际市场上租用船舶、购买船舶和使用外国班轮是该时期中国在海运计划经济外主要的市场行为,租赁价格、船舶价格和运输价格深受国际市场机制的影响。

---

① 束方昆等:《江苏航运史(现代部分)》,人民交通出版社,1994 年,第 64 页。

② 海洋运输一般分为两大类:国内海运与国际海运。国内海运,亦称沿海运输;国际海运包括近洋运输和远洋运输,近洋运输一般指短程的国际海运,其范围一般是指从中国港口出发,东至日本海,西至马六甲海峡,南至印度尼西亚沿海,北至鄂霍次克海之间,如中国与东亚、东南亚各国之间的海运。远洋运输是与近洋运输相对的一个概念,近洋运输之外的国际运输都属于远洋运输的范畴。

一、船舶租用

在对外贸易运输中,按运输实施者划分一般分为我方派船和对方派船两种类型。中华人民共和国成立之初,由于海运组织机构尚不健全,功能不够完善,对外贸易运输多数由对方派船完成。因此,争取派船的主动权成为中国对外贸易运输的目标。实现这个目标的前提条件是拥有强大的海运供给能力。但是,中国海运事业处在起步阶段,自身供给能力薄弱,无论是国营还是私营的船舶数量都很少。在中国造船工业落后的背景下,短期内提高海运供给能力唯有通过在国际市场上租用船舶和购头船舶。

最初,中国通过两个途径在国际市场上租用船舶:一是借助苏联和东欧国家与资本主义租船市场的业务关系,由它们代理中国向资本主义国家租船;二是通过中国在香港设立的海运机构和企业,由它们代理中国向中国香港、中国澳门和北欧国家租船。这时的对外租船业务呈分散状态,各个外贸公司、交通部所属单位和外贸部门所属运输机构等都各自开展租船业务。这种分散租船的做法,具有灵活性,给予外贸企业运输的自主权,外贸企业可与船主直接联系商议价格。

1955 年 5 月,中国作出规定:凡是外贸公司的货物运输都必须委托中国对外贸易运输公司处理。这项新规改变了以往各外贸公司运输业务"各自为政"的做法,把外贸运输工作完全集中在一个机构统一办理。中国对外贸易运输公司对外也称中国租船公司,统一负责中国外贸运输的租船业务。它的性质属于船舶经纪人,它以独立法人的资格在国际租船市场开展业务。

1956 年底,中国租船公司加强了与欧洲的联系,并与英国的怡和公司和伦巴公司两家租船经纪公司建立了租船代理关系,进一步扩大与国际租船市场的业务关系。50 年代的租船年平均租船量为 287 艘次,273 万载重吨。租船的最高年份 1960 年,租船量 359 艘次,361 万载重吨。[①]

1961 年 4 月,中国远洋运输公司[②]成立,标志着中国开始着力发展自营远洋船队。虽然在 60 年代对外贸易的运输主要由中方派船,但由于中国组建远洋船队起点低,船队运力薄弱,因此我方派船当中大部分是租用的船舶。从 1961 年至 1970 年看,远洋国轮承运量占中方派船海运量的比例虽然逐渐有所上升,从1961 年的 6.1%上升到 1970 年的 21.3%,但绝大部分外贸物资仍须租船承运,到 1970 年租船承运量仍然占中方派船海运量的 78.7%(见表 1-1)。

---

① 《中国对外贸易运输总公司发展史》编写组:《中国外运四十年》,中国工人出版社,1990 年,第 68 页。

② 后改称"中国远洋运输总公司""中国远洋运输(集团)总公司"。

表 1 - 1　1961—1970 年中国外贸海运船舶使用情况表

年　份		1961	1965	1970
外贸海运量(万吨)		1 542	2 549	2 511
中方派船海运量(万吨)		1 395	1 754	1 667
其中	远洋国轮承运量(万吨)	85	233	355
	占中方派船用量(%)	6.1	13.3	21.3
	外贸租船承运量(万吨)	1 310	1 521	1 312
	占中方派船用量(%)	93.6	86.7	78.7

资料来源:中国航海学会:《中国航海史(现代航海史)》,人民交通出版社,1989 年,第 229 - 230 页。

　　20 世纪 60 年代的年平均租船量为 512 艘次,600 多万载重吨。租船最高年份为 1967 年,共租船 642 艘次,739 万载重吨。虽然租船承运量占中方派船海运量的比例在下降,但是从租船的载重量来看,60 年代的租船量比 50 年代增长一倍有余。[①]

　　20 世纪 70 年代,年平均租船量为 367 艘次,644 万载重吨。1973 年底,中租公司拥有期租船 362 艘,近 600 万载重吨,是拥有期租船的最高峰。这时,期租船开往五大洲的班轮有 24 条航线,可接受货载的基本港口 190 个,转船港口约 350 个,它为中国对外贸易的发展和进出口任务的完成,创造了有利的条件,也为中国船队的建设提供了有益的经验。但是,就在 1973 年底前后,进口货运计划突然变更,货运量大幅度削减,以致期租船大量过剩。为了不使船只闲置而造成国家经济损失,大力向国际市场进行转租。从 1973 年底到 1975 年两年多时间中,计转租期租船 171 艘次,367 万载重吨;转租程租船 122 艘次,296 万载重吨。总的来看,70 年代租船占中方派船海运量的比例继续卜降,1977 年仅占 11.7%。[②]

二、船舶购买

　　第二次世界大战之后,世界造船工业恢复较快,各国均在努力扩大本国的商船队,从 1948 年到 1964 年,世界商船队总吨位由 8 030 万吨增至 15 260 万吨,

---

[①]　《中国对外贸易运输总公司发展史》编写组:《中国外运四十年》,中国工人出版社,1990 年,第 69 页。
[②]　《中国对外贸易运输总公司发展史》编写组:《中国外运四十年》,中国工人出版社,1990 年,第 70 页。

增长近一倍。但在运力迅速猛增的同时,海运危机已在潜伏。1956 年以后,世界造船能力过剩 30% 至 40%,国际船舶市场的船价开始跌落,延至 60 年代初期依然不能复苏。据当时英国航运界统计,1960 年全世界闲置的船舶总吨位达500 万吨,1962 年更是与日俱增,以该年的 6 至 8 月为例,闲置船舶的发展趋势颇具代表性(见表 1-2)。

表 1-2　1962 年国际海运市场船舶闲置概况表

	干货船		油轮	
	艘数	吨位(吨)	艘数	吨位(吨)
6 月初	142	705 946	141	1 460 000
7 月初	153	823 000	151	1 485 000
8 月初	217	1 224 563	152	1 521 250

资料来源:朱士秀:《招商局史(现代部分)》,人民交通出版社,1995 年,第 135 页。

由于船舶闲置量猛增,一方面造成旧船价连续暴跌,第二次世界大战时建造的万吨自由轮,售价跌得更低。1956 年售价为 650 万英镑,1961 年 12 月跌至12.5 万英镑,1962 年 1 月降至 9.25 万英镑,3 月更跌到 8.5 万英镑,6 月仅为 6.5 万英镑,另一方面,抑制新船的产量增长,使造船工业面临严重威胁,纷纷降低购船的条件,新船船价也在下降。

国际船价的暴跌为中国购买船舶以提高海运供给能力提供了良好的机遇。自 1949 年以来,中国远洋运输的运力供给主要依赖外国。直到 1961 年 4 月 27日,成立了中国远洋运输公司和中远广州分公司,才宣告结束中国无远洋船队的历史。但是这支远洋船队不仅起步晚,而且起点低,到 1962 年仅有 5 艘船,3.4万载重吨,年货运量仅 14 万吨,不及当年中国海运总量的 1%。[①]长期依靠对外租船已经成为发展中国对外贸易和交往的掣肘,因此,国家决定通过向外购船壮大国有船队以提高自己的海运供给能力。

1963 年,招商局经国务院批准率先在香港购买船舶。位居香港的招商局在瞄准国际海运市场行情之后,利用船舶营运收入和招商局利润共计 5 017 777 港元,购进了 3 艘万吨级船舶。从此之后,鉴于招商局位居香港的有利条件,可随时注意掌握世界船舶市场的行情,及时收集船舶信息,交通部委托招商局协助有

---

① 朱士秀:《招商局史(现代部分)》,人民交通出版社,1995 年,第 135-136 页。

关部门办理购买远洋船舶事宜。1964 年,中国利用中国银行香港分行外汇贷款从英国、挪威、利比里亚购进远洋船舶 7 艘,合计 63 096 总吨,共达 89 094 载重吨,船价总共 467.8 万英镑,其中利用贷款为 342.5 万英镑。这是中国首次利用贷款购买船舶。

从 1963 年至 1969 年,交通部共购买远洋船舶 18 艘(其中新船 7 艘),23 万余载重吨,总值 3 377 万美元。到 1969 年底,中国远洋船队已拥有船舶 70 艘,77 万载重吨,其中 1/3 系我港澳银行吸存的外汇资金所购买,由于船队营运效益好,还款较快。但是,此时的中国自营远洋船舶仍然远远不能满足外贸运输的需要。中国远洋船队只能承运进出口物资 10% 左右,其余仍靠租船,每年租船费用达 1.3 亿美元之巨。[①]

1970 年 2 月,全国计划工作会议提出力争在 1975 年在远洋运输方面基本上结束主要依靠租用外轮的局面。国家计委明确要求在第四个五年计划期间,要把中国的远洋船队从 100 多万吨发展到 420 万吨。

1972 年,世界船舶市场行情看跌,由于受资本主义世界经济危机的影响,西方各国纷纷采取关税壁垒政策,限制进口和增加进口关税,导致国际间的货运量剧减,使国际海运界受到沉重的打击,运价、租船费用和船舶买卖价格连续下跌。加之,70 年代的远洋船舶已开始向大型船、快速船、集装箱船和子母船的方向发展,那些船龄大、吨位小、航速慢的船舶逐渐被淘汰,大批旧船涌向二手船市场,加剧了国际船舶价格的下跌。以 8 500 吨至 1.5 万吨干货船为例,1972 年与船价高峰期的 1970 年第三、四季度相比,1950 年至 1955 年建造的船舶售价下降 67%;1956 年至 1959 年建造的船舶售价下降 45% 至 55%;1960 年至 1961 年造的船舶售价下降 30% 至 50%。

招商局利用国际海运市场船价疲软之机,共购进二手船 94 艘货轮,款价 6 000 万英镑。其中油轮 2 艘,39 590 载重吨;散装船 13 艘,314 317 载重吨;9 000 吨以下中型船舶 17 艘,11.19 万载重吨;干货船(9 000 吨以上)62 艘,729 156 载重吨。

1973 年和 1974 年,出现国际性物价飞涨,加之在世界范围内抢运粮食与燃油,能源危机导致石油售价和运价均上涨,海运业因之一度兴旺,旧船抛售少,价格高,出现了同 1972 年截然相反的局面。因此,这两年的购船数量相对减少。1973 年购进船舶 60 艘,共 106 万载重吨;1974 年购进船舶 14 艘,共 681 550 载

---

① 　朱士秀:《招商局史(现代部分)》,人民交通出版社,1995 年,第 144、146 页。

重吨。

此后的 1975 年和 1978 年,国际海运市场出现严重的萧条局面,货运量下降,船舶过剩,船商竞相抛售船舶。这一形势对中国购船十分有利。招商局抓住有利时机购进大批船舶,1975 年共买船 52 艘,1 166 658 载重吨;1978 年购船数量为历年之冠,共成交 102 艘,共计 2 402 206 载重吨。

经过十余年的购船,中国远洋运输能力迅速增强,1979 年远洋船舶拥有量为 1970 年的 9.4 倍。1961 年之前,由中国派船承运的外贸货物,除利用中外合营公司的船舶承运 10% 以外,其余全靠租用外轮承运。1971 年国家远洋船队成立后,年货运量不足中方派船运量的 28.6%,到 1976 年,远洋国轮就已经承运了外贸货物中方派船运量的 70% 左右,结束了外贸海洋运输主要依靠租用外轮的历史。[①]

从中国向外购船的过程来看,其特点是首先利用国际金融市场融资,然后选择在国际航运市场低迷的时机购船。海运中船要素不仅在国内受政府干预通过计划手段进行配置,但同时也在国际上通过市场手段进行配置。中国海运供给受到国际供求机制和价格机制的影响,体现出政府干预与市场机制相结合的特点。

三、运价博弈

班轮运输是国际海运一种新的运输方式,具有定船期、定港口、定货载、定航线的特点。开辟班轮航线需要有稳定的货源以及足够的运力。在该时期,中国还不具备开辟国际班轮航线的条件,仅开辟不定期航线。中国的班轮航线船期为外国所把持,直到 1974 年,承运中国进出口货物的班轮仍然全部是外轮。中国至东南亚、孟加拉湾、巴基斯坦、波斯湾等航线由新加坡、香港侨资及日本、巴基斯坦等 7 家班轮公司承运,中国至东非、西非、地中海、西北欧、南太平洋、东加拿大等航线由日本、南斯拉夫、联邦德国、荷兰、瑞典、丹麦、挪威等国的 8 家班轮公司承运。[②]该时期由于中国使用外国班轮数量较多,国际班轮运价对中国的海运发展产生较大的影响。当时世界班轮运价被班轮公会操纵,形成垄断价格,在华的外国班轮运价也不例外。面对处在垄断状态的国际海运价格机制,中国实施政府干预与班轮公会展开了一场反对垄断和不正当竞争的运价博弈。

---

① 朱士秀:《招商局史(现代部分)》,人民交通出版社,1995 年,第 158 页。

② 中国远洋运输总公司《中远发展史》编委会:《中远发展史——中国远洋运输公司史》,人民交通出版社,2000 年,第 128 页。

在 1949 年以前,班轮公会控制着世界主要海上航线的运输,排挤非会员公司,垄断货运,因此国际贸易的海运运价一直被它所控制。例如中国至欧洲的航线被伦敦远东班轮公会控制。它们排斥非公会班轮,实行双重费率制,控制货源,抬高运价,牟取暴利。例如承运中国广州出口陶瓷去西非的班轮运价比承运日本同类出口货的班轮运价高出 15%,而后者航程远于前者,致使广州陶瓷价格缺乏竞争性而无法出口。[①]中华人民共和国成立初期,中国沿海主要港口的外国班轮公司直接向我各进出口专业公司揽货,与班轮公司相比,中国的外贸公司犹如一盘散沙,分散的货主无力抗衡团结的班轮组织。因此,沿用原来班轮公会的运价制度。尽管中国政府多次与班轮公会交涉,但迫于自身的海运力量弱小,加之受到封锁禁运,不得不暂时接受班轮公会的高运价。

班轮公会控制下的中国海运价格已经不受国际海运供求的影响。例如1957 年国际海运市场不景气,运价普遍下跌。但是,班轮公会为了转嫁海运危机,对中国的运价不仅不降,反而上调,致使中国外贸运输成本增加。海运运价逆市场行情而行的机制严重阻碍了中国海运以及对外贸易的发展,中国政府采取干预的政策对付之。

早在 1956 年 2 月,为了统一步调一致对外,中国外贸部和交通两部发布了《关于统一租船、订舱的联合指示》,规定中国外运公司接受各外贸公司委托,统一掌握外贸进出口货源,统一对外租船、订舱、负责完成外贸运输任务。中国船舶向外国出租与租用外国船舶航行中国,均须通过中国外运公司办理。中国外轮代理公司以外籍班轮公司在中国港口代理人的身份,向中国外运公司揽货,中国外运公司根据交货条件向中国外轮代理公司订舱。[②]这个规定,实际上是由中国外运公司统一管理货代业务,由中国外轮代理公司统一管理船代业务,标志着中国从班轮公会收回中国对外运输的货代与船代业务权。同年 4 月,中国沿海主要港口成立了运价小组,负责调查搜集资料,研究世界海运运价和费率,提出新运价。

1958 年 2 月 12 日,中国各港口的外轮代理公司在同一时间向来华的班轮公会会员公司的船舶正式宣布,废除班轮公会载运中国货物使用的运价表;接受并执行中国制定的运价表。对外轮在货载安排上作出优先次序:侨商、华商船舶为先;非班轮公会船舶次之;接受中国运价表的班轮公会船舶最末。

① 《中国对外贸易运输总公司发展史》编写组:《中国外运四十年》,中国工人出版社,1990 年,第 49 页。
② 《中国对外贸易运输总公司发展史》编写组:《中国外运四十年》,中国工人出版社,1990 年,第 60 页。

　　中国的运价新规在日本和东南亚航线很快奏效,远东班轮公会日本航线的会员立即接受中国制定的上海至日本的运价,从而使这一航线的运费平均降低32.86%,东南亚航线的有关船公司也摆脱了班轮公会的控制,同意实行中国制定的费率,使运费平均降低42.96%。上海港迫使6个拒不接受中国日本运价的班轮公会从上海港所有航线撤出,在7条航线上争取到了自主运价权,为国家节约了44.96%的外汇运价支出。广州黄埔港至新加坡、马来西亚航线的运费降低40.22%;黄埔港至印度尼西亚航线的运费降低44.25%。

　　在欧洲航线上的运价博弈相对复杂。在中国提出运价新规一年之后,班轮公会才宣布中国至欧洲的班轮运价降至30%。尔后,由于国际形势的变化,已降低的运价在1961年和1962年又两次上涨。1964年由于海运形势好转,班轮公会又提出进口货运上涨14%,出口货运上涨12.5%。但是,中国的强硬态度迫使班轮公会内部发生分化,其中由英国的红烟囱轮船公司和蓝烟囱轮船公司、丹麦的宝隆轮船公司、瑞典的东亚轮船公司、挪威的威廉臣公司、荷兰的东亚公司、西德的苏埃德轮船公司共同组成“中国运费协议组”,于1964年7月17日来华同中国租船公司、中国外轮代理总公司洽商运价,最后确定进出口货物的运价各涨6%。[①]

　　中国政府力量的介入一方面能有效抗衡国际海运垄断组织;另一方面抑制了市场机制的正常发挥。中国的运价管理违反了运价应当随行就市的原则,违反了客观经济规律,使外国班轮有时无法维持其航线。与班轮公会的运价相比较,中国运价既缺少灵活性,又受到行政干预,不能随国际航运市场的变动随时作出调整,因此与公会运价差距越来越大,有时竟低60%~70%。这就形成与班轮公司的矛盾日益激化,使得班轮公司的航线过多地退出中国。

　　1965年,航行中国港口的外国班轮公司有24家,每月平均20艘次,航行9条航线。1966年至1970年间,上述9条航线上,有10家班轮公司的15条船中断了航行中国的业务。为了适应对西方国家贸易的需要,在这时期中外运公司又相继与5家班轮公司建立了新的业务关系。1973年又有8家班轮公司中断了中国航线。

　　造成外国班轮减少的主要原因是中国与班轮公会展开价格博弈过程中为了争取价格的主动权而过多地采用政府干预手段,使得运价偏离国际海运市场行情。航行中国的班轮运费普遍偏低,赶不上国际航运市场运费水平。根据1974年

---

①　朱士秀:《招商局史(现代部分)》,人民交通出版社,1995年,第102-103页。

资料统计,班轮航行香港的运价与航行中国港口的运价比较,从香港往澳大利亚发货比从国内往澳大利亚发货要高出 54.7%;同样到新西兰高 62.5%;到新几内亚高 48.3%;到孟加拉湾高 90%;到卡拉奇高 68.6%;到西非高 60.5%;到红海高 114.6%;到新加坡高 90%。因之,许多外国班轮公司认为经营中国航线无利可图,一致要求提高运价;有的班轮公司甚至表明,如果不能提高运价就不再来中国港口,而到香港去接运中国出口货。[①]中国在与班轮公会的价格博弈中取得了胜利,掌握了运价的决定权,但是同时也因矫枉过正而阻碍了中国的外贸运输。

从这场中国与班轮公会长达二十几年的运价博弈来看,国际市场机制与国家政府干预都存在各自的缺陷,需要二者相互制约达到均衡。一个不是封闭的国家,其海运必将受到国际市场机制的影响,正面与负面的影响兼而有之,政府干预是消除负面影响的必要手段,但是政府干预要适度才能实现预期目标。

第三节　海运效率:以政府干预为手段

长期以来,学界认为此时期海运效率低下的主要原因是运力不足。事实上,运力不足的现象在 20 世纪 60 年代后已经得到较好的解决,港口建设滞后、装卸技术落后和运输方式隔阂才是造成海运低效的主要原因。而解决这三大难题主要是依靠政府干预推进的。

一、港口建设

中国的港口普遍存在通过能力长期不足的现象。尤其是在"大跃进"运动之后,货物吞吐量急剧上升,压港压船的情况更为突出。港口建设与运输任务和船舶增长不相适应。因此加强港口建设,缩短船舶停港时间,扩大港口通过能力成为提高海运效率的关键。

港口建设滞后的主要原因之一是投资不足。以港口建设投资占国家基本建设总投资的比重来看:"一五"时期为 0.4%,"二五"时期为 0.3%,1963 至 1965年为 0.2%。这三个阶段的港口建设投资比重趋于递减状态。在"二五"和"四五"时期,水运方面则偏重于发展船队,而放松了港口建设,港口建设投资仅占水运投资的 18.8%,占整个国民经济投资的 0.38%;而船舶投资占到水运投资的48.6%,占整个国民经济投资的 0.97%,比港口投资多 1.6 倍。由于放松了港

---

① 《中国对外贸易运输总公司发展史》编写组:《中国外运四十年》,中国工人出版社,1990 年,第 51 - 52 页。

口建设,导致沿海港口吞吐能力严重不足,压船、压货、压车现象加剧,严重影响中国国际贸易的发展。[①]到了 20 世纪 70 年代,中国与世界发达国家的港口建设水平的差距越来越大,全国沿海 15 个主要港口的泊位总数比鹿特丹、安特卫普、纽约、汉堡和横滨当中的任一个都少,码头岸线总长比不上安特卫普、纽约和汉堡,岸壁设备岸吊的数量差距更大,吞吐量竟然还少于鹿特丹(见表 1-3)。

表 1-3　中国沿海主要港口与国外港口比较表

国名	港名	泊位(个)	码头岸线总长(公里)	岸壁设备岸吊(台)	吞吐量(万吨)
中国	沿海15个港口合计	286	36.2	156	10 556
	大连	63	9.2	37	1 917
	秦皇岛	9	1.3	4	514
	天津	17	2.7	17	804
	青岛	27	4.9	5	805
	上海	96	11.2	35	4 459
	黄埔	11	1.5	22	613
	湛江	14	1.7	15	436
荷兰	鹿特丹	351	33.9	441	11 300
比利时	安特卫普	435	97.1	571	7 302
美国	纽约	500	59.7	未统计	10 000
英国	伦敦	203	56	未统计	6 181
法国	马赛	103	15.7	189	7 550
西德	汉堡	335	61.2	800	4 790
意大利	热那亚	200	15	752	5 500
日本	名古屋	177	19	67	6 814
	横滨	326	13	未统计	8 565

注:中国、荷兰、日本的数据统计时间分别是 1972 年、1970 年、1969 年。

资料来源:黄景海:《秦皇岛港史(现代部分)》,人民交通出版社,1987 年,第 229 页。

[①]　王德荣等:《研究制定我国交通运输产业政策》;王德荣等:《交通运输产业政策研究》,科学技术文献出版社,1989 年,第 12 页。

1973 年,中国最大港口上海港有码头泊位 92 个,加上浮筒泊位,一次靠泊能力仅 110 艘船舶,而在港船舶经常在 200 艘左右。其中,外轮泊位仅有 24 个,加上浮筒泊位,一次靠泊能力是 28 艘船舶;而 1973 年在港外贸船舶每天平均 60 艘,最高一天达到 78 艘,外贸船舶留港时间已由 1972 年的 7 天上升到 11.4 天。[①]

港口的落后面貌日益阻碍了中国的对外交往。1971 年,天津和秦皇岛发生的严重压港压船事件引起周恩来总理的高度重视。周恩来认为,"工业发达国家无不重视建设港口,发展海上运输。我国重视了发展铁路,但由于帝国主义封锁,特别是台湾海峡的紧张局势,对建设港口和发展海运在'一五''二五'期间都很难摆得很突出。现在国际环境有些变化,要抓紧赶上。我国有 18 000 公里的海岸线,万吨级以上的泊位只有 42 个,太少了。交通要先行,港口这样落后,显然很不适应,现在沿海港口压船压货情况严重,足以说明这个问题。"[②]

1973 年 2 月,周恩来总理任命粟裕和谷牧主抓港口建设工作,成立了由国家计委、建委、交通部、铁道部和海军等部门联合参与的国务院港口建设领导小组,沿海各主要港口相继成立建港指挥部。1973 年 9 月 27 日至 10 月 17 日,国家计委、国家建委和港口建设领导小组共同召开全国港口建设工作会议,研究、落实周恩来总理提出的"三年改变港口面貌"的任务,交流建港工作经验,检查过去计划执行情况和安排今后的计划。

在政府的强力推动下,港口建设进展顺利,效果显著。到 1975 年底,新增万吨级以上深水泊位 48 个(超过 1949—1972 年的总和),增加港口作业线 143 条,港口的供油、供水设施有了明显改善,还对长江口和珠江航道进行了初步整治,新建大船坞 7 个,新增年坞修能力 110 艘次,港口综合吞吐能力新增 5 500 万吨,比 1972 年增长 50%,外轮停港时间由 1972 年的 7.7 天压缩到 1975 年的 5.8 天。[③]基本上实现了原定的"三年改变港口面貌"的目标。

港口建设是国家重大的基础设施投资项目,在计划经济体制下,它的投资主体必然是政府,尽管港口管理体制变动频繁,在中央集中管理与地方分散管理之间反复多次,但是资源配置的权力仍然在于中央政府。在一个从中央到地方组成的港口建设行政体系指挥下,港口建设得到前所未有的发展。纵观 1949 年以来中国的港口建设历程,1973 年是中国港口建设的重大转折年,而这一年正是

①　金立成:《上海港史(现代部分)》,人民交通出版社,1986 年,第 136 页。

②　谷牧:《谷牧回忆录》,中央文献出版社,2009 年,第 250 页。

③　中国航海学会:《中国航海史(现代航海史)》,人民交通出版社,1989 年,第 142 页。

周恩来总理亲自督促、中央和地方政府强力推进"三年改变港口面貌"工程的开局之年。在"文化大革命"如此混乱、艰难的状态下,中国大规模进行港口建设,并取得显著成就,足见政府干预对港口建设的巨大影响。

二、技术变革

20 世纪中国海运最重要的技术变革就是运输动力由风力向机械力转变和装卸动力由人力向机械力转变。1949 年之后,虽然中国造船技术进步缓慢,但是通过租船和购船,船舶结构发生很大变化,以蒸汽机和柴油机为动力装置的轮船逐渐增多,而靠风力的帆船在减少。港口的装卸工具相对变化不大,它成为影响海运效率的一块短板。因此,港口装卸机械化是提高海运效率的一个重要环节。

在近代,由于装卸机械购置和使用的费用高,而码头搬运个人的工资水平低,对私营业主而言,雇用码头工人的廉价劳动力,要比使用机械合算得多。因此,企业缺乏技术变革的动力,近代的中国港口几乎使用人力装卸的生产方式没有改变。从中华人民共和国成立以后,企业实行低积累的制度,一方面企业积累资金少,无力进行技术改造;另一方面由于缺乏经济激励,企业提高生产效率的动力较弱。中华人民共和国成立后,原有的海运效率已经跟不上国民经济快速发展的步伐,变革装卸技术,加快机械化进程势在必然。

在企业缺乏技术革新动力的情况下,中国通过政府的行政手段自上而下地推动技术革新,取得一定的成就。上海港作为中国规模最大、设备最先进的港口,从它的技术革新历程可以窥探一斑。在中华人民共和国成立初期装卸操作几乎全部依靠工人肩挑背扛,简单的工具如老虎车(手推小车)和榻车也很少使用。煤炭是上海港的主要货种,约占全港吞吐量的 30% 左右,过去装卸煤炭一直是靠"一根扛棒,一只煤箩",装卸效率极低,需要耗用大量的劳动力。该港的吞吐量 1953 年比 1951 年增长 84%,但是工班效率[1] 1953 年比 1951 年却提高不到 20%。这说明装卸效率的提高与吞吐任务的增长不相适应,其结果必然导致船舶在港停泊时间长,货物周转速度慢。[2]上海港在"一五"计划的目标是实现装卸半机械化。经过铺设轻轨,使用船舶桅杆起重机吊装煤斗,再到添置带式运输机,上海港的装卸效率有所改变,工班效率从 6 吨猛升到 20 吨,单位装卸成本降低 60.25%。工班效率由 1952 年的 4 吨发展至 1957 年的 9.87 吨。[3]但是由

---

[1]　工班效率是指平均一名工人在一工班(八小时)内的装卸货物量。
[2]　金立成:《上海港史(现代部分)》,人民交通出版社,1986 年,第 37 页。
[3]　金立成:《上海港史(现代部分)》,人民交通出版社,1986 年,第 54 - 55 页。

于技术水平限制,配套的装备尚未研发成功,缺乏适当的辅助工具,同时,也限于积累水平低,资金条件有限,机械设备普及率低,还不能充分发挥机械的效能。总的来看,"一五"时期的装卸机械化进程缓慢。

"大跃进"运动的形势迫使港口要通过技术变革来提高劳动生产率。在此期间,政府发动了技术革新和技术革命的群众性运动。这场称为"双革"的运动主要围绕装卸机械的技术革新为目标,其范围涉及整个装卸的全过程,包括水平运输、起落舱垂直装卸和仓库堆桩作业。在运动中创造了一批新工具和新设备,发明了一些新工艺,例如上海港的散货装卸工艺。它是由船舶桅杆起重机、抓斗、漏斗、带式输送机组成的散货装卸联合操作新工艺,解决了卸煤人力起舱的问题,被卸煤工人称为"第二次解放"。在电动轮胎吊、牵引车、叉式装卸车等各种装卸机械试制成功后,开始大量投入生产。1957 年,上海港拥有装卸机械 470台,带式输送机 2 963 米;1960 年达到 2 047 台,11 127 米,分别增加 335.5% 和275.5%。1957 年全港有技术工人 1 115 人,1960 年为 4 548 人,增长了三倍。随着装卸配套的完善,机具的增加,技术队伍的壮大,不仅港口通过能力大大加强,装卸人员劳动生产率由 1957 年的 1 774 吨提高到 1960 年的 3 508 吨。[①]到了60 年代初,全国港口的装卸技术都有了明显的提高,例如宁波港(见表 1-4)。

表 1-4　1960 年末宁波港机械化装卸作业程度统计表

项目	机械化程度(%)		人力操作(%)
	机械操作	半机械化操作	
仓底作业	26.23	3.29	70.48
起落作业	53.96	16.32	29.72
搬运作业	22.64	60.91	16.45
拆码垛作业	0.27	—	99.73
装卸车作业	17.64	—	82.36

资料来源:郑绍昌:《宁波港史》,人民交通出版社,1989 年,第 435 页。

"双革"运动在 1964 年和 1965 年形成了新的高潮,相继创造了三索卷扬机和双瓣带齿抓斗,将高头皮带机加高接长。更为重要的是促进了煤、粮、木材、袋物、钢材以及杂货共 6 条装卸作业线的形成和发展,并将其推广到 20 多个货种

---

① 金立成:《上海港史(现代部分)》,人民交通出版社,1986 年,第 99 页。

20 多条作业线。

该时期的海运技术变革由政府部门组织实施,提高了装卸效率,缩短了船舶停港时间,扩大了港口通过能力。但是由于"左"倾思想泛滥,不是建立在运用科学的手段和实事求是的基础上,而且大多数采用政治运动的形式,因此在技术变革过程中出现重政治意义、轻经济效益的现象,引起了各种革新设备的粗制滥造和严重的浪费,造成了人力、财力、物力的很大损失。中国最大的煤运港口——秦皇岛港,其领导者坦承技术革命还没有过关,机械化程度并不高,肩扛人抬的现象还较普遍,笨重的体力劳动比重高达 60％多。[①]事实证明,政府干预不当,将违背事物发展的客观规律。

三、运输协作

计划经济时期的计划经济体制和运输管理体制存在的缺陷对运输效率造成一定的负面影响。海洋运输与铁路运输的关联性较强,沿海港口的货物集散大部分是通过铁路运输进行的。沿海港口是海洋运输与铁路运输交汇的枢纽。但是这两种运输方式分属不同的行政部门管理,铁路运输归铁道部管理,海洋运输则属交通部管理。对这两种运输方式进行分割管理的体制给二者开展联合运输带来诸多不便。此外,在计划经济体制下运输的计划指标严格而又常变,使得二者的合作协调更是难上加难。例如,1956 年底秦皇岛铁路和港口双方曾因为一批送车数多少、两批进港车相隔时间和车辆在港作业停留时间长短等三项技术指标,争执半年之久不能解决,路港关系一度紧张。[②]运输方式间的协作冲突造成了运输效率低下。1959 年上半年,全国铁路货运车辆的运行时间,只占全部营运时间的 43％;交通部直属江海货运轮驳船的航行率,也仅为 40％左右;地方船运的船舶航行率更低,一般只达到 32％。可见,不论车船都有一半以上的时间在港站停留。虽然其中包括生产性的装卸和列车编组时间,但是不可否认,还存在着不少非生产性停留时间和由于组织工作不善所造成的损失。[③]

部门的本位主义加上计划经济体制的僵化致使海洋运输与铁路运输不能发挥应有的效能。而港口成为海洋运输与铁路运输矛盾纠结之处,时常出现货物错发或迟发、压船压港的现象,给国家经济造成巨大的损失。为此,加强运输协作是提高整个运输体系尤其是海洋运输效率的重要途径。

---

① 黄景海:《秦皇岛港史(现代部分)》,人民交通出版社,1987 年,第 162 页。
② 黄景海:《秦皇岛港史(现代部分)》,人民交通出版社,1987 年,第 121 页。
③ 余光生、孙大光:《论"一条龙"运输大协作》,《红旗》1960 年第 1 期。

"一条龙"运输大协作是该时期运输协作的标志性成果。它是秦皇岛港口和铁路车站在 1959 年创造的一种新的协作方式和新的运输组织形式。它的特点是:以港口和车站为中心,连接铁路列车和定班定线的船舶,组织成包括厂矿、车站、港口、火车、船舶和收货单位在内的"一条龙"全面大协作,形成一条一线相连、环环紧扣、水陆全程连续不断的运输线,最有效地加速了货物的运送和车辆、船舶的周转。[1]"一条龙"运输大协作实现了海洋运输与铁路运输的有机联合,海运效率大为提高,在 1959 年上半年,路港双方在其设备能力基本未有增加的情况下,港口吞吐量同期增长 1.82 倍;车船直接换装数量占吞吐量的比重同期增长 1.2 倍;装卸操作系数同期降低 19%;平均每天节省 427 个装卸劳动力;装卸单位成本每千自然吨同期降低 38%;车辆一次性作业时间同期缩短 44%;货物换装期限同期降低 28%。[2]

"一条龙"运输大协作受到中央的重视和推广。《人民日报》《红旗杂志》等国内主流报刊纷纷报道"一条龙"运输大协作,交通部副部长孙大光和铁道部副部长余光生亲自撰文发表。1959 年 9 月,交通部和铁道部在秦皇岛联合召开"全国路港协作秦皇岛现场会议",秦皇岛港务管理局作了经验介绍,并进行直达列车和定班定线船舶直接换装作业现场表演。交通部和铁道部表彰了秦皇岛港务管理局和铁路秦皇岛站,高度评价了"一条龙"运输大协作。会后,由中共中央交通工作部、交通部、铁道部等联合组织了秦皇岛路港"一条龙"运输经验宣传团,分赴大连、上海、广州等十八个地区的港口、火车站进行宣传推广。"一条龙"运输大协作随即在全国上下迅速推广,全国交通运输战线出现了"群龙飞舞、争相跃进"的局面。例如天津市人民委员会于 1959 年 11 月 11 日召开产运销一条龙大协作会议,介绍秦皇岛路港协作和昌黎县产运销一条龙协作的经验。随即开展试验,组织了矿石、盐、粮食、化肥、煤炭、磷灰石等 6 种大宗货物的运输协作线。最后,路港双方组织的 3 艘轮船车船直接换装作业,换装的比例占全部货运量的 56%,相当于少占用 1 000 平方米的货场,装卸效率提高了 45%,船舶在港时间比规定降低 10%,货物在港期限缩短了 10 天,还节省了 1 200 多元的装卸费用。[3] 1961 年 10 月 15 日,交通部和铁道部在"一条龙"运输大协作的基础上制订了《铁路和水路货物联运规则》,使铁路运输与海洋运输的联合制度化。

运输协作源于为解决计划经济体制和运输管理体制的弊端,这个弊端的本

---

① 余光生、孙大光:《论"一条龙"运输大协作》,《红旗》1960 年第 1 期。

② 黄景海:《秦皇岛港史(现代部分)》,人民交通出版社,1987 年,第 134 页。

③ 贵义和、刘卯忠:《天津港史(现代部分)》,人民交通出版社,1992 年,第 206 页。

质是政府过度干预经济运行和运输行业。运输协作是政府部门通过使用行政手段创造和推广的,政府部门自始至终担当主角,企图通过政府干预的途径打破铁道部与交通部之间的隔阂,加强相互间的联系。总而言之,从运输协作中窥视出海运效率的障碍在于政府干预,解除这个障碍的手段还是政府干预。其结果,由政府部门创造和推广的"一条龙"运输大协作只是暂时性地促进了海洋运输与铁路运输的协作,它并未能从根本上消除计划经济体制和运输管理体制的弊端对海运效率的负面影响。

第四节　计划经济体制时期海运经济的发展与评价

一、发展概述

计划经济时期,中国海运经济的发展受到国家投资政策和中外关系的较大影响。作为唯一的投资主体,国家的投资政策直接影响海运的供给能力。中外关系的变化引起中国对外贸易对象的变化,对外贸易对象的变化进而引起贸易运输方式的变化,中国对苏联及东欧社会主义国家的关系由亲变疏,对外贸易的主要对象因此转向西方资本主义国家,海运在对外贸易运输中的比重逐渐上升。

（一）国家投资政策与海运经济的发展

中国对运输业实行低投资的政策。中国第一至第四个"五年计划"交通运输业基建投资占全国基建投资的平均比重为 14.28%(见表 1-5)。交通运输业投资占全国总投资的比重过低,远不及世界银行建议发展中国家 20% 至 28% 的最低限度,更不及发达国家经济快速发展时期 30% 以上的比重,发展中国家一般也在 20% 以上。[①]

表 1-5　中国交通运输业基建投资占全国基建投资的比重表　　　　　单位:%

时期	"一五"	"二五"	三年调整	"三五"	"四五"
比重	14.5	12.9	12.2	14.7	17.1

资料来源:交通部综合规划司:《新中国交通五十年统计资料汇编(1949—1999)》,人民交通出版社,2000 年,第 22 页。

---

① 交通部综合规划司:《新中国交通五十年统计资料汇编(1949—1999)》,人民交通出版社,2000 年,第 22 页。

运输业内部各种运输方式之间的投资比例不均衡,1949—1975 年间,在运输业的基本建设投资比例中,从平均水平看,铁路所占比重最高,虽然处于不断下降的趋势,但仍占 50%以上;其次为公路;再者为水运,在"一五时期"至"三五时期"均低于公路,直到"四五时期"才超过公路(见表 1-6)。

表 1-6　1949—1975 年各种运输方式的基本建设投资比例表　　单位:%

时期	铁路	公路	水运	民航
恢复时期	90.1	——	8.6	1.4
"一五"时期	70.9	17.9	10.3	0.9
"二五"时期	65.7	20.3	12.2	1.7
调整时期	64.2	25.3	7.1	3.5
"三五"时期	69.6	18.3	10.6	1.5
"四五"时期	59.1	13.1	24.3	3.5
平均	69.9	18.98	12.18	2.08

资料来源:王晓芳:《运输政策变迁的制度分析》,经济科学出版社,2011 年,第 226 页。

除个别年份外,水运投资的增长速度一般高于国内生产总值的增长速度,但低于固定资产投资的增长速度。1973 年,周恩来总理提出"三年改变港口面貌"的目标之后加大了对水运建设的投资力度,因此到了 1975 年水运投资的增长速度远远高于固定资产投资(见表 1-7)。

表 1-7　1955—1975 年国内生产总值、固定资产投资与水运投资指数表

年度	国内生产总值	固定资产投资	水运投资
1955	100.0	100.0	100.0
1960	189.3	395.8	368.3
1965	190.5	206.1	113.9
1970	268.6	349.8	305.0
1975	380.1	517.8	1166.3

资料来源:交通部综合规划司:《新中国交通五十年统计资料汇编(1949—1999)》,人民交通出版社,2000 年,第 127、129 页,整理得出。

在船舶制造方面,50年代初,国家基本建设投资的重点是军工生产和其他国防建设。因此,船舶工业用于军工的投资多于民用。1954年10月,一机部厂长会议上提出发展船舶工业的方针是"军船第一"。1956年5月,国务院办公会议确定:第一个五年计划期间,船舶工业局的主要力量应放在军用舰艇方面。[①] "大跃进"时期,民用船舶制造增长较快,军用船舶制造则下降(见表1-8)。进入调整时期后,又恢复"军民结合,以军为主"方针。在这个方针下民用船舶制造的发展受到制约,1958年中国才开始自行设计建造海洋运输船舶。1965年,"东风"号万吨级远洋货船的自行研制成功,标志中国的船舶制造水平上了一个新台阶。但是由于船用主机等关键设备正处于生产技术的攻关阶段,因而60年代远洋船舶建造不多,发展不快。此外,三线建设的战略部署将沿海的船舶工业分解到内地,进一步削弱海洋船舶的制造能力。

表1-8   1957—1965年军用民用船舶产量表

年份	钢质民用船舶产量百分比		军用船舶产量百分比	
	定比指数	环比指数	定比指数	环比指数
1957	100%	100%	100%	100%
1958	189.3%	189.3%	97.6%	97.6%
1959	278.7%	147.2%	51.1%	52.4%
1960	349.9%	125.5%	24.4%	47.8%
1961	71.9%	20.6%	24.2%	99.2%
1962	56.8%	79.0%	98.5%	406.7%
1963	45.2%	79.6%	140.8%	124.9%
1964	84.1%	185.9%	188.1%	133.7%
1965	105.1%	125.0%	285.4%	151.7%

资料来源:《当代中国》丛书编辑部:《当代中国的船舶工业》,当代中国出版社,1992年,第65页。

70年代以后,随着联合国恢复中国合法席位,中国的国际交往日益扩大,外贸海运量急剧增加。中国再次将船舶工业建设的重点放在沿海地区。周恩来及时作出了大力发展远洋船队、建设10座万吨级船台和加强沿海港口建设的重要指示。根据周恩来的指示和国家计委的批示,六机部和交通部陆续建成了8座

---

① 《当代中国》丛书编辑部:《当代中国的船舶工业》,当代中国出版社,1992年,第41页。

万吨级船台。为了加强沿海地区的船舶工业建设,适应海洋运输的发展,交通部于 1972 年召开水运工作会议,确定扩大修造船能力,将 13 个大中型船厂和配套厂列为重点建设项目。以新港船厂为重点,改建和扩建天津地区 2 个老船厂,新建山海关船厂和船舶配件厂。改建上海船舶修造厂,由以修为主变为修船与造船、造机并重。改建和扩建了东海船厂以及上海和苏、浙地区的一批中小型船厂。迁建和新建了北海和澄西船厂等。在华南地区,通过文冲船厂二期工程建设,扩建了 2.5 万和 1.5 万吨级的 2 个干船坞及 7 000 吨级船台,并且新建了沿海各港的船舶航修站,以适应沿海船舶修理的需要。①通过这个时期的船厂建设,中国船舶修造能力有了较大增长。到 1975 年,总计拥有船台 512 座,船坞45 座,金属切削机床 1.4 万多台。其中,除个别中小型船台在三线地区以外,绝大多数船台和船坞都在沿海地区和长江中下游。

(二)中外关系与海运经济的发展

中华人民共和国成立之初,苏联和东欧社会主义国家是中国对外贸易的主要对象国。中国对社会主义国家的贸易额占全国对外贸易总额的比重,1950 年为 32.4％,1951 年上升到 52.9％,1952 年达到 72％,此后一直到 50 年代末保持70％以上;其中对苏联的贸易额约占全国对外贸易总额的 50％。②通常对外贸易的运输方式是以海洋运输为主,但是由于以美国为首的敌对势力的封锁禁运,台湾海峡处在军事对峙状态,沿海一带经常遭受军事骚扰和破坏,此外中国与苏联和东欧社会主义国家之间可以开展铁路运输,因此此阶段铁路运输占有重要位置。1951 年 4 月 1 日,中国与苏联建立的双边铁路联运关系。1954 年 1 月1 日,中国参加了国际铁路联运,从而使中国铁路联运进一步扩大。从 1951 年至 1960 年铁路运输所占比例均超过 40％(见表 1 - 9)。中苏关系恶化之后,中国与苏联、东欧社会主义国家之间贸易往来减少,铁路运输的份额也随之减少。从 1961 年至 1977 年铁路运输所占比例处于下降趋势,1961 年为 35％,1977 年仅有 12％。

20 世纪 60 年代,中国对外贸易的主要对象向资本主义国家和地区转移。到 1965 年,中国对西方资本主义国家的进出口总额在全国进出口总额中所占的比重,由 1957 年的 17.9％上升到 52.8％。③在中国加强与西方资本主义国家的贸易关系之后,海洋运输在对外贸易运输的地位逐渐在提升。在 1961 年以后,

①　《当代中国》丛书编辑部:《当代中国的船舶工业》,当代中国出版社,1992 年,第 94 - 95 页。

②　《当代中国对外贸易》编辑部:《当代中国对外贸易(上)》,当代中国出版社,1992 年,第 19 页。

③　《当代中国对外贸易》编辑部:《当代中国对外贸易(上)》,当代中国出版社,1992 年,第 31 页。

海洋运输占据的比例都超过 60%。尤其是进入 20 世纪 70 年代,中国迎来了国民经济发展的有利时机,国内"九一三"事件之后,林彪集团覆灭,周恩来主持中央工作力主恢复发展国民经济;同时在外交取得突破,1971 年,中国恢复在联合国的合法地位,次年美国总统尼克松访华成功,中美两国在对抗了 20 多年之后,开始走向关系正常化。因此,在 1973 年之后,海洋运输占据的比例都超过80%,1977 年达 85%,创历史新高。

表 1 - 9　1950—1978 年中国对外贸易货运表　　　　单位:万吨

年份	总运量	海洋运输		铁路运输	
		运量	所占比例(%)	运量	所占比例(%)
1950	634	391	62	243	38
1951	673	405	60	268	40
1952	522	229	44	293	56
1953	841	444	53	376	45
1954	1 003	488	48	498	50
1955	1 317	663	50	613	47
1956	1 740	995	57	706	41
1957	1 625	894	55	699	43
1958	2 059	1 150	56	873	42
1959	2 208	1 158	52	1 023	46
1960	2 031	1 027	51	976	48
1961	2 409	1 541	64	853	35
1962	2 265	1 456	64	793	35
1963	2 590	1 810	70	761	29
1964	2 872	2 133	74	718	25
1965	3 311	2 459	74	829	25
1966	3 487	2 653	76	811	23
1967	3 090	2 476	80	605	20
1968	2 782	2 297	83	473	17
1969	2 603	2 182	84	407	26
1970	3 071	2 510	82	544	18
1971	3 230	2 489	77	712	22
1972	3 817	2 886	76	861	22
1973	4 829	3 896	80	901	19

（续表）

年份	总运量	海洋运输		铁路运输	
		运量	所占比例(%)	运量	所占比例(%)
1974	5 340	4 335	81	934	17
1975	5 201	4 233	81	911	17
1976	4 628	3 767	81	695	15
1977	5 348	4 562	85	638	12
1978	7 033	6 217	89	670	9

资料来源:《中国对外贸易运输总公司发展史》编写组:《中国外运四十年》,中国工人出版社,1990 年,第 298 - 300 页。

从 1950 年至 1976 年海运的主要经济指标来看,海运经济趋于上升的状态(见表 1-10)。营运船舶拥有量从 1950 年的 15.2 万吨提高到 1976 年的 743.3 万吨,增长了约 48 倍;海运企业货运量从 1950 年的 69 万吨提高到 1976 年的 6 350 万吨,增长了约 91 倍;海运企业货运周转量从 1950 年的 12.89 亿吨海里提高到 1976 年的 1 107.72 亿吨海里,增长了约 85 倍;沿海主要港口货物吞吐量从 1950 年的 829 万吨提高到 1976 年的 14 197 万吨,增长了约 16 倍。

表 1-10　1950—1976 年中国海运主要经济指标统计表

年份	营运船舶拥有量(万吨)	海运企业货运量(万吨)	海运企业货运周转量(亿吨海里)	沿海主要港口货物吞吐量(万吨)
1950	15.20	69	12.89	829
1952	23.30	417	35.96	1 348
1957	37.50	1 223	99.22	3 726
1962	86.4	1 375	127.57	5 265
1965	117.7	1 898	207.98	7 181
1970	204.5	1 817	339.18	9 415
1975	690.4	6 145	1 159.13	14 358
1976	743.3	6 350	1 107.72	14 197

注:营运船舶拥有量、海运企业货运量和海运企业货运周转量三项数据的统计范围是上海海运局、广州海运局和中远总公司这三个交通部直属企业。

资料来源:中国航海学会:《中国航海史(现代航海史)》,人民交通出版社,1989 年,第 91 - 93、128 - 129、163 - 164、200 - 201 页,整理得出。

二、总体评价

（一）关于政府干预

学界在讨论在计划经济时期的政府干预当中，较多地关注到了它的负面影响。在计划经济体制下，政府干预对经济发展的弊端，在海运经济领域都有同样的体现，学界已作有较全面的分析，无须再述。在此，通过海运经济的视角探讨政府干预的积极作用。

建立了有序、统一的市场是该时期政府干预的成效之一。

建立有序的市场，一方面是指通过重建海运经济体系，结束了近代以来海运市场外国势力横行、国内封建黑恶势力把持的混乱无序的局面；另一方面是指与国际海运垄断组织班轮公会抗衡，反对国际海运市场的不正当竞争。在前文已有论述，不再赘言。建立了统一的市场是指恢复南北通航，统一中国大陆的海运市场。由于台湾海峡的军事对峙，南北沿海航线一直受阻，不能通航，中国大陆的海运市场被分割为南、北两个航区，对海运经济的发展十分不利。一方面，中国对外贸易的货物绝大部分从北方航区进出，但是远洋国轮却大部分集中在南方航区；另一方面，南北方的矿产、石油和粮食等大宗货物流通量逐日增大，但铁路运输已趋饱和不能满足运输量的要求，迫切需要海运分解运输压力。南北市场的分割致使海运的资源不能自由流动，供给与需求不能匹配，严重影响海运效率。

在军事对峙的环境下，依靠市场的力量是无法统一中国南北海运市场的，唯有政府才能解决这个难题。中国政府从19世纪60年代就开始组织实施南北航线的开辟，1968年4月15日国轮"黎明"号从湛江北上青岛开辟了第一条航线，该航线因绕道距离太长，在经济上和时间上都不合算；1972年10月12日国轮"五指山"号从海南八所北上大连开辟第二条航线，此航线的航程相对缩短，试行成功后即开展南矿北运业务，取得较高的经济效益；在中美、中日关系相继正常化之后，中国政府加快探索南北新航线的步伐，1973年和1974年连续两次试航新航线，此时的航程大为缩短，从此南北航线的运力和运量大幅度增长。

这一时期开辟的南北航线均是避开台湾海峡远航外海迂回航行，虽然从航行成本上看都不是最优的航线，但毕竟实现了分割近二十年的海运市场的统一，提高海运效率的同时也提高了经济效益。例如，1972年到1977年，从海南岛海运矿石102万吨至鞍钢，比走铁路节省运费1 048.5万元；广东省从秦皇岛海运煤炭 103.9 万吨到黄埔,节约运费达 669.5 万元。[1]

扶植了幼稚产业是该时期政府干预的成效之二。

中国海运业的起点低、基础薄,远洋运输情形更甚,直至 1961 年才建立起自营远洋船队。从产业发展的阶段看,该时期中国的海运业处在幼稚阶段。中国政府进行干预起到了保护作用,有利于该行业的发展壮大。中国的政府干预主要是通过行政手段提高自营船队的运载量。掌握派船权是提高自营船队运载量的前提条件,通常拥有派船权的一方在安排运载时都优先本国船队。从 1952 年至 1957 年,虽然中方派船比例在上升,但是均不超过 50%;1958 年之后中国掌握了派船的主动权,此后大部分年度的比例超过 70%(见表 1 - 11)。

表 1 - 11 1952—1977 年中国对外贸易货物海运中外派船比较表 单位:万吨

年份	海运总量	中方派船		对方派船	
		运量	比例(%)	运量	比例(%)
1952	229	72	31.44	157	68.56
1953	444	142	31.98	302	68.02
1954	478	146	30.54	332	69.46
1955	663	213	32.13	450	67.87
1956	995	350	35.18	645	64.82
1957	894	401	44.85	493	55.15
1958	1 158	756	65.28	402	34.72
1959	1 158	841	72.63	317	27.37
1960	1 027	776	75.56	251	24.44
1961	1 541	1 395	90.53	146	9.47
1962	1 456	1 245	85.51	211	14.49
1963	1 810	1 474	81.44	336	18.56
1964	2 133	1 576	73.89	557	26.11
1965	2 459	1 861	75.68	598	24.32
1966	2 653	1 933	72.86	720	27.14
1967	2 476	1 799	72.66	677	27.34
1968	2 297	1 783	77.62	514	22.38

---

[1] 中国航海学会:《中国航海史(现代航海史)》,人民交通出版社,1989 年,第 156 页。

（续表）

年份	海运总量	中方派船		对方派船	
		运量	比例（%）	运量	比例（%）
1969	2 182	1 552	71.13	630	28.87
1970	2 510	1 782	71.00	728	29.00
1971	2 489	1 714	68.86	775	31.14
1972	2 886	1 957	67.81	929	32.19
1973	3 896	2 666	68.43	1230	31.57
1974	4 335	3 090	71.28	1245	28.72
1975	4 233	2 970	70.16	1263	29.84
1976	3 767	2 700	71.68	1067	28.32
1977	4 562	3 247	71.17	1315	28.83

资料来源：《中国对外贸易运输总公司发展史》编写组：《中国外运四十年》，中国工人出版社，1990年，第298-300页，整理得出。

　　中方派船比例的增大显然是中国政府干预的结果。在组建中国远洋运输公司之后，中国开始实行"国轮优先"的货载政策，中国掌握了派船的主动权为这项政策的落实提供了保障。虽然在中方派船当中，有部分采用租用外轮，但国轮的市场份额增加是无疑的。在政府干预下，中国的海运力量得到较快的发展，尤其是中国远洋运输公司逐渐在国际海运界占据重要的一席之地（见表1-12）。

表1-12　中国远洋运输公司历年船舶拥有量和货运量统计表

年份	艘数	载重量吨（千吨）	货运量（万吨）
1961	25	229.9	85
1962	31	270	79
1963	36	331.3	88
1964	56	517.6	151
1965	63	601.8	246
1966	71	706.5	272
1967	86	869.1	238
1968	89	903.6	264

（续表）

年份	艘数	载重量吨(千吨)	货运量(万吨)
1969	102	1 058.9	345
1970	107	1 122.8	499
1971	122	1 298.2	783
1972	184	2 141	972
1973	256	3 223.3	1 270
1974	304	4 499.7	1 740.6
1975	330	5 380.5	2 424.8
1976	347	5 654.2	2 382.3
1977	405	6 546.1	2 553.2
1978	510	8 573.5	3 659.7

资料来源:中国航海学会:《中国航海史(现代航海史)》,人民交通出版社,1989年,第256页。

（二）关于市场机制

关于计划经济时期的海运经济研究,市场机制的影响是较为容易被忽视的一个盲点。即便是在计划经济体制下,政府干预也不能左右中国海运经济的全部,市场机制也是影响中国海运经济的一个重要力量。因为海运经济的国际性特征决定了它离不开国际海运市场,中国海运市场仅是国际海运市场的一部分,而历史上没有一个国家能够主宰国际海运市场,国际海运市场主要依靠市场机制运行。面对市场机制的存在,是顺从还是逆行将会产生较大的影响差异。

国际的租船市场、二手船市场、造船市场、国际班轮市场都与中国海运的发展密切相关,影响甚广。中国在船舶租用和购买上顺从市场机制,不但运力结构得到不断优化,而且能以低成本换取高利润,提高了海运经济效率。尽管是在计划经济体制下,但是政府干预挡不住市场机制对资源的有效配置。20世纪70年代,中国80%的船舶维修是在香港和国外进行的。其中的原因一是国内修理容纳能力不足,二是在香港和国外修理效率更高,这是主要的原因。因此,船主不愿在国内修,愿到国外修,在外国修得快,修得好。[1]

市场机制对中国海运经济的影响不仅体现境外,还体现在国内。1949年10

① 粟裕:《关于修造船方针统筹问题》(1973年9月24日),《粟裕文选》第3卷,军事科学出版社,2004年,第540页。

月至 1956 年 1 月,各外贸公司自行联络海运公司,货主分散多家,而船主同样是分散多家,货主与船主之间是自由选择的关系,海运市场自由竞争。1956 年 2 月,外贸部和交通部发布《关于统一租船、订舱的联合指示》,规定中国外运公司接受各进出口公司委托,统一掌握外贸进出口货源,统一对外租船、订舱、负责完成外贸运输任务。自此,中国外贸货方完成了由分散到统一的转变。此时的船方还是分散的,既有多个国家的船舶公司,也有 1961 年成立的中国远洋运输公司,中外船舶公司存在竞争关系。尽管船方还是分散的,但是货方的统一本已使市场的自由度减弱,加上"国轮优先"的政策,使得市场的自由度更为弱化。该时期的中国海运市场处在政府干预与市场机制并存的状态,政府干预的程度在加深,而市场机制的作用在减弱。

　　20 世纪 70 年代中国大规模建设港口时期,已经在开始尝试市场机制的运用。1949 年以后,中国港口建设投资的唯一来源是政府,但是到了 70 年代,大规模建设港口需要巨额投资,而当时的国情实际是"靠国家投资,靠计划中安排,很难平衡;靠地方投资,也很困难。"建设经费短缺是制约港口建设的一个瓶颈,国务院港口建设领导小组与国家计委、财政决定先在秦皇岛试行对吞吐货物收取费用筹措港口建设费的办法。具体操作是从港口吞吐的每一吨货物中收取一元,作为港口建设的配套费。这项改革见效显著,秦皇岛港每年可由此筹资几百万元,经过十几年的积累已达数千万元。[①]实质上,这是收缩政府干预范围、引入市场机制的一个体现。港口建设规模的大小不完全取决于政府的计划,还要根据港口吞吐量及其所带来的建设经费。这表明了政府和市场共同掌握资源配置的权力,港口企业的经营自主权在扩大,市场主体地位在提升,率先走在中国市场化改革进程的前列。

---

① 谷牧:《谷牧回忆录》,中央文献出版社,2009 年,第 252 页。

第二章

改革开放启动时期的海运经济

（1979—1991 年）

第一节　海运体制改革：政府权力的收缩

在中国，由于对不同的运输方式实行分别设立独立机构进行管理的管理体制，铁路运输、公路运输、水上运输、管道运输和航空运输五种运输方式由四个行政级别平行的部级机构管理，同时，各种运输方式之间存在差异性，因此，它们的改革进度也就各不相同。交通部主管之下的公路运输和水上运输是运输领域中的改革先锋，航空运输、铁路运输和管道运输随后跟进。改革开放以后，海洋运输仍然是国际贸易运输的主渠道，它的地位和影响随着中国对外贸易的迅猛发展而日益突出，使它成为运输改革先锋队中的"排头兵"。

一、政企分开

计划经济体制下，海运企业主要归属交通部和外贸部管理，实行"一套班子，两块牌子"的政企合一管理模式。交通部管理的海运企业占绝大部分，中国远洋运输公司专营远洋运输业务，与交通部的远洋运输管理局合二为一；广州海运局和上海海运局是南北两个航区的职能部门，负责沿海运输和港口管理，同时也是交通部直属的沿海运输企业。外贸部是除交通部之外唯一一个经营运输业务的中央部门，运输是开展对外贸易的一个重要环节，因运输的重要性外贸部设立运输局和中国对外贸易运输公司，同样实行政企合一。

政企合一是计划经济体制的产物，企业没有自主权，听命于政府，成为政府的附属物。进入改革开放时期，企业成为市场主体必然要求提高自主权，政企合一的模式也就必将要打破。海运体制改革的第一步就是处理好政府与企业的关系,实行政企分开,将政企合一的海运机构分解为海运行政管理机构和海运企业,实现政府与企业的职能分开,减少政府对海运企业经营的干预。

在港口企业方面。1982 年 1 月 6 日,交通部转发《国务院关于大连港口体制改革实行方案的批复》,以大连港为试点,自 1982 年 1 月起实行政企分开,将大连港务管理局一分为二,成立大连港口装卸联合公司和大连港口管理局,均为交通部直属一级单位。政企分开的改革取得立竿见影的效果,该港货物吞吐量 1984 年完成 4 016.7 万吨,比 1983 年增长 14.1%;1985 年完成 4 381 万吨,又比 1984 年增长 9.1%。[①]

上海港针对存在的"港权分散,政出多门,企业权力太小,行政干预过多"的实际情况,采取"港口行政职权集中行使,企业经营权力下放基层的方针",把航政管理、港政管理、规划建设、协调疏港和制定经营方针的职权集由管理局统一行使;对局属各生产、服务单位,按照专业化协作的原则,进行适当的联合和改组,成立专业公司,使之逐步成为相对独立的经济实体,进一步扩大基层单位的经营自主权。自 1984 年,上海港相继组成 2 个集装箱公司,煤炭装卸公司和木材装卸公司,并在煤炭装卸公司进行以"进出吨煤工资含量包干"为主要内容的综合配套(管理体制、领导制度、干部人事制度、内部分配制度等)改革试点。这些改革试点,都收到较好的效果,其中煤炭装卸公司的一些改革措施受到国家计委、国家经委等有关部门的重视。1985 年 10 月交通部在上海召开会议向沿海港口推广了他们的经验。[②]

1986 年 12 月,国务院主持召开的港口管理体制改革会议提出:实行港口所在城市管理为主、交通部管理为辅的管理体制以后,原则上中央下放给市里的权力应该都下放给港口。市里原有的一些权力,能够下放给港口的也要下放给港口,以扩大港口的自主权。企业向独立的市场主体过渡,政企分开就是要给企业松绑扩权,把所有应当属于企业的经营自主权全部还给企业。

在运输企业方面。对交通部远洋运输局和中国远洋运输总公司实行政企职责分开,1982 年 7 月撤并调整了交通部远洋运输局,新设海洋运输管理局,中国远洋运输总公司成为相对独立的企业。中国曾一度酝酿将中国远洋运输总公司与中国对外贸易运输总公司合并。1984 年 11 月 3 日,国务院发出《关于改革我国国际海洋运输管理工作的通知》,通知指出中国远洋运输总公司与中国对外贸

① 姚亚山:《充分利用沿海运输,积极发展江海联运》;王德荣等:《交通运输产业政策研究》,科学技术文献出版社,1989 年,第 375 页。
② 中国交通年鉴社:《中国交通年鉴 1986》,中国交通年鉴社,1986 年,第 376 页。

易运输总公司不再合并成中国国际运输总公司。这两个公司都要办成独立经营的经济实体,不兼行政职能。交通部对中国远洋运输总公司(包括中国外轮代理总公司)、外贸部对中国对外贸易运输总公司(包括中国租船公司)只实行行政领导和管理,不干预企业经营。

实现政企分开之后,海运管理部门和海运企业转变职能,各司其职。1985年,时任国务院副总理李鹏在全国交通工作会议上指出,"交通部和各地交通部门,原则上不再直接管企业,作为政府管理交通的职能机构,他们的主要任务是,制订交通运输的方针、政策,制订交通法,督促交通运输方针、政策和法令的执行;协调各方面的关系,包括交通部内部各方面的关系以及和其他行业的关系;搞好重要交通设施的审批和建设,'修路、建桥、筑港、治河'。"[1]

各级海运管理部门的职能已基本上从主要抓直属企业转到面向全行业,加强行业的行政管理;从直接抓企业经营活动,转向从宏观上对运输经济进行间接调控;加强政策研究、指导以及统筹规划、监督协调、信息服务等行政管理工作;调整运力结构,加强货源管理,整治运输市场。

政企分开的核心是扩大企业的自主权,提高企业的积极性,增强企业市场活力。按照企业的不同层次,交通部下放了部分企业建设项目的审批权;贷款船舶建造的审批权;对车船实行正常报废、出租和转让的固定资产管理权;生产发展基金、职工福利基金和职工奖励基金的企业自留资金使用权;贷款使用和赔偿权;指令性计划外物资管理权;各种劳动组织形式管理权。1987年,交通部指令性货物运输计划由过去的 17 项缩减为重点物资、外资物资 2 项,其余 15 项改为指导性计划。随着企业扩权的深入,企业改革逐步向建立经济责任制、推广厂长(经理)负责制方面扩展。通过把企业、职工的经济责任、经济效益同经济利益联系起来,正确处理国家、企业和劳动者个人三者关系。[2]

福建省轮船公司在企业改革中,推行单船经济责任制,调动了职工的积极性,提高了企业的经济效益。如闽海 115 轮原来每年亏损 30 多万元,1984 年8 月承包后,一年即盈利 20 多万元。原来走香港的货班船亏损 30 多万元,1984年 12 月承包后,上缴利润 120 万元。船员的收入每月较承包前可多 10 至20 元。[3]

---

[1] 李鹏:《在全国交通工作会议上的讲话》(1985 年 3 月 31 日),《中国交通报》1985 年 4 月 3 日第 1 版。

[2] 《中国交通运输改革开放 30 年》丛书编委会:《中国交通运输改革开放 30 年·水运卷》,人民交通出版社,2009 年,第 9-10 页。

[3] 罗其森:《推行单船承包 提高经济效益》,《海运情报》1986 年第 1 期。

广州远洋运输公司从 1980 年便率先实行单船承包的试点，然后逐步推开，经费实行定船包干。七年来，包干船舶节约修理费用 1 065 万元，单船年耗物料费从 9 万元下降到 6 万元；减少修船期 1 675 天。[①]

1984 年 5 月国务院颁布《关于进一步扩大国营工业企业经营自主权的暂行规定》，提出简政放权，搞活企业，向企业进一步下放部分经营管理权。如上海市允许港航企业超核定计划的货运业务运价可在一定幅度范围内浮动；在劳动管理方面，可在上级主管部门核定的总编制内，根据生产、经营需要，自行招聘个人等。航运企业根据流动、分散的特殊性，实行船长负责制。

1987 年 12 月 24 日，交通部向直属企业发出《全面推行和完善厂长（经理）负责制工作的通知》，要求部直属企业全部推行厂长（局长、经理）负责制；实行企业化管理的事业单位，全部实行行政首长负责制；拥有船舶的单位，逐步实行船长负责制。1988 年，交通部直属航运企业的 1 286 艘船舶中，有 1 113 艘实行了船长负责制。[②]

政企分开最大的成效在于扩大企业的经营管理自主权。在天津港首先扩大基层企业管理经营自主权，从计划和经营管理、资金使用、设备物质、人事劳动管理、工资奖励等方面，掌握了财权、人权和分配权。其次，推行厂长（局长、经理）负责制，确立了厂长（局长、经理）在企业中的中心地位和作用，把企业的经营管理权交给了他。再次，实行各种形式的经济责任制，在国家与企业层面，实行两步利改税，核定企业的利润基数和"三金"比例，超额完成利润基数减免税率，增加企业留利，税后留利自行分配，在各基层内部层面，也制定了各种形式的经济责任制。例如对装卸工人实行"船车装卸承包经济责任制"，对外轮理货员实行"联责、联吨"两级承包责任制，对轮驳公司和燃料供应公司的船员实行"单船承包经济责任制"，对修建工人实行"百元工程量承包责任制"。[③]各种形式的经济责任制，奖勤罚懒、多劳多得的机制，打破了"大锅饭"的传统。港务局摆脱了企业的具体事务，以经济手段、法律手段、行政手段管理和领导企业，港口所属的企业实行独立核算，成为责权利统一的具有法人地位的经济实体。政企分开是职责分开，通过向基层企业扩权，使基层企业成为经济实体。

---

① 叶广盛：《改革、开拓、自主、自强》，《中国交通报》1988 年 3 月 5 日第 2 版。

② 《中国交通运输改革开放 30 年》丛书编委会：《中国交通运输改革开放 30 年·水运卷》，人民交通出版社，2009 年，第 10 页。

③ 《中国交通改革十年》编辑委员会编：《中国交通改革十年（1978—1988）》，人民交通出版社，1990 年，第 376 页。

中国海运体制改革的步骤是"先扩权,后下放",即先扩大企业的自主权,然后再将企业下放地方管理。因此,政企分开仅仅完成了海运体制改革的第一步,还没真正实现收缩政府权力的目标。

二、放权地方

计划经济时期建立高度集中的海运管理体制曾发挥积极的作用,但运行近30 年后,已趋于僵化,失去活力,越来越成为影响中国对外开放进程的一股阻力。因此,改革海运体制以促进对外开放是顺应时势发展的客观需要。海运体制改革的重点在于收缩政府管理部门的权力,完成这个目标还要处理好中央与地方的关系,由中央集权向地方放权。

在计划经济时期,中国海运管理经营的大权长期由交通部掌控,尽管期间有两次短暂的权力下放,但都是"以交通部为主、地方为辅",始终没有触及财务体制、投资及还贷体制和自主经营权,财务、投资、业务一直由交通部主管,中央集权的局面没有改变。这就导致了地方政府对海运的建设发展缺乏积极性。而实践证明仅靠交通部之力不足以推动海运经济的发展,必须广泛发动地方政府的参与。地方政府的积极参与需要中央赋予权力。

海运的放权改革首先从港政入手,再由港政改革带动航政改革。为何从港政入手? 这是学界鲜有提及的问题。1984 年 5 月,中共中央和国务院批准开放14 个沿海开放城市,这是中国对外开放战略继设立经济特区之后又一个重大举措。毫无疑问,港口是这批沿海开放城市的优势资源,地方政府只有掌握港口的管理经营权,才能通过"以港兴城"的途径实现对外开放的目标。沿海开放城市拥有比其他城市更多的自主权,港口自主权是其中的一个部分。因此,我们可以看到,沿海开放城市的设定与港口管理体制改革是同时进行的。

1984 年 5 月 7 日,中共中央、国务院批复交通部、天津市委、市政府《关于天津港管理体制改革试点问题的请示》,同意天津港自 6 月 1 日起进行港口体制改革的试点,交通部将天津港下放给天津市,由交通部领导为主,改为实行"双重领导,地方为主"的管理体制,开启了港口放权改革的进程。在此之前中国港口管理的依据是 1954 年中国政务院颁布的《中华人民共和国海港管理暂行条例》,它规定:港务局之设置与撤销,由中央交通部报请中央人民政府政务院核准公布;港务局直属中央交通部海运管理总局管辖,在行政、业务、技术、财务上均受其统一领导,并受当地人民政府监督与指导。

天津港的管理体制改革重新划分交通部与天津市对港口的管理权限:交通

部负责统一制定、修改和发布全国性的港口管理法规,规费征收办法和标准,并对执行情况进行监督检查;按照全国港口建设规划和分工布局的总规划提出天津港的建设方向和要求;综合平衡天津港的年、月度吞吐量计划、监督检查执行情况;协调、调度国家下达的重要物资的运输及跨省区的进出口货物运输等工作。天津市负责港区规划和建设,编制港口生产的长期规划、中期规划和年度生产经营综合计划;编制港口基建计划和大中型技术改造措施计划,报国家计委、经委和交通部审批后,由天津市组织实施,领导组织天津港及各下放单位的航政业务、生产和安全质量保障工作;干部管理方面,港口主要领导干部的任免须征得交通部的同意。①

天津市在行政上明确天津港是市政府的直属局,由一位副市长分管,充分利用地方政府集聚地方资源的优势建设港口。在港口行政权力下放的同时,还配套"以收抵支、以港养港"的财政管理制度,扩大了地方政府建设港口的自主权。天津港在投资 1 000 万元以下的建设项目和 1 000 万美元以下的中外合资经营项目,港务局有自主决定权,只需报上级备案。②

"双重领导,地方为主"的管理体制充分发挥了中央与地方两个积极性,使天津港面貌发生了巨大变化,各项生产指标均有较大的提高。改革后的 1984 年与改革前的 1983 年相比,港口吞吐量增长 7%,利润增长 28.4%,日均离港外贸船由 4.16 艘增至 5 艘;1985 年与 1984 年相比,港口吞吐量增长 15.2%,利润增长 82.9%,日均离港外贸船由 5 艘增至 6.6 艘,使港口压船问题得到了很大的缓解。③邓小平对天津港的改革作出肯定的评价:"人还是这些人,地还是这块地,一改革,效益就上来了。这无非是给了你们权,其中最重要的是人权。你们有了权,有了钱,情况就发生了很大变化。"④

为总结天津港下放的经验,1985 年 3 月国务院在天津市主持召开港口体制改革座谈会。一方面对港口下放作了充分的肯定,另一方面对港口管理体制改革问题,提出了新的设想和要求,并确定上海、大连两港从 1986 年下放到地方,实行以地方领导为主的双重领导体制,到 1987 年底,除秦皇岛港外,交通部直属沿海港口均实现下放。

---

① 张有民、唐杰:《中国改革全书·交通运输改革卷》(1978—1991),大连出版社,1992 年,第 328 - 329 页。
② 贵义和:《天津港史(现代部分)》,人民交通出版社,1992 年,第 309 页。
③ 张有民、唐杰:《中国改革全书·交通运输改革卷》(1978—1991),大连出版社,1992 年,第 329 页。
④ 邓小平:《听取天津港负责同志关于改革汇报时的讲话》,《中国港口》1986 年总第 3 期。

1986 年 5 月 8 日,国务院批准并颁布了由交通部和上海市共同起草的《关于上海港下放问题的会议纪要》,对上海港管理体制进行重大改革,上海市人民政府于 6 月 30 日颁布了《关于加强对港口工作领导和扩大港口自主权的决定》,指出"上海港务局是上海市人民政府领导港口工作的直属机构,行使市政府港口管理当局的职责,领导港口的生产和建设单位。"

权力下放给上海港带来明显的效果。上海市政府更加重视和支持港口工作,专门制定了市长港口办公会议制度,定期到港口现场听取汇报,解决生产经营和建设中的重大问题,并在制定港口地方立法工作中给予有力的支持。上海市政府批准颁布了《上海港口管理暂行办法》等一批法规,编制了上海港总体布局规划,使港政管理和行业管理逐步走上了依法治港的轨道。[①]

在天津港改革成功之后,交通部逐渐在全国沿海港口推广改革,至 1989 年,除秦皇岛港之外的 15 个交通部直属沿海港口分三批下放地方政府。[②]大连港和上海港作为第一批在 1986 年进行;1987 年 1 月,第二批下放的港口有黄埔港、南通港、连云港、烟台港和青岛港;第三批下放的港口石臼港、营口港、汕头港、海南港、湛江港和宁波港于 1987 年 12 月进行。至此,以简政放权为目标的港口管理体制改革已基本完成。

改革后的交通部管理权力收缩,保留三个主要权限:第一,港口规划、年吞吐计划和限额以上基建项目的审批;第二,搞好港口运输的"两级平衡,集中管理"和调度指挥;第三,统一制定港口建设和管理的方针、政策、法规和制度。交通部在放权的同时也逐渐建立起行业宏观管理的新体系。

这一轮港口管理体制的改革同时改变了航管港的传统,中国航管港的格局是从 1954 年中国政务院颁布《中华人民共和国海港管理暂行条例》后形成的,该条例规定港务局直属中央交通部海运管理总局管辖。港口下放地方后,不再受航运部门的管辖,反而地方港务局权限扩大逐渐把地方的航运管理纳入其范围,形成港管航的新格局。因此,港政的改革必然带动航政的改革,航政也跟随港政的下放而下放。

三、保护国轮

改革开放以后,中国海运经济面对一个崭新的局面,中国的海运企业走出国

---

① 钱云龙:《上海改革开放二十年·交通卷》,上海人民出版社,1998 年,第 57 页。

② 秦皇岛港因其在煤炭运输的特殊地位,直至 1999 年才与交通部脱钩,成为中央直属管理的大型国有企业,2002 年下放河北省管理。

门,国外的海运企业也涌进国门,中外海运企业的竞争更加激烈。在该时期,中国沿海运输市场尚未对外开放,中外海运企业在远洋运输市场上进行较量。在计划经济时期,中国远洋运输公司是中国唯一一家拥有远洋运输船队的企业,以本国的对外贸易运输为主要业务,在中国政府的保护主义政策下与国际班轮公会展开竞争,一直处于主动地位。进入改革开放时期中国海运体制改革,在海运经济中的政府权力收缩,这仅是对内改革的表现,那么,对外是否改革? 在中外海运企业竞争中中国政府的权力是否也在收缩? 这是一个值得探讨的问题。

1980 年 11 月,国务院召集国家经委、国家进出口委、交通部和外贸部就改革外贸远洋运输管理体制问题进行研究,认为交通部已经建立起一支远洋船队,这是中国远洋运输的主力,今后要采取必要的经济政策,进一步保护和扶持国轮的发展。在同样条件下,优先使用国轮,充分发挥国轮的作用。国轮要在承担运输任务方面起骨干作用,努力改善经营管理,提高服务质量,更好地为发展对外贸易服务,在国内需要时,也可参加国内运输。在安排运输计划和进行日常调度时,要加强国轮和租船的平衡工作,在国轮运力不足时,再租用外轮。托运部门对外签订合同,要充分利用国轮,并且引入第三方进行监督,国家经委、国家进出口委每季检查一次执行情况。[①]从这次会议看出,中国政府在改革开放之初对国轮实行保护主义政策,在对外贸易运输方面仍然沿袭旧制,通过外贸部和交通部的船货平衡会制度协调安排运输计划,采用行政手段保证国轮的货源。

1984 年 11 月 3 日,国务院发出《关于改革我国国际海洋运输管理工作的通知》,再次采取一系列措施保护国轮:第一,为了充分发挥国轮的经济效益,发展中国的海运事业,对外经济贸易部门和企业在对外签订贸易协议、合同时,要尽量争取我方派船;第二,在航线、船期(按船货平衡计划)和运价水平同等条件下,要优先使用国轮;第三,中国国际海洋运输的统一运价由中国远洋运输公司、中国对外贸易运输公司会同有关部门共同协商制定,各船舶公司可以按照市场情况,随行就市,在一定幅度内上下浮动;第四,鼓励国轮积极承揽外国货载以及向外出租,打入国际航运市场,其收入可免征营业税;第五,中国对外贸易运输公司和各专业外贸公司要积极为中国远洋运输公司组织货源,安排货载。

此次改革与 1980 年改革的不同之处在于不仅提出原则性的要求,还作出更为详细的任务指标。例如,它规定今后进出口海运量总额中,我方派船份额要保持 60%～65%,其中进口 70%～75%,出口 39%～44%,主要大宗货物的份额

---

① 国务院:《关于改革外贸运输管理体制问题会议纪要》,1980 年 11 月 14 日。

要有具体规定:进口粮食、矿砂95％以上,化肥67％～72％,钢材75％～80％,食糖75％～80％,木材10％～15％,杂货60％～65％;出口原油20％～23％,成品油38％～42％,煤炭13％～15％,杂货76％～78％,并可随货物结构的变化和船队的发展每年作相应的调整。在我方派船的进出口运量中,国轮承运的份额应不低于80％,租船和侨资班轮作为国轮的补充,其份额应控制在20％以内(中外合营船队按股份比例计算国轮份额)。

针对有些地方海运公司和开展外贸业务的公司不使用国轮运输而租用外轮的情况,1985年8月15日,交通部颁布了《关于我国国际海运船舶公司管理的若干规定》,指出"除中国外贸运输公司(含中国租船公司)和中国远洋公司在必要时可以租用外轮外,其他单位不得擅自租用外轮"。实质上,这是中国政府排斥外轮、保护国轮的一个体现。

80年代中期,国际市场经济萧条,航运不景气,竞争日益激烈,中国远洋运输公司出现货源不足、经营艰难的严峻局面,时任国务院副总理李鹏指示:"世界上所有国家,没有一个国家不对自己的船队采取保护政策。我们也要坚决地对国轮实行保护政策。"在1986年2月召开的全国口岸工作会议上,李鹏再次强调:"我国目前已形成一支拥有1 700万吨运力的远洋船队,其规模在世界上也是数得着的。因此,在外贸运输中要千方百计创造条件,充分利用我国船舶,发挥国轮的作用。"国务院口岸领导小组则明确规定了中国进出口外贸物资运量中国轮运量必须达到的最低限额比重,并建立了定期检查分析制度。[①]

1986年9月13日,国务院办公厅转发了国务院口岸领导小组《关于外贸运输充分利用国轮的暂行办法》。办法提出,为了保护中国国际海运业,对外贸进出口货物的运输,经贸部门要充分考虑到利用国轮,保证完成我方派船和国轮承运的份额。从事国际海运的轮船公司,要为外贸提供安全、优质、价廉、方便的运输服务,做到不挑航线、货种,并保证完成应承运的份额,要改善经营管理、降低运输成本、提高经济效益,为国家多创外汇。[②]

此后,国务院相继颁布两个涉及保护国轮的文件,国务院办公厅国办发〔1986〕70号文件规定:"我方派船的进出口运量中,国轮承运份额不得低于80％,并力争超过。租船和侨资班轮作为国轮的补充,承运份额一定要控制在

---

① 王志远:《关于我国海洋运输产业政策的探讨》;王德荣等:《交通运输产业政策研究》,科学技术文献出版社,1989年,第358页。

② 《中国交通改革十年》编辑委员会编:《中国交通改革十年(1978—1988)》,人民交通出版社,1990年,第518页。

20％以内。"国务院国发〔1988〕22 号文件规定："按同等条件优先的原则,多用国轮运输。"[①]

从 1979 年至 1988 年,中国政府对本国海运企业持保护主义政策,反映出海运体制改革对企业内部而言政府权力在收缩,而对企业外部而言政府权力犹存。政府权力的收缩不是全线而退,而是实行内外有别的策略,对内收缩,对外不变。在国家政策的保护下,中国远洋运输公司的实力提升迅速,以集装箱业务为例,1985 年,拥有 20 艘集装箱船,共 28.9 万载重吨,14151TEU,在世界集装箱海运公司中排名第 20 名;[②] 1991 年,拥有 52 艘集装箱船,共 1 034 746 总吨,68918TEU,TEU 量较 1985 年增加 3.87 倍,世界排名飙升至第 5 名(见表 2 - 1)。

表 2 - 1　1991 年世界十大集装箱船公司排名表

名次	海运公司	船籍	艘数	总吨	TEU
1	长荣海运公司	中国台湾	47	1 580 917	115 448
2	马士基航运公司	丹麦	39	1 525 822	104 080
3	海陆公司	美国	44	1 464 702	94 838
4	日本邮船公司	日本	42	1 461 948	83 027
5	中国远洋运输公司	中国	52	1 034 746	68 918
6	美国总统轮船公司	美国	25	871 506	60 657
7	大阪商船三井船舶公司	日本	27	1 029 024	60 061
8	东风海外集装箱船公司	中国香港	24	797 135	54 877
9	哈帕格·劳埃德航运公司	德国	21	882 708	53 632
10	韩进海运公司	韩国	24	759 430	53 243

资料来源:甘平:《1991 年世界集装箱船队及其营运状况》,《海运情报》1992 年第 12 期。

1988 年 7 月,国务院口岸领导小组出台《关于改革我国国际海洋运输管理工作的补充通知》,第一次提出货代、船代业务全部放开经营,对外贸进出口货物的运输不再执行中国货载保留份额。从此,中国政府对国轮的保护政策有所松动,政府对企业的干预逐步减少。

---

① 交通部:《关于当前外贸运输管理问题的函》,〔89〕交运字 696 号,1989 年 11 月 20 日。
② 任兴源:《世界航运市场十年回顾与展望》,《海运情报》1986 年第 1 期。

第二节 海运市场开放:市场力量的扩大

计划经济时期,中国海运市场相对封闭,沿海运输一直没有对外开放,远洋运输存在一定的开放空间,表现在允许国外海运公司开辟中外班轮航线,以及中国对外贸易运输公司(对外称中国租船公司)开展租用外轮业务,外轮可以凭此途径进入中国市场。虽然外轮在中国海运市场占据的份额较小,海运市场的开放度还不高,但在国内市场近乎封闭的计划经济时代,这毕竟是中国少有的对外开放的经济领域之一。

正因为在计划经济时期中国海运经济与世界一直保持相对密切的联系,进入改革开放时期,相比其他领域而言,海运市场的开放启动较快,程度也较深。在海运经济中,市场的力量不断扩大,影响力也越来越大。

一、市场准入

第一,运输市场准入。

1980 年,国务院召开改革外贸运输管理体制问题会议,首次提出开放海洋运输市场,会议明确提出"在统一规划下,经国家批准,各省、市、自治区可以根据本地区对外贸易的需要,开办与交通部远洋运输公司合营或自营的近洋运输船队。"[①]此项规定打破了中国海洋运输行业国企一枝独秀的局面。

1982 年,中央提出"对外开放,对内搞活"的方针,交通部顺应时势提出"要努力把交通搞通、搞活、搞上去"。1983 年 3 月,在全国交通工作会议上进一步提出了"有水大家行船,有路大家走车","鼓励货主自建码头、仓库,实行谁建、谁管、谁受益的原则"。这次会议明确地放宽海运市场的准入条件,尤其是市场主体,国家、集体和个体都可以成为海运市场的主体,改变了海运市场的主体历来仅是国家的传统。

改革开放之初,个体的力量较弱,进入海运市场的可能性较小,集体成为海运市场的主要新生力量,为此,国家注重加快关于集体进入海运市场的步伐。1984 年 2 月 21 日,交通部颁布《关于集体所有制交通运输企业若干政策问题的规定》(试行),实行责、权、利紧密结合的经济责任制,享有如下各项自主权:灵活安排生产和经营活动;自行支配和使用企业的生产资料和自有资金;采购所需物

---

① 国务院:《关于改革外贸运输管理体制问题会议纪要》,1980 年 11 月 14 日。

资;购置和租赁固定资产;出租或有偿转让闲置多余的固定资产等。

1984 年 9 月,交通部发出《关于贯彻党中央和国务院领导同志指示精神搞好交通运输改革的通知》,提出"各部门、各行业、各地区一起干;国营、集体、个人以及各种运输工具一起上"的方针。这项规定是国家对发展交通运输作出了更大范围的动员,更加放宽市场准入。

经过一系列政策的出台,海运市场逐渐激活起来。1984 年,福建省石狮市祥芝乡规划建设 2 个 500 吨级的码头泊位,农民集资 200 万,全村平均每户集资4 000 元。①

1985 年 10 月,交通部和江苏省政府在连云港市联合召开陇海铁路沿线各省(区)集资开发建设连云港座谈会。河南、甘肃、陕西、安徽、青海、新疆 6 个省、自治区代表参加了会议,会议制定了《关于筹建资金加快连云港港口建设试行办法》,达成在"七五"期间由 6 个省、自治区集资在连云港建设 8 个万吨级泊位的协议。

由省或中央有关部投资与交通部合建码头,能够充分发挥地方和部门办交通的积极性。除了陇海铁路沿线各省(区)和交通部在连云港市联合建设码头之外,还有山西省与交通部在秦皇岛港联合修建码头,为山西省提供 80 万吨的转运能力,出口煤炭或其他物资;机械工业委员会与交通部在大连港联合修建和尚岛杂货码头,供机械系统出口物资;吉林和辽宁两省联合改造大连甘井子玉米码头,建成后为两省转运玉米。

除了地区与部门之外,企业自建码头也在兴起。1986 年,国家经委于 3 月1 日至 5 日,在上海召开了部分企业自建码头座谈会,会上进一步落实了 16 家企业"六五"期间自建码头的计划,共建泊位 30 个。②

1988 年 3 月 23 日,国务院颁布了《关于沿海地区发展外向型经济的若干补充规定》。规定中的第十款"为发展外向型经济提供运输保障",明确规定了沿海省、自治区、直辖市和经济特区可以采取集资、联营、自营等方式,健全或扩大船队,发展近、远洋运输。

第二,代理市场准入。

代理市场主要包括船舶代理和货运代理两个部分。在计划经济时期,海运代理市场一直是独家经营,船舶代理和货运代理分别由两家国营企业经营,中国

---

① 《中国交通改革十年》编辑委员会编:《中国交通改革十年(1978—1988)》,人民交通出版社,1990 年,第 256 页。

② 中国交通年鉴社:《中国交通年鉴 1986》,中国交通年鉴社,1986 年,第 292 页。

外轮代理公司负责经营船舶代理,中国对外贸易运输公司负责经营货运代理。随着改革开放的启动,对外贸易的扩大使货物运输量迅速增大,到华的外轮数量剧增,船舶代理和货运代理的业务量随之日益扩大,尤其是越来越多的集体和个体从事对外贸易,计划外的运输需求大量出现,原来独家经营的局面已经不能适应时代发展的要求,开放代理市场势在必行。

1984年11月3日,国务院发出《关于改革我国国际海洋运输管理工作的通知》,通知规定"中远公司经营船队,其所属外代公司经营船舶代理业务,外运公司经营货运代理业务和租船。为了搞活经营,允许一定程度的交叉,中远、外代可以承揽部分货物和少量租船,与货主建立直接的承托运关系;外运可以经营部分船队和少量船舶代理业务。至于交叉经营到什么程度,包括揽货佣金按对等原则处理等问题,由国务院口岸领导小组办公室组织协调,中远、外运两公司签订具体协议后实施。"国务院协调中国外轮代理公司和中国对外贸易运输公司之间的业务关系,首次正式允许两个企业的业务交叉,意味着它们原有的业务垄断特权被取消。从此,中国的船舶代理和货运代理市场开放,准入放宽。

1987年7月,国务院口岸领导小组19号文件,再次明确"中远公司可向经贸部直属专业公司(包括其直属分公司)直接揽货"。

为了扩大改革开放,中国实施了沿海地区经济发展战略,1988年3月23日,国务院颁布了《关于沿海地区发展外向型经济的若干补充规定》,提出船舶运输、港口装卸和船运、货运代理网点的设置,要适应运输和方便用户的需要,在加强管理,统一对外的前提下,允许多家经营和互相兼营。

为了进一步解释《关于沿海地区发展外向型经济的若干补充规定》,1988年7月5日,国务院口岸领导小组又下发了《关于改革我国国际海洋运输管理工作的补充通知》,对中国国际海洋运输管理工作中的船舶代理、货运代理规定进行相应的修改。它规定"船舶代理(简称船代)和货运代理(简称货代)业务实行多家经营和互相兼营,船代、货代的使用,分别由船公司、货主自主选择。任何部门都不得干预与限制。中远、外代公司兼营货代业务和外运公司兼营船代业务不再受'一定程度交叉'的限制"。这标志着货代和船代市场全面放开,准入程度更高。

第三,资本市场准入。

海洋运输具有投资大、周期长的特征。购买船舶和修建码头耗资巨大,经营船舶运输历来存在高风险,码头的修建以及基础设施的完善需要较长的时间。因此,海运投资的门槛相对较高,对于这个资本需求量较高的行业,需要配套建立一个强大的资本市场。计划经济时期,海运业的建设投资全部来自国家,不存在所谓的行业资本市场。改革开放初期,国家建设资金短缺,海运业中国家投资的渠道越来越窄,资本成为阻碍海运业发展的主要因素。解决资本瓶颈的根本出路在于放开海运资本市场准入。

福建省走在中国海运资本市场改革的最前面,率先将外资引进海运业。1979 年,福建省委、省政府批准交通厅利用外资贷款买船,实行"以船养船、自借自还"的政策,发展海运事业。由福建省航运管理局向美国芝加哥国民第一银行借贷 800 万美元,购买了 1 艘客船和 6 艘货船,货船载重量共 24 000 多吨,主要承担外贸物资运输,结束了福建外贸物资长期依靠租用外轮的历史。在此后的十年中,福建省共贷款 3 418 万美元,购置 29 艘船,总载重量大 19.7 万吨,共创汇 13 037 万美元。①

1980 年 11 月召开的中国改革外贸运输管理体制问题会议上,提出"可以利用外资建设码头泊位,货主也可以自建专用码头",②第一次从国家层面改革海运资本市场,明确外资可以进入海运资本市场。

港口码头是改革开放初期交通运输的突出薄弱环节,港口吞吐能力严重不足,已经使中国进出口贸易尤其是内地省、区、市的进出口贸易受到较大的限制。为了扩大对外经济合作和技术交流,加速港口码头的建设,根据其投资大、建设周期长和资金利润率低的实际情况,1985 年 9 月 30 日,国务院颁布了《关于中外合资建设港口码头优惠待遇的暂行规定》,出台了一系列的优惠措施吸引外资进入海运资本市场,诸如:第一,允许合营企业有较长的合营期,可以超过三十年,具体合营期限由合营各方协商确定。合营期满后,如合营各方同意并报中华人民共和国对外经济贸易部或其委托机构批准,还可以延长合营期限;第二,合营企业以投资总额内的资金进口建设码头必需的原材料、装卸设备、运输工具和其他生产设施,免征关税和工商统一税;第三,合营企业按百分之十五的税率缴纳所得税,对新办的合营企业,合营期在十五年以上的经企业申请,所在地的省、自治区、直辖市税务机关批准,从开始获利的年度起,第一年至第五年免征所得税,第六年至第十年减半征收所得税;第四,合营企业的外国合营者将从企业分得的利润汇出境外,免征所得税;第五,合营企业所建码头,装卸费等费率标准,由企业自定,报企业主管部门和当地物价主管部门备案;第六,合营企业的外国

---

① 《中国交通改革十年》编辑委员会编:《中国交通改革十年(1978—1988)》,人民交通出版社,1990 年,第 256 页。

② 国务院:《关于改革外贸运输管理体制问题会议纪要》,1980 年 11 月 14 日。

合营者,将从企业分的利润,再投资合营建设新的泊位或码头,期限不少于五年的,经外国合营者申请,税务机关批准,退还再投资部分已纳所得税税款的 40%。

在国家加大力度放开市场准入之后,外资进入资本市场逐渐增多。在 20 世纪 80 年代,进入中国海运资本市场的两股主要外资分别来自世界银行和日本。例如大连港开发利用了 1.1 亿美元,天津港开发利用了 1.3 亿美元,黄埔港开发利用了 1.08 亿美元,这些建设资金均是从世界银行融资而来。[①] 1988 年日本政府向中国提供分期贷款 915.21 亿日元和协作资金 1 000 亿日元,用于港口建设项目,其中包括秦皇岛扩建工程(31.84 亿日元),增建 3 个木材泊位、3 个杂货泊位、1 个谷物泊位;连云港扩建工程(82.97 亿日元),新建 2 个木材泊位、2 个集装箱船泊位、1 个谷物泊位;青岛港扩建工程(130.43 亿日元),增建 2 个煤炭泊位、2 个多用途泊位、1 个木材泊位、1 个杂货泊位等。[②]

除了对外资开放外,还鼓励国内各省区市进入海运资本市场。为发挥各省、区、市在沿海集资建设港口的积极性,多方面地筹集资金,加速港口建设,以适应中国经济建设和外贸进出口的需要,1986 年 7 月 7 日颁布《关于内地省、区、市在沿海集资建设港口码头的试行办法》,该办法允许各省、区、市及其所属部门或企业均可在沿海港口投资建设码头及相应的仓库、堆场、辅助设施等,可以按照交通部的建设计划,投资者对在建泊位投入一定资金,分得相应的吞吐能力和利润;也可以由投资者合资或独资建设泊位。

资本市场准入开放力度的加大,拓宽了海运业融资渠道,广泛利用国外资金,改变以往一味依赖国家投资的局面,变单一由国家投资为多方投资。

二、市场竞争

在高度集中的计划经济体制下,海运企业受到国家全方位的控制,没有独立自主的市场地位,不是面向市场求生存,而是服从于上级主管部门的计划指标。改革开放以后,中国经济体制发生重大变革,引入市场机制对经济放开搞活,海运企业原来的"三统一"(统一货源、统一调度、统一运价)方式逐渐被打破。在放宽搞活、多家经营、开展竞争、提高效益的方针指导下,出现了"有水大家行船"的百舸争流景象。市场机制能够搞活经济关键在于其内含的竞争机制在发挥作

---

① 周佩民:《"七五"期间中国港口发展计划》,《海运情报》1988 年第 1 期。

② 东谷:《日本将向我国提供 915 亿日元港口建设贷款》,《海运情报》1988 年第 9 期。

用,充分调动企业的积极性。

第一,中外竞争。

对外开放后,中国与世界各国的经济联系日益密切,来华进行贸易运输的外轮也与日俱增,中国远洋运输市场的竞争越来越激烈。为了适应经济发展的趋势,中国一方面扩大和加强与外国海运界的合作,不仅限于与东欧和发展中国家合办海运公司,还与西方国家积极创办合营公司;另一方面不可避免地与国外海运企业展开激烈的竞争。

截至 20 世纪 80 年代末,在中国注册登记的外籍海运企业共计 47 家,分布在中国主要港口城市。[①]欧美海运强国在船舶的硬件条件和营运的管埋水平都优于中国。中国的优势在于实行保护主义政策,特别在货载分配上占据主动地位,此外,在船舶代理上也有特殊的照顾,在中国船舶代理业务还没有完全开放、市场尚未成熟之时,中外船舶代理业务主要由中国外轮代理公司一家操纵,而中国外轮代理公司与中国远洋运输公司有着"同是一家人"的特殊关系,因此对中外船舶实行有别的政策,在代理收费方面一直以扶持国家船队、保护其利益为原则,对外籍船舶的代理费标准调高,而对中国远洋运输公司船舶的收费标准或维持原水平或有所下调。[②]纵使有"地利、人和"的优势,巨大的竞争压力无法消除,仅举一例说明,中国冶金部曾从美国进口设备,中远(即中国远洋运输总公司)运费 114 美元/吨,冶金部出价 110 美元/吨,中远不同意,冶金部即租用外轮,运价为 90 美元/吨。[③]

激烈的竞争迫使中国企业更加主动积极地走向国际市场。海运企业纷纷在海外设立揽货代理机构,组建货运网络,上海远洋运输公司最早揽运第三国货是在 1971 年,从法国马赛港运输 500 吨杂物到意大利热那亚,但在计划经济时期开展第三国运输业务极少。改革开放之后,该公司解放思想,积极开辟国际市场,扩大业务范围,揽运第三国货。1979 年,公司就设立了调查货源市场的组织机构,1985 年 8 月组建货运服务部,1988 年 6 月正式成立上海远洋国际货运公司,为上海口岸有权直接签单的一级货运代理,首次突破了船公司不设货运代理机构的格局。上远的改革取得成功,1980 年自行揽货 20.5 万吨,到 1993 年已达 1 037 万吨。在国际市场业务发展迅速,第三国货占的比例逐年上升,仅 1988

---

① 中国外轮代理总公司:《中国外轮代理总公司发展史》(征求意见稿),1999 年,第 173 页。
② 中国外轮代理总公司:《中国外轮代理总公司发展史》(征求意见稿),1999 年,第 131 页。
③ 罗其森:《我国中小海运企业的现状和展望》,《海运情报》1986 年第 5 期。

年揽取 534.8 万吨,是上远在 1978 年前自行揽货 14 年总和的 16 倍;[①] 1983 年以后,第三国货占的比例均超过 20%,1990 年达到最高水平,占 46.3%;1991 年第三国货运量为 964 万吨,是 1979 年的近 41 倍(见表 2-2)。

在激烈的竞争形势下,也迫使历来"坐等送货上门"的中国远洋运输公司在全国范围内陆续建立起自己的揽货点、集装箱及货物堆场,在广州、上海、天津、青岛、大连等地成立了中远的货运公司,在北京、沈阳等 26 个城市设立了货运公司或办事处,1988 年公司全年货运量中有 52% 是承运中国进出口外贸运输中我方派船的货载,有 22% 是揽运对方派船的货载,有 22% 是到海外承运第三国货载,其他货载占 4%。[②]

表 2-2　1979—1991 年上海远洋运输公司承运第三国货一览表

年份	第三国货运量(万吨)	占年运量比例(%)	年份	第三国货运量(万吨)	占年运量比例(%)
1979	23.6	2.3	1986	339.35	23.4
1980	153.72	15	1987	419.17	25.5
1981	230.78	21.9	1988	534.85	29.9
1982	146.38	14.4	1989	599.79	32.9
1983	242.84	21.8	1990	903.47	46.3
1984	269.49	21.4	1991	964.17	44.4
1985	306.34	23.2			

资料来源:中远集装箱运输有限公司史编纂委员会:《中远集装箱运输有限公司(上海远洋运输公司)史》,上海人民出版社,2004 年,第 147 页。

第二,体制内竞争。

体制内的竞争体现在交通部与外贸部之间的竞争。从部门职能上看,交通部主管运输业务,外贸部主管对外贸易业务,在对外贸易运输上二者之间应该是互补、协作关系,但实质上,它们在业务上还存在交叉,正因此相互竞争自然存在。这种竞争现象在计划经济时期就已经初现端倪。1951 年,中央人民政府政

[①] 钱云龙:《上海改革开放二十年·交通卷》,上海人民出版社,1998 年,第 242 页。
[②] 《中国交通改革十年》编辑委员会编:《中国交通改革十年(1978—1988)》,人民交通出版社,1990 年,第 406 页。

务院财政经济委员会指示中央贸易部和交通部组建中国海外运输公司,统一掌握海外货运计划和办理对外租船等事宜,公司由两部共同领导,即行政工作由交通部领导,业务工作由贸易部领导。1952 年 9 月中央贸易部分为对外贸易部和商业部两个部,中国海外运输公司成为对外贸易部直属的一个公司,从而结束两部双重领导的关系。1955 年,对外贸易部对外贸运输机构进行机构调整,重新组建成中国对外贸易运输公司和中国租船公司,实行"一套班子、两块牌子"的管理,统一掌握海外货运计划和办理对外租船等事宜,这一管理体制一直沿用到改革开放时期。

计划经济时期,交通部和外贸部建立船货平衡会制度解决对外贸易的海洋运输问题,通常由两个部门每月召开船、货平衡会,按计划分配运输货载。大体上,交通部管船,外贸部管货,但是由于外贸部兼有对外租船业务,事实上也管船,这就出现业务交叉。在派船时选择交通部管辖的国轮抑或是外贸部租用外轮?外贸部租用的外轮是由本部门代理抑或是由交通部的中国外轮代理公司代理?两个部门会出现意见分歧。在计划经济时期这个内部矛盾较为容易化解,但改革开放以后,交通部所辖的中国远洋运输公司和外贸部所辖的中国对外贸易运输公司都改制成为独立的经济实体,业务量的大小与自身的经济利益密切相关,这时昔日的内部矛盾演变成为激烈的市场竞争,只不过两家公司都是体制内的国企而已。

随着对外贸易的扩大,船、货之间的矛盾进一步深化,在一定程度上影响了交通部和外贸部之间的业务合作关系。为此,在 1983 年 3 月 11 日国务院第十五次常务会议上作出决定:"中国远洋运输总公司、中国对外贸易运输总公司合并成一个公司,并按照政企分开的原则逐步形成独立的经济实体"。但由于两公司一个管船、一个管货;一是承运人,一是托运人。二者性质不同,权利和义务各异,在经营指导思想上差距较大,以致未能合并。①

1984 年 11 月 3 日,国务院发出《关于改革我国国际海洋运输管理工作的通知》,同意中国远洋运输公司和中国对外贸易运输公司有业务交叉,即二者可以同时经营船与货,因此,二者在船与货上都存在竞争,中国远洋运输公司积极发展货物代理业务,打破外贸部门对货源的垄断制约;中国对外贸易运输公司则大力开展船舶代理业务,打破交通部门对船舶的垄断制约。

1985 年 4 月 4 日,国务院口岸领导小组颁布了《关于中远、外运两公司业务

---

① 《中国对外贸易运输总公司发展史》编写组:《中国外运四十年》,中国工人出版社,1990 年,第 63 页。

交叉问题的通知》,规定凡到中国口岸的外轮,其代理业务由中国外轮代理公司办理;属于中国对外贸易运输公司的自营船 29 艘,以及该公司合营的挂五星红旗的船舶 36 艘,共 65 艘,由中国对外贸易运输公司自行代理,试行一年。[①]在此时,中国远洋运输公司和中国对外贸易运输公司的竞争还受到国家的限制。

1988 年 7 月,国务院口岸领导小组根据 1988 年 3 月国务院颁发的《关于沿海地区发展外向型经济的若干补充规定》,下发了《关于改革我国国际海洋运输管理工作的补充通知》,对前者的有关规定作了进一步说明,其中第一条规定:"船舶代理、货运代理业务实行多家经营和互相兼营,船代、货代的使用,分别由船公司、货主自由选择,任何部门不得进行行政干预与限制。"这两个文件的出台,标志着中国远洋运输公司和中国对外贸易运输公司全面竞争时代的到来。

中国对外贸易运输公司因过多租用外轮而引起交通部的不满,1989 年 11 月 20 日致函当时的外经贸部,谴责其不支持国轮,损害国家利益。交通部认为国轮处于船多货少状态,我方派船的货物,特别是高运价货物,中国对外贸易运输公司未完全按国务院要求交国轮装运,甚至在一些国轮经营的班轮航线上轮位利用还不到 50%,又用大量外汇租外轮插进来与国轮争货。以上海到西北欧的班轮航线为例,国轮舱位利用仅 24.3%,中国对外贸易运输公司又租用三艘外轮(每艘每天租费一点五万多美元)与国轮争货,使国轮班轮舱位利用降为 15.3%,将近 85% 的舱位被浪费。[②]

竞争机制的引入打破体制内的平静,激起体制内企业间的激烈竞争,这对于中国海运经济的发展无疑起到促进作用。例如,船舶代理是中国外轮代理公司的主业,它在市场占据主体地位,但是,反观中国对外贸易运输公司,它在船舶代理上属于后起之秀,尽管绝对量比中国外轮代理公司小得多,其增长速度却相当快,从 1986 年到 1988 年增长了 137%(见图 2-1)。

第三,计划内外之争。

在改革开放初期,海洋运输还存在计划内与计划外之分,计划内的海洋运输系指通过国家和地方的交通部门和外贸部门的船货平衡会制度获取货源的国有企业的运输;计划外的海洋运输系指通过面向市场自行揽取货源的地方和集体、个体企业的运输。它们之间的竞争实质上是计划与市场、国企与非国企的竞争。

---

①　中国外轮代理总公司:《中国外轮代理总公司发展史》(征求意见稿),1999 年,第 130 页。

②　交通部:《关于当前外贸运输管理问题的函》,〔89〕交运字 696 号,1989 年 11 月 20 日。

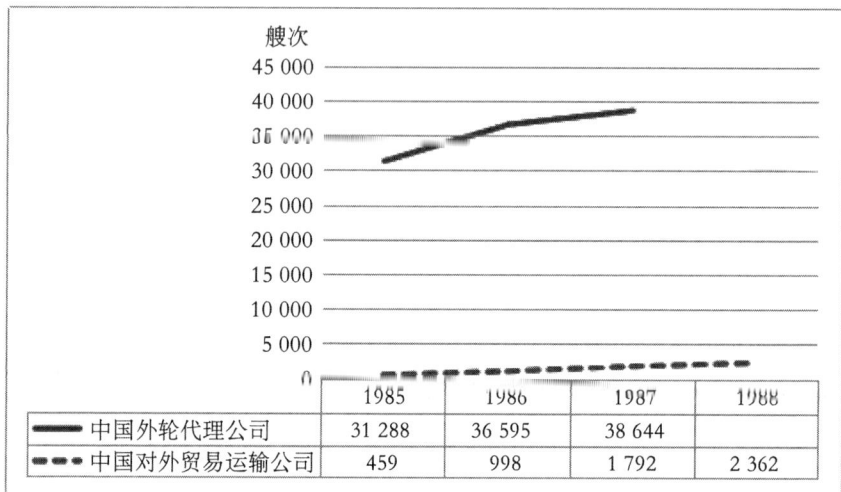

图 2 - 1 1985—1988 年中国外轮代理公司和中国对外贸易运输公司代理船舶数量图

注:①中国对外贸易运输公司 1985 年数据为 4 至 12 月的统计量;②中国外轮代理公司 1988 年的数据缺失。

资料来源:中国外轮代理公司数据源自中国外轮代理总公司:《中国外轮代理总公司发展史》(征求意见稿),1999 年 12 月,第 129 页;中国对外贸易运输公司数据源自《中国对外贸易运输总公司发展史》编写组:《中国外运四十年》,中国工人出版社,1990 年,第 88 页。

自国家放开市场准入之后,不断出台鼓励政策促进地方和集体、个体海运企业的发展。1986 年 9 月 18 日,国家经委、交通部、财政部、中国人民银行发出《关于搞活集体航运企业经济若干问题的通知》,对保障集体航运企业享有充分的自主权,积极推行经济承包责任制,保护集体航运企业的合法权益等问题,提出了具体的措施和要求。同年 9 月 27 日,经国务院批准,自 1986 年起,国家下达给交通部门的船舶贷款,实行差别利率和贴息,一律按新规定付息,超过部分由国家给予贴息。[1]

在国家政策的推动下,各种所有制的海运企业如雨后春笋,打破了海洋运输只由交通部直属船队独家经营的局面,以交通部直属海运企业为主,各类所有制海运企业为辅,共同参加经营的格局已经形成,出现空前兴旺的局面。如到 1984 年底,中外合资经营和地方自营的远洋外贸运输船舶公司,已经发展到 30 多家;截至 1985 年 8 月 11 日,按该办法办理手续的船公司共 61 家,获准从事国

---

[1] 《中国海洋志》编纂委员会:《中国海洋志》,大象出版社,2003 年,第 589 页。

际海运的船只共 1 134 艘;^①1988 年底,全国从事国际运输的大小航运企业已达
120 多家。它们之间开始展开激烈的竞争,1984 年地方船公司开始进入中日航
线,打破"独家经营、一家包办"的局面,到 1985 年,已有近 1/3 的进口钢材由地
方船公司揽载承运。^②

计划内的海运国企一方面有着还较为稳定的货源优势,但是另一方面也存
在计划内的运价由政府控制不能随行入市、价格与市场供需脱节的缺陷。新中
国成立以来,一直实行海运低运价政策,海运国企贯彻国家 30 年不变的低运价,
在 80 年代海运市场开放之际,一成不变的价格难以应对变化无常的市场供求。
与运价长期不变形成鲜明对比的是经营成本不断上涨。以广州海运局为例,
1987 年的人均工资比 1982 年上升 118%;1987 年的船舶单位成本比 1982 年上
升 35%;此外,造船与修船的价格也在不断提高。在低运价、高成本的状态下运
营,企业亏损是不可避免的,从 1980 年至 1986 年,企业亏损额一直在扩大,1987
年才有所下降(见表 2-3)。

表 2-3　1980—1987 年广州海运局经营情况表

年　份	1980	1981	1982	1983	1984	1985	1986	1987
年人均工资(元)	1 450	1 538	1 584	1 617	2 021	2 406	2 635	3 166
船舶单位成本(元/千吨海里)	—	—	7.87	7.88	7.95	9.27	10.59	10.6
5 000 吨级以下杂货船亏损(万元)	210	309	532	669	424	846	1197	589

资料来源:蒋森庆:《1988 年杂货海运市场的回顾》,《海运情报》1989 年第 4 期。

此外,国家指令性运输计划所规定必保的物资由 1980 年的 40 多种减少到
1985 年的 5 种,其他物资除防汛、抢险、救灾物资外,一律实行指导性计划和市
场调节。大连远洋运输公司作为国家远洋油运的专业企业,担负着国家对外贸
易的石油出口运输任务,由于油运任务是国家的指令性计划运输任务,运价低,
成本高,入不敷出,从 1980—1985 年企业一直亏损。

中国对外贸易运输公司往往把高运价的货物用租船方式运输,低运价的农

---

① 《交通部关于对我国从事国际海运船公司管理问题的通知》,〔85〕交海字 1637 号,1985 年 8 月 11 日。
② 章伟如:《地方船公司经营日本航线的困难与对策》,《海运情报》1987 年第 12 期。

产品和矿石等货物多是国家指令性运输货物,运价属于指令性定价,这种指令的行政干预往往使船公司装得越多亏得越严重,例如,上海远洋运输公司在 1988 年第一季度就有 24 条船亏损,占 16.1%。[①]企业对变化着的港口使用费、燃油价、修船费、汇率和运费没有浮动权力感到无所适从。企业往往只寄希望于提高运价,而不是把经营管理的重点放在如何降低运输生产成本之上,显然这是治标不治本的做法。

在激烈的市场竞争中,海运国企的竞争力在下降是不争事实,但在特殊的时期里,它尚能保持住优势地位,从 1979 年至 1991 年海运量的统计数据看,交通部直属企业的货运量在上升,其在全国所占比例虽有所略降但能保持在 80% 以上;货物周转量亦如此,数量在上升,在全国所占比例虽有所略降,但最低年份仍能占 96.71%(见表 2 - 4)。

表 2 - 4　1979—1991 年交通部直属企业海运量统计表

年份	货运量(万吨)			货物周转量(亿吨公里)		
	全国总计	交通部直属	所占比例(%)	全国总计	交通部直属	所占比例(%)
1979	11 113	9 229	83.05	4 018.9	3 953	98.36
1980	11 483	9 595	83.56	4 481.2	4 409.3	98.40
1981	11 647	9 552	82.01	4 585.2	4 502.8	98.20
1982	12 304	10 073	81.87	4 826.3	4 730.2	98.01
1983	12 745	10 326	81.02	5 081.5	4 964.1	97.69
1984	14 062	11 381	80.93	5 564.9	5 410.6	97.23
1985	15 802	12 877	81.49	6 749.3	6 571.7	97.37
1986	17 794	14 557	81.81	7 539.4	7 331.5	97.24
1987	19 164	15 607	81.44	8 311.6	8 069.2	97.08
1988	20 587	16 884	82.01	8 856.9	8 593.1	97.02
1989	22 399	18 320	81.79	9 933.6	9 612.7	96.77
1990	22 708	18 852	83.02	10 479.4	10 160.1	96.95
1991	25 215	20 631	81.82	11 763.7	11 377.2	96.71

资料来源:国家海洋局:《中国海洋统计年鉴 1993》,中国统计出版社,1995 年,第 133 - 134 页。

---

① 雷海:《我国航运企业面临的三个挑战》,《海运情报》1988 年第 9 期。

三、市场治理

随着中国海运市场准入开放,海运市场体系初步形成,但市场机制还不够完善,诸如价格混乱、恶性竞争、供求失衡等现象一直存在。政府采取相应的措施进行治理,促使海运市场规范化运行,初步形成海运市场的价格机制、竞争机制和供求机制。

第一,初步形成价格机制。

海运市场放开后,曾引起运价混乱,最主要的原因是该时期实行双轨制价格,计划内运输与计划外运输的价格同时存在,前者由国家严密控制,后者则由于缺乏完善的价格监管体制而失控。计划内运输采用计划价,计划外运输采用议定价(或协定价)。在沿海运输中,一般地计划价要高于议定价。在此阶段,计划运输还大量存在,计划价的存在相当普遍。

沿海运输的计划价长期偏低,并且变动幅度较小,在海运市场流传"50 年代的运价,80 年代的成本"之说,钢材上涨 30%,机械配件上涨 20%,装卸费提高20%,港口使用费提高 10%。但是仍执行 1957 年前的低运价,1984 年虽对 1 至4 级运价有所提高,但赶不上成本的增长速度,被戏称"吸一支海绵头香烟等于1 吨/3 海里的运价"。[①]

远洋运输的计划价自 1979 年至 1991 年期间修改 3 次运价本。在 1982 年11 月、1986 年 4 月和 1990 年 3 月分别颁布《中国远洋货运运价本》4 号、5 号和60 号。总体上看,运价的调整还是滞后于国际海运市场的供求变化。

相对而言,计划外的海运需求量逐渐增大,但是相应的海运供给能力不足,议定价可以自由地跟随市场供求的变化而变化,因此,在同航线上议定价高于计划价。例如,从北方到南方的钢材、玉米运价为 25 元/吨左右,而市场议价为100～130 元/吨。[②]在需求量较大的航线,经常出现船主哄抬运价的行为,造成市场秩序混乱。

海运价格与海运价值背离。海运国企受苦于价格双轨制,同质不同价,运价低且固定不变,不能随行入市,使运价与市场供求变化而变化,经营成本不断在增大,导致运量越大亏损就越大,有部分航线处在亏损运营状态。

价格机制不健全成为腐败滋生的土壤,许多货主为了享受计划内的低运价

---

① 罗其森:《我国中小海运企业的现状和展望》,《海运情报》1986 年第 5 期。

② 蒋森庆:《1988 年杂货海运市场的回顾》,《海运情报》1989 年第 4 期。

而采取各种办法行贿海运国企负责人,海运国企倒卖运力,牟取暴利。对于计划外的市场需求,交通部对国企规定的运价低于议定价,给予官员很大的寻租空间。

由于有些航线运价长期不变,海运企业亏损严重,国家对亏损航线小无任何补贴和优惠政策,因此,海运企业从亏损航线退出,此类航线的运力出现紧张,但是在价格机制不能发挥作用的情况下,航线的供求关系得不到自然的调节。

对于价格机制的完善,交通部一方面建章立制,加强协定价的管理;另一方面,逐步允许海运国企进入计划外运输市场,提高计划外运输市场的供给能力,调节供求关系,同时逐步减少指令性的计划运输量。此外,赋予海运国企定价权。到了1988年,中国开始实行经理负责制和经济承包制,除了煤、油、成品油、粮、矿等九种大宗货外,运费地区除苏联、日本、香港外,海运企业在运输价格有了一定的自主权。

第二,初步形成竞争机制。

通过对市场准入开放,逐渐建立起竞争性的海运市场结构,提高了海运市场供给能力和生产经营效率,对促进物资流通、缓和铁路运输的紧张状况,以及海运业自身的发展起到了重要的作用。与此同时竞争机制处在初建阶段,也出现一些不正当竞争现象,在海运市场的一些领域里竞争犹如一场野蛮的球赛,需要对其规范治理。

面对海运市场的开放,部分海运国企仍保持向政府部门负责、听命于政府指令的惯性,对向市场负责、遵守市场规则的转型仍不适应。由于海运放权地方后,地方企业为了追逐经济利益而采取地方保护主义政策,地方对货源的垄断、运价和港口使费的随意变动、码头的独家经营等现象频频发生。例如,温州用的化肥要从蛇口运出,但广州海运局却不准浙江省航运公司温州分公司的船舶运输;浙江省航运公司海门分公司从广州装运计划外食糖供应上海,船到港却不准卸货,只得驶返宁波港卸货。[①]盲目竞争与恶性竞争时常出现,如在同一条航线上重复投入船舶,致使船舶利用率很低,运力资源严重浪费。

不同所有制的企业不能站在同一条起跑线上竞争。经营计划内运输的企业占有优势地位。例如,1984年11月3日,国务院颁布《关于改革我国国际海洋运输管理工作的通知》,指出"各开放港口对国际海洋运输船舶的靠泊作业,要严格执行先计划内、后计划外,先重点、后一般的原则。同是计划内船舶,除特殊情

---

① 罗其森:《我国中小海运企业的现状和展望》,《海运情报》1986年第5期。

况外,应按到港先后顺序排队"。1984 年 12 月,国务院口岸领导小组颁布的《关于加强疏港工作的几项规定》指出"铁路部门对疏港物资要按交通部、铁道部、经贸部月度平衡计划,优先配车,优先装运"。

尽管经营计划内运输的企业占有优势地位,货源也充足,但是运价却很低;其他企业恰好相反,货源少,运价高。因此,最终的结果是所有企业对现行的竞争机制都有意见,认为竞争机制不公平。这个问题的根源在于计划运输的存在,因此,规范竞争机制从消除计划运输着手。随着体制改革的深入,大量进出口货由船货双方直接安排,交通部门与外贸部门的船货平衡会所掌握的货源越来越少,其作用越来越小。1989 年 11 月中国对外贸易运输公司和中国远洋运输公司决定每月一次的海运出口平衡会改为每季度召开一次,翌年下半年,船货平衡会基本不再召开,由各口岸召开港、船、货平衡会议。从此,除了重点物资由国家统一安排外,大部分由海运企业自行在市场上揽货。计划运输的消除,使货源大量进入海运市场,有利于海运竞争机制的进一步规范。

第三,初步形成供求机制。

海运市场准入的放宽,各地区各部门一哄而上,各类海运企业纷纷涌现,船舶数量剧增,加之计划外运输的价格较高,吸引了更多的企业加入。这时,由于市场的自发性,一方面导致运能绝对过剩,这是自新中国成立以来首次出现的现象;另一方面导致运输结构失衡,运价低、效益差的航线运力紧张,而运价高、效益好的航线运力过剩。

对于市场失灵造成海运市场的供过于求、供给结构失衡现象,中国政府采取干预的措施实现供求平衡,主要对运力供给进行准入控制。例如在国际远洋运输上,据统计,到 1990 年末,中国从事国际和港澳地区运输的航运企业和经营实体已达 530 多家,经营的船舶已超过 2 100 余万载重吨,年完成货运量 1 亿吨以上(其中在国际航运市场上揽运的第三国货物在 2 000 万吨以上)。中国国际运输海运企业的数量和运力虽然增长较快,但是新成立的海运企业基础较差,素质有待提高,船队构成、航线分布不够合理,船舶利用率低,老龄船较多,这些同中国不断增长的国际运输需要,同适应进出口货物结构变化的需要,同提高经营管理水平、经济效益的需要,同参与国际上激烈竞争的需要,都还有相当的距离。为此,中国政府以控制总量、调整结构和提高质量、效益为原则,对海运市场进行治理整顿,暂停新成立国际运输船公司的审批,对新增运力严格执行先审批后购造船的规定。[①]

在 1985 年,交通部就已颁布《关于对我国从事国际海运船公司管理问题的通知》,规定了新投入国际海运的船只,须按规定事先得到批准,然后船检、港监部门才能发给有关的船舶证书;各船公司应按核准的业务范围和船只进行经营活动,如从事超出规定范围的活动,应按规定事先得到批准方可进行。

1991 年 3 月 14 日,交通部颁布了《关于加强国际运输船公司管理的补充通知》,规定指出,除交通部已经批准的购造船只外,凡新增加运力,必须根据货源调查后的实际需要,结合港口、航道条件,并具有稳定的船员队伍,由船公司提出可行性论证,按规定程序事先经过核准。在经济特区注册的国际运输船公司,由于享受国家给特区的优惠待遇,必须坚持主要为特区服务的原则。凡不符合上述原则而要求新增加运力,一般不予审批。如有少量特殊需要,亦应从严掌握,各级主管部门要严格把关。审批的程序,仍按照过去的做法,即国务院各部门直属企业,由各部门审核同意后送交通部审批(闽、粤、琼、桂四省区载重千吨以下航行港澳的小船,仍由各省区交通厅代交通部审批),其他的由所在省(自治区、直辖市)交通厅(委、办)核转交通部审批。水产部门所属企业运输鲜活水产品的专用船只参加国际运输,必须首先具有适航能力,属农业部的直属企业,由农业部核转交通部审批,其他的先经所在省、自治区、直辖市主管水产厅、局审核同意后,再由各省、自治区、直辖市交通厅(委、办)核转交通部审批。

此外,对于供不应求的航线实行扶植政策,给予运价补贴和造船补贴,在税收方面也相应减免,吸引海运企业增加运力的投入,促使供求趋于平衡。

第三节　改革开放启动时期海运经济的发展与评价

20 世纪 80 年代,中国沿海地区实施大力发展外向型经济战略,首先重点发展劳动密集型产业;其次沿海加工业要坚持"两头在外",资源和市场在国外,大进大出。在这样的背景之下,中国海运经济遇到前所未有的发展机遇。

一、发展概述

(一) 交通运输业中的海运

自 1949 年起至 1991 年,中国交通运输业没有起到先行作用,却常常成为限制

---

① 交通部:《关于加强国际运输船公司管理的补充通知》,〔1991〕交运字 166 号,1991 年 3 月 14 日。

国民经济发展的因素。中国交通运输在各阶段的状况可以归纳为：在 50 年代是紧张区段；60 年代是薄弱环节；70 年代是短线；80 年代出现卡脖子区段、限制口，可谓每况愈下。这说明了一个事实——交通运输已经名副其实地成了中国发展国民经济的瓶颈。1984 年全国积压待运的煤炭、木材、粮食及其他物资共计 5 000 万吨左右，一些企业不得不以运定产。例如，山西的煤炭开采工业就是如此。①

"五五"和"六五"期间，运输和邮电的投资比重下降到 12.9％和 13.3％，相比"一五"至"四五"期间的平均水平还低。据世界银行统计，经济发达国家对运输业的投资占全部投资额的 10％至 14％，发展中国家一般高达 20％至 28％。中国只是在国民经济恢复时期对交通运输投资比例曾达到过 22.4％。②尽管"六五"计划提出"要抓住农业、能源交通、教育科学这三个战略重点，带动整个经济的发展……集中必要的资金，加强能源、交通等的重点建设"，这是中国首次明确地将交通运输产业列为国民经济建设的战略重点，但是从国家对交通运输的投资力度来看显然没有真正将重点发展交通落到实处。"七五"计划提出"要把交通运输和通信的发展放在优先地位"，也再次突出了交通运输产业的重要性，但总的来看，交通运输业的发展力度与中国国民经济发展水平还不相称。

时至 20 世纪 80 年代，中国运输能力的增长远远落后于经济、国防、社会发展的需要，技术装备和管理水平大体上只相当于经济发达国家 20 世纪 40 至 50 年代水平。加之各种运输方式的发展不够协调，结构不合理，各自的优势不能充分发挥，加剧了运输的紧张状况。交通运输严重不适应客观需要，已成为国民经济发展的一个重要制约因素。③

交通运输发展的滞后又以铁路运输为最，铁路运输的落后直接影响到沿海运输。煤炭、粮食是大宗的运输货物，"北煤南运""南粮北运"是中国主要的物流走向。在计划经济时期，由于南北航线尚未贯通，煤炭与粮食的运输主要依靠铁路运输。在南北航线恢复通航之后，除了铁路运输外，还可以开展铁海联合运输方式，但是由于铁路运输已经处于超负荷运行状态，不能有效地集散港口与内陆之间的货物，以致铁海联合运输方式受到制约，海运的功能不能充分发挥。一方面使山西、河南、内蒙古、宁夏等地煤矿有煤运不出来，不得不以运定产；另一方

---

① 郭晓义：《建立我国合理的运输结构》；王德荣等：《交通运输产业政策研究》，科学技术文献出版社，1989 年，第 149 页。

② 王德荣等：《研究制定我国交通运输产业政策》；王德荣等：《交通运输产业政策研究》，科学技术文献出版社，1989 年，第 10－11 页。

③ 国家科学技术委员会：《中国技术政策：交通运输》，内部文件，1985 年，第 2 页。

面,上海和东北工业发达的省、市煤炭供应不足,影响电厂发电和工厂开工,使生产受到制约。

在 20 世纪 80 年代,海运价低于铁路运价,具有价格优势。以煤炭运输为例,如铁路运价为 100,则海运运价在 270～1 350 海里之间的运距除华南沿海 270～324 海里之外,其余均低于 100 海里(见表 2 - 5)。

表 2 - 5　中国沿海运输价格指数表

吨	北方沿海	华南沿海
500 公里(270 海里)	66.47	114.10
600 公里(324 海里)	64.30	112.65
1 000 公里(540 海里)	49.80	90.61
1 500 公里(818 海里)	42.09	78.03
2 000 公里(1 080 海里)	38.97	74.30
2 500 公里(1 350 海里)	37.85	72.23

资料来源:姚亚山:《充分利用沿海运输,积极发展江海联运》;王德荣等:《交通运输产业政策研究》,科学技术文献出版社,1989 年,第 372 页。

海运价格低是由其运输成本低决定的。以 1986 年的比价为例,沿海运输的成本为 5.6 元/千吨公里,铁路运输为 12.3 元/千吨公里,汽车运输为 120 元/千吨公里(柴油车)、190 元/千吨公里(汽油车),管道运输为 7.3 元/千吨公里,航空运输为 870～2 400 元/千吨公里。从五种运输方式的成本比较看,沿海运输的成本最低,这与它的运行中能耗最低和劳动生产率最高有着密切关联,因此它的固定资产利用率最高(见表 2 - 6)。

表 2 - 6　1986 年中国五种运输方式的主要经济指标表

运输方式	运输成本(元/千吨公里)	固定资产利用率(换算吨公里/元)	运行中能耗(公斤/千吨公里)	劳动生产率(万吨公里/人·年)	造价(万元/公里)
铁路	12.3	11.2	6	60.8	平原 200～300 丘陵 300～400 山区 350～500

（续表）

运输方式	运输成本（元/千吨公里）	固定资产利用率（换算吨公里/元）	运行中能耗（公斤/千吨公里）	劳动生产率（万吨公里/人·年）	造价（万元/公里）
沿海运输	5.6	31.03	5.6	305.2	——
长江干线航运	11.6	12.40	6.7	60.4	——
汽车	120（柴油） 190（汽油）	——	41（柴油） 60（汽油）	4.4 4.4	I级公路150～400 一般公路10～80
管运	7.3	——	12.4		50～70
民航	870～2 400	——			——

资料来源：王德荣：《各种运输方式的技术经济特点与运输结构合理化》；王德荣等：《交通运输产业政策研究》，科学技术文献出版社，1989年，第44页。

　　由于受到铁路运输的制约，沿海运输的低成本、低价格的优势未能充分发挥出来。但是，这并不影响远洋运输的发展，因为在对外贸易运输中没有其他运输方式能够替代海洋运输。在中国对外贸易的主要运输方式是海洋运输和铁路运输，其中又以海洋运输为重。

　　在1979—1988年，中国对外贸易的海洋运输量增长较快，从1979年的7 373万吨增长到1988年的16 655万吨，10年间增长1.26倍，所占全国对外贸易货运量的比例平均超过90%（见表2-7）。

表 2-7　1979—1991年中国对外贸易货运表　　　　单位：万吨

年份	总运量	海洋运输		铁路运输	
		运量	所占比例（%）	运量	所占比例（%）
1979	8 230	7 373	90	707	9
1980	8 800	7 946	91	714	8
1981	8 475	7 682	92	617	7
1982	9 374	8 511	91	665	7
1983	10 417	9 402	91	805	8
1984	12 091	10 828	90	967	8

（续表）

年份	总运量	海洋运输		铁路运输	
		运量	所占比例(%)	运量	所占比例(%)
1985	15 205	13 541	90	1000	7
1986	15 320	13 488	89	1226	8
1987	15 815	14 482	92	1173	7.4
1988	18 675	16 655	89	1112	6

资料来源:《中国对外贸易运输总公司发展史》编写组:《中国外运四十年》,中国工人出版社,1990 年,第 300 页。

(二)地方海运的兴起

20 世纪 80 年代,国际海运环境对中国海运发展相当有利:一是国际贸易疲软,以致国际运力过剩,大量廉价船舶出售,1987 年,联合国贸发会的报告称,世界商船中约有 25％闲置或亏载,造船能力有 40％过剩;[①]而中国正处在改革开放之际,对外贸易方兴未艾,贸易运输需求旺盛。二是海运强国的经营成本处在上升期;[②]而中国燃油能够自给,且价格低,船员工资水平低,因此中国的经营成本较低。

因而,该时期中外海运企业发展状况迥异,凭经营成本低的优势,中国远洋运输公司于 1986 年三次降低运价,以有效地促进国际海运市场上竞争,扩大第三国运输的业务量,减少对本国货源的依赖。1987 年还继续降价,打破班轮公会的垄断局面。[③]中国远洋运输公司的船队吨位在该时期进入世界前十位。反观海运强国日本 22 家远洋运输企业自 1983 年 3 月以后连续 3 年赤字,特别是从 1985 年 3 月开始,竟连维持收入的下限金额都很困难,三光汽船公司、中村汽船公司等企业相继破产。[④]

在此背景下,中国的海运实力在该时期迅速上升,按船籍统计,1991 年中国籍船舶总吨数排名世界第十(见表 2 - 8)。

[①]　佚名:《航运简讯》,《海运情报》1987 年第 4 期。

[②]　经营成本上升的两个主要原因是燃油价格和船员工资大幅度上涨。1971 年沙特原油每桶 1.8 美元,而 1981 年一度高达每桶 31.0 美元;一艘 60 000 吨散货船(悬方便旗)1973 年年工资额为 34.5 万美元,1983 年涨至 84 万美元。据任兴源:《世界航运市场十年回顾》,《海运情报》1986 年第 1 期。

[③]　周希平:《中远将再次降低运价》,《海运情报》1987 年第 11 期。

[④]　陈鸣永:《萧条的日本远洋运输》,《海运情报》1987 年第 2 期。

表 2-8　1991 年世界十大海运国统计表

统计日期:1991.6.30

国家	艘数	千总吨	千载重吨	在世界商船队中所占比重(%)	
				总吨	载重吨
利比里亚	1 605	52 427	93 640	12	13.7
巴拿马	4 953	44 949	72 170	10.3	10.5
日本	10 063	26 407	39 692	6.1	5.8
苏联	7 377	26 405	28 743	6.1	4.2
挪威	2 577	23 586	40 950	5.4	6
希腊	1 863	22 753	41 692	5.2	6.1
塞浦路斯	1 359	20 298	36 527	4.7	5.3
美国	6 222	20 291	30 064	4.7	4.4
巴哈马	973	17 541	28 798	4	4.2
中国	2 382	14 299	21 110	3.3	3.1
世界合计	80 030	436 027	684 311	100	100

资料来源:佚名:《1991 年 6 月 30 日世界十大海运国》,《海运情报》1992 年第 5 期。

　　中国海运实力的上升与地方海运力量的迅速增长密切相关。1990 年 6 月,中国获准从事国际海运的船公司有 130 家,共 1 548 艘船舶。其中属于中远系统的有 8 家,583 艘船;属于中远合营船公司的有 18 家,69 艘船;非中远的交通部属单位有 11 家,227 艘船;地方公司有 88 家,613 艘船;工贸系统公司有 2 家,4 艘船;外运系统船公司有 3 家,46 艘船。按经营范围划分,从事近洋运输的有 115 家,从事远近洋运输的有 15 家。绝大多数的地方公司从事近洋运输以及至港澳地区之间运输,仅经营地方到港澳的航线就有 29 家。[1]

　　1979—1991 年,地方水运部门的船舶数量在不断减少,从 1979 年的 5 429 艘到 1991 年降至 3 481 艘。但是净载重量却在增长,1979 年仅 52.6 万吨位,1991 年达到 208.3 万吨位,增长 2.96 倍;总功率也在增长(见表 2-9)。其原因是船舶结构不断优化,向大型化、高能化发展。

---

[1]　雷海:《我国从事国际海运的船公司尚存 130 家》,《海运情报》1990 年第 1 期。

表 2 - 9　1979—1991 年地方水运部门海运船舶拥有量统计表

年份	船舶数量(艘)	净载重量(万吨位)	总功率(万千瓦)
1979	5 429	52.6	—
1980	4 858	58.6	—
1981	4 951	67.20	45.60
1982	4 831	77.5	51.7
1983	4 855	86.5	56.6
1984	4 501	88.70	59.80
1985	4 238	100.2	67.5
1986	3 910	114.7	74.2
1987	3 808	124.1	80.4
1988	3 593	135.6	86
1989	3 621	159.9	106.6
1990	3 676	181.6	109.5
1991	3 481	208.3	119.2

资料来源:国家海洋局:《中国海洋统计年鉴 1993》,中国统计出版社,1995 年,第 160 页,整理得出。

　　从各省份来看,河北、浙江、福建和广东是传统的海运大省;而辽宁和江苏的发展速度最快,辽宁 1991 年的海洋货物周转量是 1979 年的 15 倍,江苏 1991 年的海洋货物周转量是 1979 年的 37 倍(见表 2 - 10);内陆省份发展海洋运输属历史性突破,安徽和江西两省从 1983 年开始参与海运事业。

表 2 - 10　1979—1991 年地方水运部门海洋货物周转量统计表

单位:亿吨公里

	天津	河北	辽宁	江苏	浙江	安徽	福建	江西	山东	广东	广西	海南
1979	1.1	9.2	2.7	1.1	19.6	—	12.6	—	6.6	9.9	3.1	
1980	1	10.9	2.5	1.4	20.6	—	14.9	—	8.2	9.6	2.9	
1981	—											
1982	—	11	6.5	3.5	24.4		21		12.3	12.8	4.5	

（续表）

	天津	河北	辽宁	江苏	浙江	安徽	福建	江西	山东	广东	广西	海南
1983	0.2	16.4	10.3	3.9	29.6	1.1	23.2	0.4	14.4	12.7	5.3	—
1984	2	25.4	13.6	6.5	35	1.6	27.3	0.4	14.5	22.3	5.6	—
1985	3	28.3	15.1	11.1	42.6	1	26.1	0.9	20.7	24	4.7	—
1986	3.2	35.3	29.2	12.5	48.6	1.3	31.8	0.7	17.8	22.2	5.3	—
1987	4.1	37.5	38.2	8.9	60.7	1.2	36.4	1	21.9	26.5	6.1	—
1988	4.1	43.6	35.8	11	73.9	1.2	41	2.1	25.2	17.2	6.4	2.2
1989	8.4	45.7	38.7	20.9	80.9	1.2	66.6	1.9	28	18.7	6.1	2.4
1990	11.1	43.9	42.3	21.9	76.1	1.7	60.2	1.4	27	21.3	7.8	1.5
1991	2	44.7	43	42	100	3.9	75.2	1.7	36.3	22	11.1	2.3

资料来源:国家海洋局:《中国海洋统计年鉴 1993》,中国统计出版社,1995 年,第 135 - 138 页,整理得出。

二、总体评价

在 1979—1991 年,中国船舶和港口装卸的技术水平进步并不显著,但是海运的经济效益提高明显,其原因主要是改革开放带来的制度创新,具体而言是调整了政府与市场的关系,政府高度集中且控制全面的权力开始收缩,市场的力量从国际渗入到国内,政府与市场的力量共同作用于海运经济。

（一）政府:权力的收缩与保留

在此阶段,政府在海运经济中的权力在收缩,干预不断减少,但并不意味着政府权力的完全退出,而是政府权力在收缩过程中有所保留,政府干预还在发挥重要作用。海运市场的开放、竞争、有序、统一离不开政府的干预,通过放宽市场准入,打开国内海运市场,打破垄断局面,允许自由竞争,对不正当竞争现象进行规范,此外,政府继续促进海运南北市场的统一。

在此之前,南北航线都是绕在台湾岛东面海域,航程较远,最理想的航线是穿越台湾海峡。1979 年 1 月 1 日,中美两国正式建立外交关系,美国宣布断绝同中国台湾地区的外交关系;同日,全国人大常委会发表《告台湾同胞书》,建议台湾地区和大陆之间尽快实现通航。中国政府提出和平统一祖国的政策,台湾海峡局势趋向缓和。同年 6 月 10 日,中国政府组织试航通过台湾海峡,广州海运局的"红旗 121"轮从珠江口启航穿越台湾海峡达到长江口,打破了 30 年的航行禁区,结束了南海与东海、黄海、渤海分割的局面,标志着台湾海峡作为南北航线的障碍被彻底清除,中国南北海运市场的统一最终实现。6 月 22 日,交通部召开"恢复台湾海峡正常通航会议",会议颁布了《交通部关于我商船通行台湾海峡的暂行规定》。南北航线是中国沿海最长的海上航线,它和京广铁路是连接改革开放主战场广东省与东部地区的两条大动脉,对加强南北方之间的贸易,减轻铁路运输的压力,以及支持沿海开放城市和经济特区的建设发挥重要的作用。1972 年,南北航线首次开辟,运输量仅 0.9 万吨;1985 年已达 1 498 万吨,历史上第一次超过了京广铁路通过坪石口的接入量;1986 年达 1 648 万吨,是 1972 年的 1 831 倍(见图 2-2)。

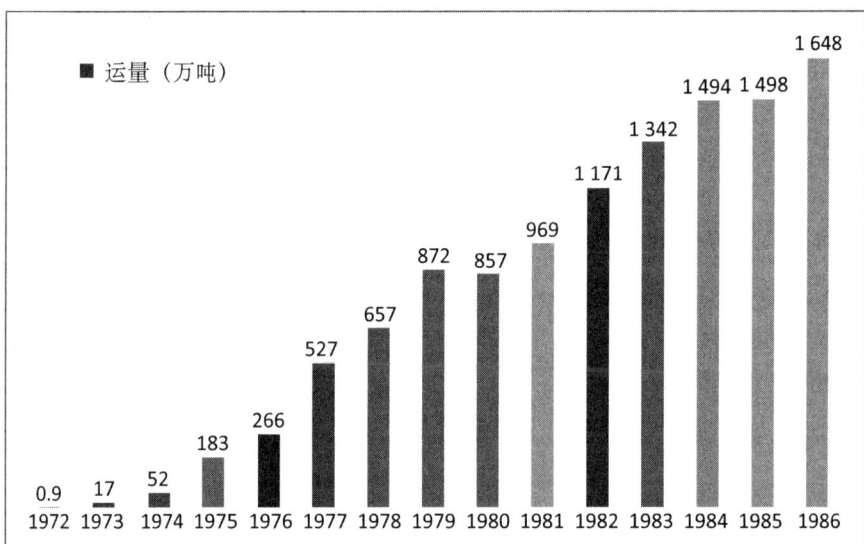

图 2-2 1972—1986 年南北航线运量增长统计图

资料来源:蒋森庆:《前进中的广州海运局》,《海运情报》1987 年第 5 期。

政府干预的体现还在于实行海运保护主义政策。当中国海运市场打开之后,海运界保护国轮的呼声一直存在。因为中国海运水平与世界海运强国的差距还较大,虽然中国船舶数量和总吨在世界排名有很大进步,但是营运水平仍然还很低。以 1986 年中外国际集装箱班轮航线营运比较为例,从船期的偏离时间来看,中国四条航线的偏离船期表天数的平均值在 6.45~16.55 天,最大值在 23~34 天,唯有一条航线有准时记录(见表 2-11)。

表 2-11　1986 年中国部分国际集装箱班轮的营运情况表

集装箱班轮航线	跟踪航次数	与船期表对照航次数	偏离船期表天数		
			最小值	最大值	平均值
中国—西欧集装箱班轮航线	11	11	1	27	7.18
中国—美国集装箱班轮航线	14	14	1	23	11.21
中国—澳大利亚集装箱班轮航线	11	11	7	28	16.55
中国—东南亚集装箱班轮航线	12	12	0	34	6.45

资料来源:俞士杰:《对改进我国班轮运输存在问题的探讨》,《海运情报》1986 年第 7 期。

　　相比之下,国外 11 个船公司的偏离船期表天数的平均值在 0.33～2.45 天,最大值在 1～9 天,并且都有实现准时记录(见表 2-12)。船期是班轮营运水平的主要指标,从偏离船期表天数的情况比较看,中国海运水平与世界海运强国的差距相当明显。

表 2-12　1986 年国外部分国际集装箱班轮公司的营运情况表

集装箱班轮航线	跟踪航次数	与船期表对照航次数	偏离船期表天数		
			最小值	最大值	平均值
大西洋公司 A	50	43	0	5	1.3
大西洋公司 B	53	31	0	6	1.52
卡斯特	52	49	0	6	2.12
达特	51	17	0	2	0.71
长荣	3	3	0	1	0.33
哈帕格·劳埃德	53	53	0	2	0.49
波远	52	32	0	5	0.97
圣劳伦斯河联营航线	51	49	0	3	0.86
海陆	51	34	0	4	0.85
越洋货运	22	20	0	9	2.45
合众国	38	32	0	4	0.75

资料来源:俞士杰:《对改进我国班轮运输存在问题的探讨》,《海运情报》1986 年第 7 期。

　　基于中外海运实力的悬殊差距,中国实行保护主义政策。例如在中日航线上,中国禁止第三国加入,所有日本船公司在中国港口进行运输必须得到中国政府的许可。在中日集装箱运输上,中国占据优势地位。1984 年至 1986 年,在日本开往中国航线上中国海运企业的海运量所占比例均超过日本海运企业;在中国开往日本航线上中国海运企业的海运量所占比例更高,其中 1984 年达到 91%(见表 2 - 13)。日本船方为扭转被动局面,一直与中国交涉货物份额的分配问题,然而没有达成协议。中国取得的优势地位与中国政府的保护政策密不可分。

表 2 - 13   1984—1986 年中日集装箱海运量统计表

运量单位:TEU

	日本→中国				中国→日本			
	日本船		中国船		日本船		中国船	
	运量	比例	运量	比例	运量	比例	运量	比例
1984	19 261	45%	23 960	55%	2 377	9%	24 542	91%
1985	25 290	24%	78 516	76%	12 761	25%	37 643	75%
1986	11 732	22%	42 444	78%	4 743	11%	37 285	89%

资料来源:龚月明:《日本航运公司竭力扩大日中航线市场份额》,《海运情报》1988 年第 1 期。

中国实行对外与对内有别的海运政策,对外政府用干预手段支持中国企业争夺国际市场,而对于国内市场则取消部属企业特权,创造公平的竞争环境。20 世纪 80 年代,在港口计划、工程管理以及从勘探、疏浚乃至货物装卸的设备方面,中国落后于西方国家数十年。即便如此,中国政府通常授予国内的工程公司来完成疏浚和基建工程,只是把咨询、高技术和复杂的货物装卸设备投放国际市场招标。日本、澳大利亚和欧洲的企业企图包揽整个中国港口开发工程,没有一个如愿以偿。

(二)市场:国内与国际的相融

在计划经济时期,中国海运经济中的市场力量主要体现在国际海运市场,对中国的运力供给和远洋运输价格产生了一定的影响。随着改革开放的推进,国内海运市场开放,与国际海运市场逐渐相融。海运市场的全面开放使市场在海运资源配置中发挥越来越重要的作用,政府在海运资源配置中的影响相对减弱,体现在指令性计划运输逐渐减少。1958 年之后中国掌握了派船的主动权,至 1978 年期间的大部分年度的比例超过 70%。1979 年以后中国逐渐减轻政府对海运经济的干预程度,减少行政性的派船指标,允许货主与船主直接对接,实质上赋予市场的配置权力。从1979—1987年,中方派船比例趋于下降,1980年之后均不超过70%,1985年和1986年低于50%,进入自1958年以来的低谷状态(见表2-14)。1988年之后中国交通部与外贸部的船货平衡会制度取消,国家层面的指令性计划运输结束,从此市场在海运经济中的角色越发重要。

表2-14 1979—1987年中国对外贸易货物海运中外派船比较表

单位:万吨

年份	海运总量	中方派船		对方派船	
		运量	比例(%)	运量	比例(%)
1979	7 373	5 284	76.67	2 089	28.33
1980	7 946	5 365	67.52	2 381	29.96
1981	7 682	4 947	64.40	2 735	35.60
1982	8 511	5 162	60.65	3349	39.35
1983	9 402	5 568	59.22	3834	40.78
1984	10 828	5 725	52.87	5 103	47.13
1985	13 541	6 195	45.75	7 346	54.25
1986	13 488	6 671	49.46	6 817	50.54
1987	14 482	8 847	61.09	5 635	38.91

资料来源:《中国对外贸易运输总公司发展史》编写组:《中国外运四十年》,中国工人出版社,1990年,第300页,整理得出。

国内市场与国际市场相融成一体,有利于海运资源配置效率的提高。在该时期,中国沿海港口与世界港口交织成一个日益紧密的网络,港口资源在市场的配置下效率提高。因中国港口建设滞后,通过能力不强,压船压港压货的"三压"情况在整个20世纪80年代一直没有得到缓解。以1986年中国—西欧集装箱班轮航线上船舶在中外港口停靠时间为例,考察中国与发达国家的港口差距:在中国上海和新港的计划在港停靠时间为6天,实际港停靠时间平均为12.18天,11个航次当中唯有1个航次能够完成计划,其余最少超计划1天,最多超计划24天;而新加坡、伦敦、鹿特丹和安特卫普等港计划完成率达100%,汉堡港除1个航次外其余均完成计划,并且外国港口有一半航次能够提前完成(见表2-15)。

表 2 - 15　1986 年中国—西欧集装箱班轮航线上船舶在中外港口停靠时间比较表

		上海	新港	新加坡	伦敦	汉堡	鹿特丹	安特卫普
计划在港停靠时间(天)		6	6	1	2	2	2	2
实际在港停靠时间(天)								
船名	航次							
SHAHE	14 航次		7	1	2	2	1	1
	16 航次	11		1	1	1	1	1
	18 航次		7	1	1	1	1	2
	20 航次	30		1	2	5		
	22 航次	8		1	1	2	2	1
LIAOHE	10 航次		3	1	1	3	2	1
	12 航次	10		1	1	1	1	2
	14 航次		8	1	1	1	2	2
	16 航次	16		1	1	1	1	2
	18 航次		18	1	1	1	1	1
	20 航次	16		1	2	2	1	2

资料来源:俞士杰:《对改进我国班轮运输存在问题的探讨》,《海运情报》1986 年第 7 期。

　　即便与海运水平不高的东南亚港口相比,中国的港口效率仍处于劣势。以
1986 年中国—东南亚集装箱班轮航线上船舶在中外港口停靠时间为例:在中国
上海的计划在港停靠时间为 6 天,实际港停靠时间平均为 10.58 天,12 个航次
当中有 6 个航次能够完成计划,最多超计划 34 天;巴生和新加坡计划完成率达
100%,槟城仅有 1 个航次未完成计划,曼谷也仅有 2 个航次未完成计划(见
表 2 - 16)。

　　当国内海运市场与国际海运市场相融后,港口资源的配置超出国内范围,在
更为广阔的世界市场内进行。由于上海、广州、天津和大连等国内大型港口条件
受限,还不能满足国内中转的需求,在市场的推动下,逐渐形成以日本神户和香
港作为中国境外中转港的局面,尤其是神户对中国的集装箱运输中转影响最深,

出现"神户分流"现象①。充分利用境外港口资源能够降低中国船舶的营运成本,提高海运效率,这是市场力量带来的效果。

表 2 - 16　1986 年中国—东南亚集装箱班轮航线上船舶在中外港口停靠时间比较表

		上海	槟城	巴生	新加坡	曼谷
计划在港停靠时间(天)		6	1	2	2	2
实际在港停靠时间(天)						
船名	航次					
SHANGCHENG	1 航次	40	1	1	1	2
	3 航次	2	1	1	1	2
	5 航次	6	1	1	1	3
	7 航次	4	1	1	1	2
	9 航次	15	1	1	1	2
	11 航次	8	2	1	1	1
	13 航次	10	1	1	1	1
	15 航次	3	1	1	1	4
	17 航次	20	1	1	1	2
	19 航次	9	1	1	1	2
	21 航次	6	1	1	1	3
	23 航次	4	1	1	1	2

资料来源:俞士杰:《对改进我国班轮运输存在问题的探讨》,《海运情报》1986 年第 7 期。

---

① "神户分流"现象:利用中国远洋运输公司在神户港的完整集装箱运输干支线网,使自中国各港到美国和加拿大东岸的货箱,交由中国—美加班轮直接运往纽约、查尔斯和休斯敦交货;使自中国各港去美国和加拿大西岸的货箱,在神户交由香港—美西班轮直接运往长滩、旧金山和西雅图(或温哥华)交货;使自美加经由中国—美加东岸及香港—美西班轮,运往大连、新港、青岛、上海和黄埔等港货箱,在神户港分别交出到各港的直达干线或短程干线运目的港交货。引自:李春英:《"神户分流"及其经济效益浅析》,《海运情报》1986 年第 4 期。

第三章

市场经济体制框架基本形成时期的海运经济
（1992—2001 年）

第一节　政府对海运经济发展的宏观调控

在前一时期,经过海运体制的改革和海运市场的开放,中国海运经济迎来了生机蓬勃的发展局面,为加快对外开放发挥了重要的作用。同时,市场的盲目性和滞后性给海运经济的发展带来了新的问题,需要政府加以宏观调控。在这一阶段,中国政府主要采取调控运力增长速度抑制运能过剩;调控沿海港口建设规模提高港口吞吐能力;实施"抓大放小"策略加强中国大型海运企业在国际海运市场的竞争力;以及对海运业的实行行业管理实现转变政府干预海运经济的方式。

一、运力调控

从 1978 年直到 1991 年,中国政府一直鼓励运力扩张。1992 年 7 月交通部在《深化改革,扩大开放,加快交通发展的若干意见》指出,从事国际海运的船公司,在批准的规模和经营的范围内,可根据经营情况自行决定运力的增减,买造船舶和出售自有贷款船货出租自有船;凡有经营管理能力的国际船公司均可经营远洋航线,可经营船代,并允许外国公司在中国开班船务企业,并可从事揽货、签单、结汇和签合同。

1992 年 11 月 10 日,国务院颁布实施了《关于进一步改革国际海洋运输管理工作的通知》,这是继 1984 年 11 月 3 日国务院出台《关于改革我国国际海洋运输管理工作的通知》之后的又一个关于国际海洋运输的重要文件,其中作出了

"凡符合开业条件、合法经营的企业,经批准都可以建立船公司"的新规定,进一步放宽市场准入,另外,还规定"船公司根据国家的宏观要求,可自主决定航线经营、船舶配置、运力增减、船舶更新",进一步扩大船公司经营自主权,海运企业更新船舶和在一定范围内买卖船舶不再纳入额度管理,在规定的经营范围内可自行决定租进租出船舶开展运输业务等。

在 20 世纪 80 年代,海运市场处在开放初期之时中国的海运企业已是如雨后春笋般涌现,在加之该政策推动下,中国海运企业发展更为迅速,出现了大量的海运公司,水运市场主体、运力迅速提高。至 1995 年,全国从事国际海上运输、国内沿海运输的船公司分别有 290 家和 1 300 多家,批准外国航运公司在中国设立办事处的达 268 家,设立独资子公司 15 家。全国运输船舶拥有量达到 34.5 万艘,5 043 万净载重吨,其中从事国际航运、国内沿海的船舶分别为 1 761 万净载重吨和 1 002 万净载重吨,与 1985 年相比,分别增长 30%和 90%。

从世界海运市场看,1992 年世界海运量仅比前一年增长 2.4%,而 1993 年到 2000 年平均每年只能增长 1.8%,海上运输能力因此而明显过剩。到 1992 年底,世界各国散装货轮和油轮的总吨位分别超过运输量的 11%和 15%。国际海运市场供远大于求,竞争激烈,必然导致运费下跌。[①]

中日航线是海运量较大的一条航线。20 世纪 90 年代后,中日贸易量逐年递增,自 1991 年以来,中日线的集装箱运输量每年以 30%的速度增长,吸引越来越多的船公司加入此航线。到 1994 年,中日航线上营运的船公司有 40 家左右,其中日本船公司 11 家,中国船公司 27 家,第三国船公司 2 家,中国的船公司除中国远洋运输公司和中国对外贸易运输公司两大海运企业之外,还有许多地方中小船公司,例如河北海运、江苏远洋和上海锦江等多家公司。由于市场盲目性,运力投入过度,出现运力过剩,1993 年中日航线年运力达 699 578TEU,而年运量仅为 590 796 TEU,运力过剩 108 782TEU,占该线运力的 18.41%;1994 年上半年运力达 460 005 TEU,而运量仅为 326 600TEU,运力过剩 133 405TEU,占该线运力的 29%。

国际海运市场运力过剩进而波及国内海运市场,部分运力由远洋航线返回国内,加剧了国内海运的竞争。应注意的是,铁路运输同时发展迅速,南北铁路干线的运能有了很大的提高,特别在 1997 至 1998 年铁路运输两次提速之后,分

---

①　杨兴斌:《国际市场价格概论》,世界知识出版社,1994 年,第 283—284 页。

解了一部分南北走向的货运量,使沿海运输的货源减少,进一步加剧了船货供求的失衡。沿海运输运价从 1994 年到 1998 年下降约 20%。市场的疲软及竞争的加剧,使海运公司在经营中面临经济困境,据对 2 000 多家航运公司抽样调查统计,约三分之二的企业亏损。[①]

在海运市场扩大开放之后,市场机制发挥着越来越重要的影响,在供不应求的局部市场,受高利润率的驱使,运力剧增,出现激烈的竞争状态,一方面,市场机制的正面效应得到充分体现,社会需求得到满足,服务质量提高;另一方面,由于市场盲目性也使市场机制的负面效应暴露无遗,运力增长过快导致运力过剩,运力资源浪费严重。1994 年之后国内海运市场出现疲软,造成这一现象的原因并不是海运量下降,而是国内运力增长过快。因此,需要政府加强宏观调控,抑制市场机制的负面效应。为了抑制运力盲目增长的势头,政府遵循"控制总量、优化结构、加强管理、提高效益"的原则,对航运市场进行了整顿。

为扭转运力过剩的局面,交通部从 1996 年开始不断提高准入门槛,抑制运力增长。交通部 1996 年 6 月发出了《关于进一步加强我国水运市场的管理》的通知,强化了运力的审批与管理,并暂停审批筹建各种船公司及新增加运力的申请,设置封闭式的壁垒,同时要求经营 1 万吨以上的船舶均需经交通部统一审批发证。接着,交通部于 1997 年颁布《关于继续加强我国水运市场管理的通知》《中华人民共和国水路运输管理条例》,控制运力增长,对老旧船舶的市场准入严格把关,撤销了一批长期筹建逾期不开业的公司,运力盲目增长的势头得到遏制,初步缓解了运力供大于求的矛盾。

1998 年 11 月 17 日,交通部发布《关于加强国内水运市场管理有关问题的通知》,继续加大对新增运力的审批控制,特别强调"严禁从国外购置超龄船、废钢船参加国内运输;鉴于国内散货运力已远大于运量的需要,除船舶更新外,原则上不得从国外购买二手散货船从事国内运输"。

在经过政府调控之后,运力规模有所下降。从 1995 年到 1999 年,全国海洋运输船舶数量减少 1 000 艘,吨位减少 453 472 载重吨。其中,沿海运输船舶拥有量下降较快,船舶艘数减少 1 203 艘,吨位减少 3 523 975 载重吨;而远洋运输船舶拥有量则有所增多(见表 3-1)。

[①]　中国交通年鉴社:《中国交通年鉴 1999》,中国交通年鉴社,1999 年,第 149 页。

表 3-1　1995—1999 年全国海洋运输船舶拥有量统计表

年份	全国沿海运输船舶拥有量		全国远洋运输船舶拥有量	
	艘数(艘)	净载重量(吨位)	艘数(艘)	净载重量(吨位)
1995	8 976	10 068 655	2 591	17 607 971
1996	8 985	9 806 009	2 253	17 323 651
1997	7 608	6 977 008	2 748	21 074 641
1998	7 471	7 128 277	2 679	20 706 598
1999	7 773	6 544 680	2 794	20 678 474

资料来源:交通部综合规划司:《新中国交通五十年统计资料汇编(1949—1999)》,人民交通出版社,2000 年,第 67 页,整理得出。

对运力的调控,除通过提高准入标准直接限购之外,还采取船舶强制报废措施。2001 年 3 月 29 日,国务院颁布了《关于实施运输船舶强制报废的制度的意见》,同年 4 月 9 日交通部颁布《老旧运输船舶管理规定》2 号令,新规定对老旧船舶的购置、租赁、检验管理等提出了更加严格的要求。一方面,加快船舶的更新换代,淘汰老龄、超龄船舶,优化运力结构;另一方面,淘汰落后运能,削减存量,达到降低运力总量目标。

二、港口调控

1992 年以后,中国对外开放进程进一步加深和扩大,对外经济和贸易出现自改革开放以来的第二次高潮,沿海港口作为对外交往的窗口,发挥更为重要的作用。

从 1986—1999 年中国对外开放港口外国船舶进出港情况看,1992 年是一道分水岭,前一阶段的 1986—1991 年,进出中国对外开放港口的船籍国数年平均量为 70 个,进港船舶年平均 16 237 艘、98 240 404 总吨位,出港船舶年平均 16 400 艘、99 072 470 总吨位;后一阶段的 1992—1999 年,进出中国对外开放港口的船籍国数年平均量为 87 个,比前一阶段增长 24.29%,进港船舶年平均 39 595 艘、310 426 759 总吨位,比前一阶段分别增长 143.86%、215.99%,出港船舶年平均 39 649 艘、306 282 639 总吨位,比前一阶段分别增长 141.76%、209.15%(见表 3-2)。

表 3-2　1986—1999 年中国对外开放港口外国船舶进出港情况表

年份	船籍国数	进港船舶		出港船舶	
		艘数	总吨位	艘数	总吨位
1986	66	12 783	78 561 438	14 046	87 477 073
1987	73	12 896	87 883 679	12 780	85 430 899
1988	73	13 993	94 159 000	13 891	92 997 000
1989	71	17756	100 810 000	17 651	100 150 000
1990	67	19 555	103 896 000	19 537	104 407 000
1991	70	20 440	124 132 304	20 497	123 972 849
1992	80	27 302	161 560 000	27 028	158 741 000
1993	89	36 210	217 338 008	35 746	211 107 293
1994	89	35 790	239 890 936	35 155	234 617 684
1995	75	38 755	275 292 595	38 377	270 495 987
1996	94	40 344	311 448 056	40 123	309 121 167
1997	95	37 873	376 783 690	37 897	375 416 274
1998	87	45 398	402 424 731	48 031	400 333 408
1999	90	55 089	498 676 055	54 831	490 428 300

资料来源:交通部综合规划司:《新中国交通五十年统计资料汇编(1949—1999)》,人民交通出版社,2000 年,第 123 页。

　　外国船舶数量的增多对港口的通过能力提出更高的要求。在 20 世纪 80 年代,中国港口一直处在超负荷运行状态,尽管放开港口建设的准入,引进外资,集体、个体可以参与码头建设,投资主体实现多元化,并实行"中央和地方双重领导"的港口管理体制改革,调动地方建设港口的积极性,但是压港、压船、压货的"三压"现象始终没有得到根本性地解决。

　　进入 90 年代,为了迅速改变港口"瓶颈"问题,政府实施调控政策,首先加大投资力度。纵观中国当代港口建设的历程,可以明显地看出 1973 年是中国当代港口建设的重要转折年份,在此之前沿海与内河的港口建设基本上处在平等地位,两者的固定投资大体上均衡。1973 年,周恩来发出"三年改变港口面貌"的号召,从此之后实施不均衡发展战略,以沿海港口为重点,沿海与内河的港口建设固定投资差距越拉越大。我们可以分三个时期比较分析沿海与内河的港口建设固定投资:1950—1972 年,沿海港口为 8.04 亿元,内河港口为 5.6 亿元;

1973—1991 年,沿海港口为 237.29 亿元,内河港口为 39.83 亿元;1992—1999 年,沿海港口为 564.87 亿元,内河港口为 80.56 亿元。在这三个时期,沿海的港口建设固定投资分别是内河的 1.44 倍、5.96 倍、7.01 倍。[①]沿海与内河的港口发展趋于两极分化,悬殊较大(见图 3-1)。这是为了适应中国经济发展的需要,政府实行宏观调控的结果。

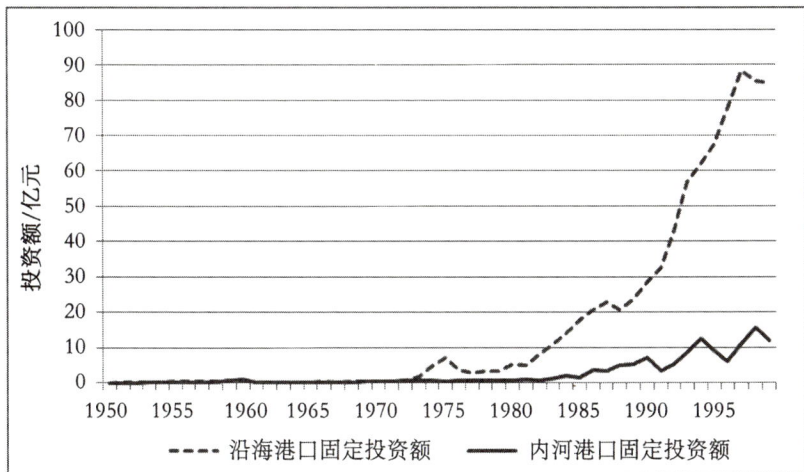

图 3-1　1950—1999 年中国沿海港口与内河港口建设固定投资趋势图

资料来源:交通部综合规划司:《新中国交通五十年统计资料汇编(1949—1999)》,人民交通出版社,2000 年,第 129 页。

经过政府的宏观调控,加大投资力度,中国沿海港口面貌发生了较大的变化,吞吐能力、技术装备、集疏运条件和管理水平都有了很大的提高,港口能力紧张的矛盾有所缓解。从船舶在港停时这项指标可以看出沿海港口通过能力的变化,分两个阶段进行比较分析(见表 3-3):平均每次在港停时,1980—1991 年平均为 3.38 天(其中外贸船为 7.57 天),1992—1999 年为 2.3 天(其中外贸船为 3 天),后一阶段比前一阶段减少 1.08 天(其中外贸船为 4.57 天);平均每千吨货停时,1980—1991 年为 0.45 天(其中外贸船为 0.62 天),1992—1999 年为 0.23 天(其中外贸船为 0.28 天),后一阶段比前一阶段减少 0.22 天(其中外贸船为 0.34 天)。从中可以看出船舶在港停时逐步减少,反映出港口效率在不断

---

① 交通部综合规划司:《新中国交通五十年统计资料汇编(1949—1999)》,人民交通出版社,2000 年,第 129 页。

提高,通过能力在不断增强。

表 3-3　1980—1998 年全国沿海主要港口船舶在港停时统计表

单位:大

年份	平均每次在港停时		平均每千吨货停时	
		其中外贸船		其中外贸船
1980	2.9	7.7	0.51	0.64
1981	3.7	10.4	0.60	0.87
1982	3.3	8.8	0.52	0.71
1983	3.6	9.9	0.56	0.78
1984	3.3	8.7	0.47	0.66
1985	4.4	11.1	0.61	0.85
1986	3.5	6.9	0.45	0.60
1987	3.1	5.7	0.40	0.52
1988	3.8	6.7	0.42	0.60
1989	3.4	6.0	0.33	0.46
1990	2.7	4.3	0.26	0.35
1991	2.8	4.6	0.27	0.36
1992	3.1	4.9	0.28	0.40
1993	3.4	4.9	0.31	0.43
1994	2.6	3.4	0.24	0.31
1995	2.3	2.7	0.23	0.26
1996	1.8	2.0	0.19	0.21
1997	1.7	1.8	0.19	0.19
1998	1.2	1.3	0.19	0.17

资料来源:交通部综合规划司:《新中国交通五十年统计资料汇编(1949—1999)》,人民交通出版社,2000 年,第 124 页。

　　改革开放以来,为适应经济发展和扩大对外开放的需要,地方、部门和企业积极筹资建设港口码头,对加快港口建设起到了促进作用,但是也出现了一些重复建设、盲目建设的现象。为了保证港口建设健康、有序、快速地发展,必须加强港口建设的宏观管理。1995 年 11 月,国务院转发了《国家计委、交通部关于加强港口建设宏观管理的意见》,明确交通部作为港口建设宏观管理的职能部门,一方面负责编制全国港口中长期发展规划、五年计划和总体布局规划;另一方面加强港口建设项目审批管理。

政府宏观调控的手段主要是约束投资主体的行为。与运力调控不同,政府对港口建设的调控不是抑制总量增长,反而是要加快总量增长,此外还要在结构上调控。该时期港口的码头和泊位数量增长较快,尤其中小型和通用码头还出现过剩,但是大型、深水、专业性码头和泊位严重不足,结构上不合理。因此,港口结构调控也成为政府在该时期的重点任务。

三、"抓大放小"

改革开放时期,中国打开了海运市场,政府鼓励多元投资主体向海运业投资,呈现出公司林立、遍地开花的局面,打破了国企的行业垄断,使中国海运业形成了多家自由竞争。这对于提高中国海运供给能力,为对外交往提供运输保障是十分有利的。同时,应看到改革开放是一个对内与对外同步开放的过程。相对其他行业,中国海运业的对外开放步伐迈出更早,外国海运力量很早进入中国海运市场。因此,中国海运经济的市场竞争既有国内竞争也有中外竞争,中外竞争在 20 世纪 90 年代之后进入白热化阶段。

在该时期的中外竞争一方面表现在国内运输上,尽管中国的沿海运输尚未对外开放,外国海运企业还不能直接经营中国的沿海运输,但是可以通过中外合营的方式组建海运企业进入沿海运输市场,由于这类中外合营的企业数量还不多,中国的海运企业占据绝对优势,外国海运企业还没有对中国构成威胁;另一方面表现在国际运输上,中国政策允许外国海运企业开辟中外航线以及挂靠中国对外开放港口,因此在中国的国际航线上外国海运企业数量较多(见表 3-4),中外海运企业竞争激烈。

表 3-4　1995 年和 2001 年北美和欧洲航线船舶在中国部分港口每周挂靠次数表

航线	港口	1995 年	2001 年
北美航线	青岛	1	7
	上海	2	12
	宁波	0	4
	盐田	1	15

（续表）

航线	港口	1995 年	2001 年
欧洲航线	青岛	1	5
	上海	2	11
	宁波	0	3
	盐田	1	9

资料来源:佚名:《1995 年和 2001 年北美和欧洲航线船舶在中国部分港口每周挂靠次数》,《海运情报》2002 年第 11 期。

中国的国际航线分为近洋航线和远洋航线。在这两种不同的航线上中外力量对比有所不同,具体而言,中国在近洋航线保持优势地位,但在远洋航线上处于劣势。一方面,从开辟的航次密度看,以 1999 年为例,在近洋航线上,中国的海运企业具有一定的优势,在中国 2 429 班/月的近洋航线中,中国的海运企业提供的航班为 1 046 班/月,约占 56%;在远洋干线航线上,境外海运企业占较大的市场份额,在 544 班/月远洋干线航线中,境外海运公司占 73%。[1]

另一方面,从实际的海运量看,近洋航线以 1996—2001 年中日航线的集装箱运输为例,以每年度比较看,中国海运企业所占比例在 76% 以上,日本海运企业在 9% 以下,其余第三国海运企业在 15% 以下;以这五年总体比较看,中国海运企业占 83.04%,日本海运企业占 4.87%,其余第三国海运企业占 12.09%。中国海运企业当中又以中国远洋运输公司所占的比重最大(见表 3-5)。

表 3-5 1996—2001 年中日航线各国集装箱海运企业集装箱运输量表

单位:TEU

年份	日本海运企业	中国远洋运输公司	中国其他海运企业	第三国海运企业	合计
1996	118 020	504 504	568 023	209 832	1 400 379
1997	88 773	487 718	656 334	148 728	1 381 553
1998	91 569	396 897	743 132	197 112	1 428 710
1999	79 758	318 924	854 315	144 648	1 397 645
2000	42 147	323 342	1 139 620	235 776	1 740 885

----

[1] 交通部:《1999 中国航运发展报告》,人民交通出版社,2000 年,第 7 页。

（续表）

年份	日本海运企业	中国远洋运输公司	中国其他海运企业	第三国海运企业	合计
2001	43 555	264 408	1 652 762	215 388	2 176 113

资料来源:佚名:《中日航线各国集装箱船公司各年集装箱运输量》,《海运情报》2002 年第
11 期。

远洋航线以 2000—2001 年亚洲/美国航线的主要海运企业承运比例为例,中国大陆最大的两家海运企业中国远洋运输集团和中国海运集团在 2000 年分别占 6.8％和 2.3％,在 2001 年分别占 6.7％和 3.3％,所占市场份额较小,与丹麦、美国、韩国和日本比较还有差距,各国、地区之间的竞争非常激烈(见表 3-6)。

表 3-6　2000—2001 年亚洲/美国航线主要船公司承运比例表

单位:％

排名	船公司	船籍	2000 年	2001 年
1	马士基海陆	丹麦	12.2	12.4
2	长荣	中国台湾	10.7	9.4
3	美国总统轮船	美国	9.2	8.6
4	韩进海运	韩国	7.6	8.3
5	中远集运	中国	6.8	6.7
6	现代商船	韩国	6.1	6.2
7	东方海外	中国香港	5.3	5.2
8	日本邮船	日本	5.3	5.4
9	川崎汽船	日本	4.6	5.1
10	阳明海运	中国台湾	4.5	4.8
11	中国海运	中国	2.3	3.3
12	商船三井	日本	4	3.9
13	铁行渣华	英国	2.6	2.7
	其他		18.8	18

资料来源:佚名:《亚洲/美国航线主要船公司承运比例》,《海运情报》2002 年第 11 期。

　　面对日益激烈的国际竞争,为了使中国海运企业在加入世界贸易组织之后争取更为主动的地位,中国实施"抓大放小"的海运政策,即重点扶持几家大型的海运企业,增强其国际竞争力。

　　1992年11月10日,国务院颁布《关于进一步改革国际海洋运输管理工作的通知》指出:中国远洋运输总公司、中国对外贸易运输总公司是中国最大的两家外贸运输企业,应享受国家给予的同等政策待遇。有关部门要给予支持,增强他们的对外竞争能力,促进中国国际海洋运输业的发展。

　　改革开放后虽然打破了国有海运企业独家经营的垄断局面,但是,至90年代,国有海运企业仍然占据绝对的优势地位。例如中国远洋运输公司,1992年中国从事远洋运输的海运企业共140家,按载重吨计,中国远洋运输公司拥有70%的船舶,在国内设立揽货据点100个,在海外设有办事处28个。[①]进入90年代,中国远洋运输公司开始向外扩张,1993年9月,中远与香港国际集装箱码头公司、现代码头公司合资经营葵涌第8码头,中远船舶在香港输出入集装箱的总货运量中所占份额已达10%。[②]可以看出,国有海运企业在国内拥有不凡的影响力。

　　因此,中国实施的"抓大放小"战略,主要是重点扶持中国远洋运输公司、中国海运公司和中国长江航运公司这三家大型国有企业,其中前两家是海洋运输企业,后一家是内河运输企业。实施"抓大放小"的战略,通过以资产为纽带,组建和发展大型企业集团。1993年2月,中国远洋运输集团成立,它是以中国远洋运输(集团)总公司为核心企业,由广州、上海、天津、青岛、大连远洋运输公司、中国外轮代理总公司、中国船舶燃料供应总公司、中国汽车运输总公司等大型企业组成的企业集团。1997年7月1日,中国海运集团成立,它是由上海海运(集团)公司、广州海运(集团)有限公司、大连海运(集团)公司、中国海员对外技术服务有限公司、中交船业公司等单位组成。这两家海运企业分别是中国规模最大的国际运输企业和国内沿海运输企业。

　　"抓大放小"的调控政策加强了中国远洋运输集团和中国海运集团的整体实力及对外竞争力,成为中国海运界的两艘"航空母舰"。经过国家数年的重点扶持,实力上升很快,至2000年,中国远洋运输集团的船舶运力达1 706万载重吨,高居国内同行之首,中国海运集团以781万载重吨排第二位,但与中国远洋

---

①　佚名:《中国远洋运输公司近况》,《海运情报》1992年第12期。

②　纪相:《唇齿相依,休戚与共》,《海运情报》1994年第9期。

运输集团差距明显,其余的海运企业与中国远洋运输集团相比更是微不足道,例如,排名第十的浙江远洋运输公司,其船舶运力仅为中国远洋运输集团的 1.47%(见表 3-7)。

表 3-7　2000 年中国十大海运公司排名表

单位:万载重吨

排名	海运公司	船舶运力
1	中国远洋集团总公司	1 706
2	中国海运集团总公司	781
3	中国长江航运集团	304
4	中国外运集团总公司	189
5	河北远洋运输有限公司	57
6	浙江省海运集团总公司	39
7	山东航运集团	35
8	宁波海运集团总公司	33
9	福建省轮船总公司	32
10	浙江远洋运输公司	25

资料来源:佚名:《2000 年中国十大海运公司》,《海运情报》2002 年第 3 期。

"抓大放小"的调控政策带来的另一个效应是国内海运企业强者更强、弱者更弱的马太效应。政府一方面加大对重点海运企业的扶持力度,另一方面控制中小型海运企业的发展。交通部认为"航运业是风险很大的行业,一条船不具备抗风险的能力,更谈不上好的管理,因此不再批单海运企业"。[①]这是对改革开放以来实行的"有水大家行船"的准入政策作出的重大修改。因而,在中国海运界仍然是一枝独秀的局面,海运结构极不平衡,公司间力量悬殊,这对于中国海运经济的长远发展也是不利的。

四、行业管理

20 世纪 80 年代,中国海运体制经过放权地方、政企分开的改革,但是,政府

---

① 刘松金:《认真贯彻十五大精神,开创水运行业管理和水运生产工作新局面》(1998 年 4 月 22 日);交通部水运司:《航运政策法规汇编(1985 年—1999 年)》,内刊,2000 年,第 82 页。

的职能还未改变"重生产、轻管理"的惯性。随着海运市场主体的多元化,政府的工作重心仅仅放在国企上已经不能适应时势的发展,必须"脱身"于企业的具体生产组织事务,加强全行业的管理。进入 90 年代,转变政府部门的管理职能、加强行业管理成为时代的一个主题。1992 年 11 月 10 日,国务院颁布的《关于进一步改革国际海洋运输管理工作的通知》要求交通部按照政企职责分开的原则,简政放权,减少对企业具体事务的审批和行政干预,通过宏观调控和经济、法律等手段,对海运行业进行宏观管理,并参照国际惯例和根据中国国情,制定公正、合理的经营资格标准和审批管理办法,为企业提供一个公平竞争的市场环境。在 20 世纪 90 年代,政府对海运的行业管理有两个鲜明的特点:第一,交通部与直属海运企业"脱钩";第二,充分发挥行业中介服务组织的力量对海运业进行管理。

第一,交通部与直属海运企业"脱钩"。

1999 年 1 月 1 日起,交通部与中国远洋运输集团和中国海运集团两家大型海运直属企业"脱钩",交通部直属的唯一的港口——秦皇岛港以及中国外轮理货总公司也与交通部"脱钩",至此,交通部与其所有直属的企业均解除隶属关系。

交通部是国务院管理海洋运输方式的行业主管部门。在 20 世纪 80 年代,中国政府已实施政企分开改革,先后经历了放权让利、多种形式的经营承包、资产经营责任制等几个阶段,但是还未能彻底地解决政企合一的难题。这体现在交通部还对海运企业拥有相当大的控制权,例如海运企业的设立、合并、分立,企业主管人员的挑选和任命,以及企业经营和财务状况的考核、评估等重大事项都是由政府决定。

按照党中央确定建立和完善社会主义市场经济体制的要求,交通部作为政府行业部门,积极转变政府交通职能,完成了与所属企业的脱钩,解除了与所属企业的行政隶属关系,不再直接管理企业,为集中精力抓好行业管理创造了有利条件。为了进一步加强行业管理工作,掌握海运行业的发展趋势和企业经营动态,有效地指导企业的改革、发展和管理,根据企业脱钩的实际情况,交通部实行了海运企业联系制度,并确定有代表性的联系企业 66 家。其中国际海运企业 15 家,国内海运企业 15 家,船舶代理企业 2 家,港口企业 27 家,施工和勘察、设计企业 7 家。[①]

---

① 中国交通年鉴社:《中国交通年鉴 2002》,中国交通年鉴社,2002 年,第 193 页。

尽管此次改革并没有使政企关系的内在矛盾从根本上得以解决,交通部与直属海运企业"脱钩"只是将原由交通部管理的人事权移交中央或国务院另设的专门机构管理,财务移交财政部管理,实质上,这次"脱钩"改革仅是企业的人事、财务等管理权在中央政府部门间或中央与地方政府间的转移。但是,它对于交通部而言意义重大,因为与直属海运企业"脱钩"达到为交通部"减负"的效果,使其专注于行业管理。

第二,充分发挥行业中介服务组织的力量对海运业进行管理。

随着政府职能的转变,各行业协会充分地发挥组织、协调和服务功能,成为行业自律和维护行业权益的社会中介组织。截至 2001 年中国成立了三个在海运行业影响较大的中介服务组织:中国港口协会、中国船东协会和中国船舶代理行业协会,交通部充分发挥这三个行业中介服务组织的力量对海运行业进行管理。

中国港口协会创立于 1981 年 7 月,至 2000 年已发展成为 189 个团体会员、11 个专业(工作)委员会、7 个分会及 12 000 余名个人会员的行业性的社会组织。它的主要职责是承担行业有关业务培训,港口企业市场准入的资质初审,港口行业有关技术、经济、管理等标准和规范工作,组织水运资源调查和预测,港口企业与国际港口之间的民间活动和与国际港口组织建立联系的工作,港口企业运输、装卸等价格与水运大宗货物运输市场份额的调研、监督、协调工作等。在20 世纪 90 年代,该协会派员参加了《港口法》起草和牵头组织《中华人民共和国港口管理条例》《中华人民共和国港口经营条例》两个法规的起草工作。

中国船东协会成立于 1993 年 4 月,至 2000 年有会员单位 177 家,经营商船约 3 200 万载重吨。它的宗旨是在政府与海运企业间起桥梁和纽带作用,转达政府的要求,反映海运企业的愿望,维护中国船东的正当权益,维护公平竞争的市场环境,协助政府进行行业管理,协助海运企业的经营活动。在协会成立之后,经常进行国际海运市场调查,向政府反映当时国际海运市场中存在的问题;参与协调港口费收问题,维护海运企业的合法利益;组建集装箱运输、冷藏运输、液化气运输等专业委员会,进行自我管理和协调;积极参加亚洲船队论坛的活动,与日本、韩国一起组成亚洲船东论坛代表团赴澳大利亚交涉"取消对班轮公会的反垄断豁免"问题等。[①]

中国船舶代理行业协会成立于 2001 年 6 月。它的职能包括协助交通部对

①　交通部:《2000 中国航运发展报告》,人民交通出版社,2001 年,第 144—145 页。

申请设立国际船舶代理企业的资信情况及有关材料进行初步审核,根据行业发展状况及实际需求提出初审意见;配合交通部开展国际船舶代理企业年检年审的组织工作;做好国际船舶代理企业从业人员的专业培训、法律服务、信息咨询及经验交流;协助交通部进行行业重大问题调研,做好行业发展战略、发展规划,对行业的发展问题提出建议,为政府制定政策和法律法规提供依据。[①]

20 世纪 90 年代,中国海运投资主体多元化打破了政府部门的行业垄断,海运行业的市场竞争机制形成,客观上需要政府主管部门对海运行业进行有效管理,维护公平竞争的市场秩序。历经 20 世纪 80 年代计划经济体制与市场经济体制的过渡,进入 90 年代市场经济体制初步建立,中国海运业在市场经济体制下的行业管理体系也相应地成型。

2000 年 5 月 16 日至 18 日,交通部在广州召开全国水运行业管理工作座谈会。这次会议是对前十年的水运行业管理实践的总结,形成了对水运行业管理的全新认识。会议确立了在社会主义市场经济体制条件下政府主管部门、企业、市场中介组织三者之间的关系:行业管理的主体是政府主管部门,行业管理的对象是市场,社团组织作为中介是联系政府和企业的纽带和桥梁。政府交通主管部门加强行业管理的八项基本任务是:研究制定交通发展战略和发展规划;起草制定交通运输法律、法规和产业政策;对交通运输市场实施监督、管理和调控;组织实施交通基础设施建设,改造和养护;制定交通行业技术标准、技术规范和有关经济技术定额;负责行业安全生产的监督和管理;及时同社会发布各类交通信息;抓好行业精神文明建设和职工队伍建设。

在该时期海运市场还未完全发育成熟,仍需要加强政府的宏观调控,经探索实践,已逐步将海运行业管理部门对海运市场的宏观调控从直接调控转向间接调控,政府不再直接干预企业的经营活动,而是通过调控市场来引导企业发展。

第二节　市场对海运资源配置的基础条件

1992 年,中国确立了建设社会主义市场经济体制的目标,中国海运经济也走上了市场化的轨道。在 1992—2001 年期间,中国海运市场逐步实现实体化、国际化和规范化,市场在海运资源配置中发挥基础性作用的条件基本形成。

---

① 交通部:《2001 中国航运发展报告》,人民交通出版社,2002 年,第 79 页。

一、市场实体化

改革开放之后,海运市场孕育形成,但是此时所谓的"市场"没有固定场所,它是一个虚拟的概念。由于缺乏载体,海运信息不能有效传递,海运交易分散低效,市场机制也就不能在海运经济活动中充分发挥作用。因此,建立海运实体市场,实现海运市场由虚拟向实体、无形向有形的转型是海运市场化的必然要求。

中国海运市场的实体化先从地方兴起地方性市场,再形成全国性市场。在市场实体形成之前,船舶交易过程中经常出现"黑船""贼船"的现象。1994 年,浙江省温岭市工商局、水产局、边防大队三家联合筹建"温岭市船舶交易市场",这是中国第一家地方性的船舶交易市场。筹建部门作出规定:凡在该市范围内交易的船舶,必须通过船舶交易市场,凭市场交易发票方能到有关部门办理有关手续。[①]

同年,上海远东船务市场正式开业,这是中国首家专业船务市场,它是为适应船舶运输和船舶生产经营活动而组建的,该市场的建立有利于国内外船务市场的联系和交流,提高远洋船舶的揽货能力,并开展国内二手船的交易业务。

亦在同年,交通部建立大连、上海、武汉 3 个水路货运市场进行试点,按照统一、开放、竞争、有序的市场要求进行规范化管理,逐步扩大市场调节范围,在非计划运输运价放开的背景下,实行非计划运输的港口收费与运价同幅浮动。在试点成功基础上,进一步建立区域性交易市场,分别以大连、天津、上海和广州为核心,建成东北、华北、华东和华南区域性交易市场。

1994 年是中国海运市场实体化的重要节点。在经过地方性市场的探索,积累了实践经验,为建立全国性的市场打下了基础。

1996 年 11 月,交通部和上海市人民政府共同组建上海航运交易所,这是中国第一家国家级航交所。它是中国政府为培育和发展航运市场采取的重大措施。它的功能是:规范航运市场交易行为,调节航运市场价格,沟通航运市场信息,遵循公开、公平、公正的原则,并以崭新的市场服务和规范管理,为中国航运市场的发育和发展发挥示范效应,逐步实现建立统一、开放、竞争、规范的社会主义水运市场的宏伟目标。上海航运交易所是不以盈利为目的,为航运业务提供交易场所、设施、信息和其他服务的事业法人,自成立以来,在为航运市场提供综合服务、组织实施运价报备、协调运价、发布航运信息、开展航运政策研究、编制

---

① 佚名:《温岭成立船舶交易市场》,《海运情报》1994 年第 7 期。

发布中国运价指数和组建上海航运服务中心等诸方面取得了丰硕的成果。上海港是中国规模最大的港口,海运企业数量最多,港口吞吐量最高,在上海建立海运交易所是理想之地。上海航运交易所的建立是中国海运市场实体化的标志性事件,它提供的信息服务和中介服务具有开创性。

第一,信息服务。

1998 年 4 月 13 日,面向远东和世界海运市场的中国出口集装箱运价指数在上海航运交易所首次发布,这是中国海运运价指数上的突破,为中国确立世界海运大国的地位产生了深远的影响。中国出口集装箱运价指数日益成为国内乃至世界海运市场的"晴雨表"。上海航运交易所建立了自己的信息收集和发布途径,并创办了自己的刊物《航运交易公报》,为会员单位提供信息服务。①

继中国出口集装箱运价指数之后,2001 年 11 月 28 日中国海运业的第二大指数——中国沿海(散货)运价指数在航运交易所首次发布,成为沿海海运市场的"晴雨表"。该指数是借鉴中国出口集装箱运价指数编制的成功经验,结合沿海运输市场的特点,由上海航运交易所牵头,有关港航企业共同参与,历经 3 年时间研制而取得的重要成果。②

中国出口集装箱运价指数和中国沿海(散货)运价指数成为中国海运市场行情的风向标,其中中国出口集装箱运价指数与波罗的海干散货集装箱运价指数一起,被誉为世界两大海运运价指数。运价指数信息一般由上海航运交易所发布,通过电视台、报纸杂志等新闻媒体途径广泛传播。

除了运价指数的发布,上海航运交易所还汇总全国海运各类供给与需求信息,改变以往船主找不到货主、货主找不到船主的情况,使船主与货主能够全面了解海运行情,也能够通过上海航运交易所这个场所进行洽谈交易。例如,交通部为了加强对国内二手运输船舶和废旧钢船买卖市场的管理,决定上海和浙江、江苏地区买卖二手、废旧船舶,必须在上海航运交易所进行,并指示有关安全监督和船检机构在受理船舶检验、核发船舶登记证书时,认真查验上海航运交易所出具的交易证明。③

第二,中介服务。

运价报备是指运输企业将其实施的运价上报政府主管部门备案。它是政府控制运价的一种手段,有利于促进运价的公开、透明和规范。自 1997 年 1 月

---

① 交通部:《中国公路水运交通五十年》,人民交通出版社,1999 年,第 225 页。
② 交通部:《2001 中国航运发展报告》,人民交通出版社,2002 年,第 95 页。
③ 中国交通年鉴社:《中国交通年鉴 1997》,中国交通年鉴社,1997 年,第 153 页。

1 日起,中国交通部委托上海航运交易所实施运价报备制度。

有了这个实体市场,可以进行运价协调,上海航运交易所从中扮演中介的角色。截至 2001 年 11 月,上海航运交易所已经接受报备公布运价 43 254 条,协议运价 58 697 条,共有 78 家中外航运公司向上海航运交易所报备了运价。上海航运交易所共组织实施了 8 轮运价检查,检查次数达 100 余次,对违规的海运企业向政府交通主管部门提出处罚建议。

上海航运交易所始终关注海运市场运价走势,并根据船货双方和市场的需求,坚持公平、公正、公开的原则,以参与和协调为主,沟通船货双方意见,促进船货双方增进了解,积极主动地开展运价协调工作。在欧洲线、日本线、韩国线共组织进行了 8 次运价协调。[①]

上海航运交易所的价格协调是在平等原则上开展的,一般地,由海运企业提出,在和货主协会、货代协会取得一致意见的基础上形成的,而并非上海航运交易所独自制定运价。这种价格协调机制唯有在建立上海航运交易所这一实体市场之后才得以出现。它有利于保持海运市场运价的稳定,能有效地遏制杀价竞争的蔓延,使连跌不止的运价有止跌回稳的转机。

1994 年,交通部制定了"加快建立和培育统一、开放、竞争和有序的社会主义水运市场,在 20 世纪末建立起与社会主义市场经济体制相适应的水路运输市场体系"的目标。长期以来,中国海洋运输实行指令性计划运输,但随着中国社会主义市场经济体制的逐步建立,政府统一调配的物资运输大为减少,而按照市场需求组织运输的份额占据市场的主体地位。由于海运市场处在发育阶段,市场机制没有完全形成,地方保护主义和行业保护主义等不规范行为和不公平竞争现象严重,影响中国海运经济的健康发展。组建海运市场实体的目的就在于消除无形海运市场的弊端,使市场在配置海运资源发挥基础性作用。

时任交通部部长黄镇东说:"上海航运交易市场建立起来后,要求承托双方在市场进行交易,接受市场的监管,不能再在'台下'做。"[②]上海航运交易所运作以来,对于打破地区、部门间的海运市场分割,合理配置海运资源,及时准确地反映市场供求信息,形成合理的竞争机制,充分发挥市场机制的作用发挥越来越重要的作用。

---

① 交通部:《2000 中国航运发展报告》,人民交通出版社,2001 年,第 3 页。
② 黄镇东:《整顿航运市场》(1996 年 4 月 1 日),《求实奋进探索交通发展之路》,中共中央党校出版社,1997 年,第 247 页。

二、市场国际化

1002 年以后，随着中国对外开放的扩大，海运经济国际化程度加深更快，海运经济的发展以国际市场为导向更加明显，国际市场在中国海运资源配置中发挥越来越重要的作用。在海运业当中除航运主业早已进入国际市场之外，集装箱、船舶生产以及船员劳务等相关产业也纷纷融入国际市场，这是海运经济在该时期的一个特征。

第一，集装箱出口。

20 世纪 70 年代以后，集装箱运输成为世界海运的一场革命，集装箱运输量剧增，集装箱的需求量随之扩大。中国的集装箱运输起步虽早，但在 20 世纪 80 年代发展缓慢，不但集装箱的使用量小，由于技术水平的限制，集装箱的生产能力也很低。在 80 年代，中国的集装箱主要依赖进口。世界集装箱的生产基地流转较快，日本曾是世界上最大的集装箱制造国，在世界集装箱产量中占 50% 的份额，但是到 1989 年只占世界产量的 3%。[①]韩国和中国台湾地区取代日本的地位。1989—1991 年，韩国集装箱产量分别占世界的 46%、44%、38%，居世界首位；中国台湾地区分别占 13%、13%、31%，排名世界第二位；中国所占分量较小（见表 3-8）。

表 3-8　世界集装箱主要生产国家（地区）产量比较表

单位：千 TEU

年份	韩国	中国台湾地区	中国	世界合计
1989	347	100	40	750
1990	349	105	42	800
1991	340	105	95	900
1994	130	65	450	1 100
1995	120	70	550	1 220

资料来源：1989—1991 年数据引自佚名：《1991 年世界集装箱生产》，《海运情报》1992 年第 10 期；1994—1995 年数据引自佚名：《世界集装箱生产由高峰转入低谷期》，《海运情报》1996 年第 6 期。

---

① 苏骏：《90 年代世界集装箱制造业供需状况预测》，《海运情报》1992 年第 6 期。

1992年，中国集装箱生产量上升到18.77万TEU，成为世界第二大集装箱生产国，仅次于韩国；1993年，中国集装箱生产量已达25万TEU，成为世界最大集装箱生产国。1993年底，中国集装箱工业协会(CCIA)成立，由集装箱生产厂家、部件制造厂家、技术开发科研机构等共84个单位组成，该协会的职能是制定发展战略，协助厂家组织生产，尤其是在协调成员单位的销售价格上发挥较为重要的作用，避免国内企业的恶性价格大战，协会的成立进一步推动集装箱制造业的发展。

1994年中国已有39个集装箱制造厂，这些集装箱制造厂大多数是中外合资企业，从国外引进生产线。1994年，中国以45万TEU占世界的41%，远远超越韩国的13万TEU和中国台湾地区的6.5万TEU，成为世界最大的集装箱生产国。同时，中国依靠自己的技术力量，独立生产ISO型集装箱，令世界海运界刮目相看。从此之后，世界的集装箱生产基地转移到中国，中国的集装箱产量一直占据世界市场的最大份额。1998—2001年，中国的集装箱产量分别占世界的69%、77%、83%、82%(见表3-9)。这表明，中国集装箱生产的供给很大程度由国际市场的需求来支配。

表3-9　**1998—2001年世界主要地区集装箱产量表**

单位:万TEU

年份	中国	亚洲其他地区	欧洲	美洲	其他地区	共计
1998	102.7	21.2	16.6	4.5	3	148
1999	117.5	16.5	13	4	2.5	153.5
2000	160.5	17.6	11	3	0.9	193
2001	102	9.8	10.4	2.3	0.5	125

资料来源:海发:《2001年的世界集装箱制造业》,《海运情报》2002年第7期。

第二，船舶出口。

改革开放以后，中国对水运工业进行调整改革，1982年，国务院决定以六机部和交通部的主要修造厂和配套工厂为基础，组成中国船舶工业总公司，作为国家部级船舶工业经济实体。这次改革有利于整合中国造船资源，扩大造船能力，为中国船舶出口奠定基础。

在20世纪80年代，中国的船舶制造主要面向国内市场，出口比例较小。但进入 90 年代之后,随着造船工业军用转民用的加快,造船实力大为提高,开始打进国际市场。据劳氏船级社统计,1992 年全世界造船 1 506 艘,1 860 万总吨,其中中国造船 38 艘,360 735 总吨,位居世界第 9 名。①

中国的船舶制造拥有自己的优势:价格低、交货准时、质量好,而且国内政治稳定。此时,中国的地方造船厂的生产也开始面向国际市场。1993 年挪威、日本合资的挪威吉尔散货船公司向中国大连造船厂订造 2 艘 4.7 万载重吨散货船,为大连造船厂出口船舶打开突破口;②同年,国营伊朗伊斯兰航运公司向中国订造 4 艘 2.5 万载重吨杂货船,由上海和广州的造船厂各承造 2 艘。③

中国造船业的竞争力还体现在它已有多年的出口经验,与一些国外船东保持着良好的关系。1992 年中国造船工业总公司的完工量 111.7 万吨,其中出口59.72 万吨,占 53%。此后至 1998 年,该公司的完工量趋于上升,出口比例除1995 年外其余均超过 50%,其中 1996 年和 1997 年分别高达 85% 和 86%(见表 3-10)。船舶出口在巩固和发展原有出口市场的基础上,又开辟了日本、韩国、加拿大、希腊、马来西亚等新的出口市场。④

表 3-10   1992—1998 年中国船舶工业总公司造船完工量和出口量统计表

年份	全年造船完工量(万吨)	出口量(万吨)	所占比例(%)
1992	111.7	59.72	53
1993	132.5	43.34	33
1994	164.4	82.5	50
1995	175	67.5	39
1996	190	161	85
1997	229	196	86
1998	221.8	141.8	64

资料来源:1993—1999 年《中国交通年鉴》,整理得出。

　　1999 年 7 月 1 日,中国船舶工业再次改革,将中国船舶工业总公司中的 26

①　佚名:《1992 年世界二十大造船国》,《海运情报》1993 年第 7 期。
②　佚名:《挪威向我订造 2 艘 4.7 万吨散货船》,《海运情报》1993 年第 9 期。
③　佚名:《伊朗向我国订造 4 艘杂货船》,《海运情报》1993 年第 9 期。
④　中国交通年鉴社:《中国交通年鉴 1997》,中国交通年鉴社,1997 年,第 176 页。

家造船厂组建成为两大造船集团:运营长江以北的造船厂的"中国船舶重工业集团公司"和运营长江以南的造船厂的"中国船舶工业集团公司"。改革后的中国造船业发展更加强劲,在2001年,中国新造船接单305艘、940万载重吨,其中出口船263艘、768.4万载重吨,分别占86％和82％。中国船舶重工业集团公司和中国船舶工业集团公司仍然是船舶制造的主力,地方造船业中江苏省发展很快(见表3-11)。在船舶出口结构中,承接高技术、高附加值船舶成效显著,承接液化石油气船、化学品船,集装箱船、成品油轮、多用途船舶数量逐年增多,说明中国造船技术水平在提高。

表3-11　2001年中国造船业新造船接单量表

企业	出口船		国内船		合计	
	艘	万载重吨	艘	万载重吨	艘	万载重吨
中国船舶工业集团公司	74	251	13	96	87	347
中国船舶重工集团公司	45	146.4	1	4.6	46	151
江苏省船厂	85	282	14	70	99	352
其他省市船厂(9家)	59	89	14	1	73	90
合计	263	768.4	42	171.6	305	940

资料来源:佚名:《2001年中国造船业新造船接单量》,《海运情报》2002年第6期。

第三,船员劳务输出。

船员是一个具有生活不安定特征的职业。从历史经验看,船员的职业吸引力不高,呈现出生活水平越高从事船员职业的愿望值越低的规律。因此,船员的来源由发达国家向欠发达国家转移,沿海发达地区向内陆落后地区转移。发达国家船员绝对数量不足,并且工资水平日益趋高,为了增强企业的竞争力,调整船员配备政策,由限制转向开放,允许不同程度的雇佣外籍船员。加之,世界方便旗船队规模越来越大,对低工资的海员需求量越来越大,这给中国开拓船员劳务输出市场创造十分有利的条件。

从1979年6月中国首批船员进入国际劳务市场开始,至1990年中国已陆续向国际市场输出2.5万名船员,共赚取外汇约11.7亿美元。然而,总的来看,中国船员输出在国际船员劳务市场所占的份额还处在很低的水平,仅占市场份额的 2%,而 1989 年菲律宾输出船员 115 111 人,约占市场份额的 46%,1990 年韩国输出船员 33 230 人,约占市场份额的 13%。[①] 80 年代中国船员输出还处在自发状态,缺乏市场组织和秩序。

中国拥有丰富的劳动力资源和完整的船员教育培训体系,具备发展船员劳务输出业务的诸多优势。从 1993 年中国与亚洲部分国家(地区)相比较来看,无论是集装箱船、7.9 万总吨以上油轮还是 2 万总吨以上散货船,中国的船员每年费用都是最低的。集装箱船的船员每年费用以日本的 12.5 万美元为最高,是中国的 14 倍强;7.9 万总吨以上油轮中,韩国是中国的 6 倍;2 万总吨以上散货船中,日本是中国的 18 倍强(见表 3-12)。

表 3-12　1993 年亚洲部分国家(地区)船员每年费用比较表

单位:万美元

国家(地区)	集装箱船	7.9 万总吨以上油轮	2 万总吨以上散货船
日本	12.5	——	14.832 6
韩国	3.4	4.84	3.566 6
澳大利亚	8.333 3	9.4	8.158 3
中国台湾	5	——	4.8
巴基斯坦	1.25	1.607 1	1.178 6
中国	0.878 6	0.803 6	0.810 7

资料来源:段文:《亚洲地区船员市场供给过剩》,《海运情报》1994 年第 1 期。

90 年代以后,随着中国船员教育培训力度的加大,船员数量大增,国内市场已趋向饱和,出现船员资源过剩,开拓国际市场有助于船员劳务资源的有效配置。在该时期中国船员的训练水平有了很大的提高,多渠道建立培训机构,不拘泥于原有专业院校的办学力量,培养船员的数量迅速提升;其次中国船员的工作效率和经济效益越来越受到外国雇主的青睐。中国远洋运输公司自设有 8 个培训机构,对船员进行培训和再教育,为船员劳务输出服务。船员对外输出主要有三种方式:整船船员班子、部分轮机员和驾驶员、个别高级船员。

恰逢 90 年代国际船员劳务市场需求量逐渐增大。传统的船员输出国的船

---

① 任兴源:《国际航运市场与船员劳务输出(上)》,《海运情报》1994 年第 1 期。

员输出量在减少,例如韩国,因其国民的工资水平随着国民经济的发展而日渐提高,人们生活水平提高后价值观和择业观发生变化,从事船员工作的人数减少,船员的工资水平逐增。20世纪70、80年代韩国是世界船员劳务输出的主要国家,1987年输出42 671人,达到历史最高峰,随后走向下降,1990年已降至33 230人。韩国政府已预测到将由船员劳务输出国转变为输入国,并计划从中国延边地区雇用朝鲜族船员。[1]至1992年,在日本95家船公司的159艘船上先后配备了4 072名中国船员,其中74艘船全部为中国船员。[2]

中国的海运企业纷纷加大船员劳务输出的力度。1992年中国远洋运输公司有职工6万人,其中4万人在海上服务,不仅配备在本公司船上,还外派到外国船上,在美国、欧洲、日本、中国香港等船上工作的共4 700人,[3]超过该公司海上服务人数的十分之一,占很高的比例。1994年,该公司外派船员9 941人,较1993年增加1 079人,增长13.6%,全年对外签订合同额共7 120万美元,为国家创汇4 407万美元。[4]

1996年中国船员人数达40余万,数量规模世界第一,高中等航海院校的毕业生每年达3 000余人,中国是人口大国,为扩大和加强海员外派队伍提供了数量和质量的保证,全国经批准有权从事船员外派工作机构有30余家,派出人数占整个世界船员外派劳务市场份额的3%左右。[5]

船员劳务输出具有投资少、风险小、见效快的优点,既有利于国家创汇,提高船员收入水平,还可以为国家培养一支熟悉国际海运业务和国际惯例的船员队伍,有利于中国海运管理水平尽快与国际接轨。以往政府掌控船员的选拔、培养、分配全过程的体制已经不复存在,国内外的巨大市场成为船员劳务资源配置的指挥棒。

三、市场规范化

市场规范化是市场在海运资源配置中发挥基础性作用的保障。1992年之后,中国海运市场秩序出现两个突出的现象:一是随着对外贸易的发展,境外海运企业在华设立代表机构的数量逐年增加,由于缺乏规范管理,对海运市场造成

---

① 任兴源:《国际航运市场与船员劳务输出(上)》,《海运情报》1994年第1期。

② 佚名:《中远船员近况》,《海运情报》1992年第9期。

③ 佚名:《中国远洋运输公司近况》,《海运情报》1992年第12期。

④ 佚名:《94年中远劳务外派近9 000人》,《海运情报》1995年第30期。

⑤ 闵德权:《中国船员劳务的现状及发展趋势》,《海运情报》1996年第4期。

一定的混乱;二是中国海运经济的迅速发展催生了港口基础设施建设市场,由于投资和施工多元化,形成了多种经济成分共同发展、完全竞争市场态势,并且出现了无序竞争。市场的失范不利于市场机制的发挥,需要政府介入对市场进行规范。该时期是中国海运市场走向规范化的一个重要阶段。

第一,规范境外驻华海运机构的市场行为。

1986 年境外海运企业开始在华设立代表机构。1992 年之后,境外驻华海运机构出现三大变化:一是机构的规格和规模提高;二是机构的数量增多;三是机构的业务范围扩大。

1994 年 3 月 29 日,世界最大的海运公司马士基在中国的办事处升格成为独资公司,它是在中国设立的第一家境外独资船务公司,从事为母公司揽货、收取运费、签发提单、签订业务合同等业务,雇员达 400 人,是 1993 年的 4 倍,是中国国内经营规模最大的外国海运企业。1996 年批准第一家境外海运公司在中国设立独资集装箱运输服务公司,从事订舱、拆装集装箱、仓储、收取运费和其他允许的服务费、签发货物收据、维修和保养集装箱及设备、联系和签订卡车运输服务合同等业务。

至 2001 年,境外海运企业在中国大陆设立的常驻代表机构已有 700 多家,中外合资船舶运输企业 120 多家,外商独资船务公司和集装箱运输服务公司及其分支机构 110 多家。[①]相比 1995 年底中外合资海运企业 60 多家,外国独资企业 11 家,机构数量大为增多。境外驻华海运机构中,香港和澳门的海运企业占据最大的比例。

境外驻华海运机构的设立对繁荣中国的国际海运市场,促进中国对外贸易的发展继续发挥着积极的作用。但是,也存在它们趁中国市场不规范、法规不健全之机,擅自扩大经营范围,抢占市场份额,有的甚至违反中国法规,给中国海运市场造成不良影响。

90 年代以后,中国政府开始加强对境外驻华海运机构的管理,规范其市场行为。例如境外驻华海运机构分有若干种类别,每种类别拥有不同的业务范围:境外驻华的独资船务公司准许开展揽货、收取运费、签发提单、签订业务合同等业务,而境外海运企业在华的常驻代表机构则没有这项权力。但是通常这些常驻代表机构擅自扩大经营范围,扰乱市场秩序。为此,1997 年交通部发布了《外国水路运输企业常驻代表机构管理办法》,根据这一规定,外国海运企业、船舶代

---

① 交通部:《2002 中国航运发展报告》,人民交通出版社,2003 年,第 11 页。

理企业、多式联运企业以及其他与航运相关的企业或组织经过代理公司,可向交通主管部门申请设立为其本企业开展宣传、咨询和联络工作的常驻代表机构。但是明确指出常驻代表机构的业务范围仅包括为本企业开展宣传、咨询和联络工作,常驻代表机构及其工作人员不得以任何方式从事经营活动。

2000 年 1 月 28 日,交通部和对外经济贸易合作部联合颁布《外商独资船务公司审批管理暂行办法》,规定了设立独资船务公司的条件以及拥有的业务范围。香港、澳门和台湾地区的海运企业在中国大陆设立独资船务公司,比照本办法办理。

通过出台了具体的法规,并针对一些违规经营情况进行了调查处理,在一定程度上规范了市场秩序,改善了中国海运市场的竞争环境。

第二,规范海运基础设施建设市场。

中国海运经济的快速发展带动了海运基础设施建设,尤其是沿海港口建设引入巨额资本,形成了大规模的市场。海运基础设施建设行业是最早引入竞争机制的行业之一。受市场机制不完善和市场资源供需不平衡等矛盾的影响,在计划经济向市场经济转轨过程中,不可避免地存在一些矛盾和亟待解决的问题,市场运作行为尚待进一步完善。主要表现在:有些项目违背基建程序,擅自开工;一些地方在招标投标中存在地方保护和行业保护倾向;有些建设单位规避招标或肢解工程招标;有的在招投标活动中弄虚作假;有的低于成本价中标;有的承包单位没有取得相应的资质证书或越级承揽工程;有的将承包的工程非法转包或违法分包,以包代管;执行合同中履约意识不强,违反合同的行为时有发生;有的滥用职权干预工程发包承包。因此,大力整顿和规范水运建设市场秩序势在必行。[①]

交通部决定对全国海运基础设施建设市场秩序进行整顿,以进一步规范市场秩序,严格基本建设程序,规范招标投标行为,加强建设管理,一批非法经营的公司和个人停止了经营,一些以不正当手段从事经营的公司受到处罚。

通过不断探索和实践,逐步推行工程项目法人责任制、工程招标投标制、工程监理制、合同管理制和工程质量终身责任制。交通部先后颁布了《水运工程建设市场管理办法》《水运工程施工招标投标管理办法》《水运工程质量监督规定》和《水运工程施工监理招标投标管理办法》等文件,这些包括资质管理、施工招投标、工程监理、质量监督等内容的配套行业制度的制定,不仅对规范水运建设市场,提高工程质量,强化建设管理,同时也对逐步建立和培育一个统一、开放、竞

---

① 交通部:《关于整顿和规范水运建设市场秩序的若干意见》,交水发〔2001〕404 号,2001 年 8 月 3 日。

争、有序的海运基础设施建设市场,发挥积极的影响,使中国的海运基础设施建设市场从无序走向有序,逐步走向规范化。

20 世纪 90 年代,中国海运市场主体多元化打破了政府部门的行业垄断,海运行业的市场竞争机制形成,客观上需要政府主管部门对市场竞争进行治理,维护公平竞争的市场秩序。关于海运市场治理从 80 年代就已经开始,但当时主要依靠政府主管部门的行政性命令,进入 90 年代逐渐走上依法治理的轨道。

1992 年 11 月 7 日第七届全国人民代表大会常务委员会第二十八次会议通过《海商法》,中国海运市场告别无法可依的时代。《海商法》的颁布为促进中国海上运输和经济贸易的发展,提供了重要的法律保障。

但是,应该正视到长期以来中国的海运立法工作相当滞后,例如《海商法》从酝酿到批准经历了 40 年,批准的这个文稿已是第 25 稿。1981 年交通部根据国家立法计划和要求,部署了《港口法》起草工作,15 年后将《港口法(送审稿)》上报国务院。进入 90 年代之后,这种姗姗而迟的状况才得以改善。

第三节　市场经济体制框架基本形成时期海运经济的发展与评价

一、发展概述

1992 年,中国确立了建设社会主义市场经济体制的目标,市场化程度和对外开放度逐渐加深,国民经济发展迅速,带动了海运量的增长。以 1979—1998 年中国交通部直属企业海运量为例,分两个阶段作比较分析:1979—1991 年期间货运量年均 16 694 万吨,货物周转量年均货运量为 70 916 869 万吨公里;1992—1998 年期间货运量年均 33 162 万吨,货物周转量年均货运量为 146 935 902 万吨公里;后一阶段比前一阶段分别增长了 98.65％和 107.19％。其中,沿海运输部分,1979—1991 年期间货运量年均 9 976 万吨,货物周转量年均货运量为 15 451 222 万吨公里;1992—1998 年期间货运量年均 18 102 万吨,货物周转量年均货运量为 30 841 348 万吨公里;后一阶段比前一阶段分别增长了 81.46％和 99.6％。远洋运输部分,1979—1991 年期间货运量年均 6 719 万吨,货物周转量年均货运量为 5 546 5647 万吨公里;1992—1998 年期间货运量年均 15 059 万吨,货物周转量年均货运量为 116 094 554 万吨公里;后一阶段比前一阶段分别增长了 124.13％和 109.31％(见表 3 - 13)。这表明,海运量出现了较快的增长,尤其是远洋运输,这得益于对外贸易的日益扩大。

表 3-13　1979—1998 年中国交通部直属企业沿海、远洋运输货物量统计表

年份	货运量(万吨)			货物周转量(万吨公里)		
	沿海	远洋	合计	沿海	远洋	合计
1979	6 864	4 249	11 113	8 450 237	31 738 280	40 188 517
1980	7 202	4 281	11 483	9 508 848	35 303 194	44 812 042
1981	7 117	4 530	11 647	9 420 400	36 431 842	45 852 242
1982	7 698	4 606	12 304	10 573 032	37 689 593	48 262 625
1983	7 986	4 759	12 745	11 043 151	39 772 244	50 815 395
1984	8 517	5545	14 062	11 910 038	43 739 110	55 649 148
1985	9 175	6 627	15 802	14 206 406	53 286 962	67 493 368
1986	10 566	7 228	17 794	15 916 453	59 477 593	75 394 046
1987	11 180	7 984	19 164	17 357 746	65 757 867	83 115 613
1988	12 057	8 530	20 587	18 911 231	69 657 823	88 569 054
1989	13 372	9027	22 399	22 449 836	76 885 885	99 335 721
1990	13 300	9 408	22 708	23 386 039	81 408 654	104 794 693
1991	14 648	10 567	25 215	27 732 469	89 904 362	117 636 831
1992	16 330	11 191	27 521	28 733 387	90 340 751	119 074 138
1993	17 600	12 508	30 108	31 643 536	91 339 132	122 982 668
1994	18 166	13 539	31 705	35 893 714	102 677 182	138 570 896
1995	18 575	14 784	33 359	36 883 318	117 814 822	154 698 140
1996	20 182	14 213	34 395	39 569 274	112 540 185	152 109 459
1997	17 555	20 287	37 842	20 447 143	148 747 001	169 194 144
1998	18 309	18 892	37 201	22 719 067	149 202 805	171 921 872

资料来源:交通部综合规划司:《新中国交通五十年统计资料汇编(1949—1999)》,人民交通出版社,2000 年,第 90 页。

尽管海运量不断增长,但是自 90 年代中期以后中国的港口通过能力基本上能适应发展的需求,没有出现 80 年代普遍的严重"三压"现象,中国海洋运输能力严重短缺状态已基本扭转。这与交通固定资产投资的改善密切相关,从交通固定资产投资占全国比重看,1992 年是转折点,在 1979—1991 年均不超过 4%,而 1992 年之后均超过 4%,并一直处于上升状态,在 1998 年和 1999 年分别占

8.65％和8.24％,达到历史上的最高水平(见表3-14)。

表3-14　1979—1999年交通固定资产投资占全国比重表

单位:％

年份	1979	1980	1981	1982	1983	1984	1985	1986	1987	1988	1989
比重	3.65	2.68	2.06	2.09	2.1	2.86	2.74	3.41	3.24	2.91	3.54
年份	1990	1991	1992	1993	1994	1995	1996	1997	1998	1999	
比重	4	3.85	4.46	4.63	4.64	5.62	5.6	6.14	8.65	8.24	

资料来源:交通部综合规划司:《新中国交通五十年统计资料汇编(1949—1999)》,人民交通出版社,2000年,第127页。

改革开放以后,中国交通系统固定资产投资出现向东部地区倾斜的趋势,1981年起东部地区所占比例超过50％,1992年后在60％以上,1998年和1999年略有下降(见表3-15)。东部地区的北京、天津、河北、辽宁、上海、江苏、浙江、福建、山东、广东、广西、海南均是沿海省份,这些省份固定资产投资的增长必将促进港口建设的快速发展。

表3-15　1979—1999年东部地区交通系统固定资产投资占全国比例表

年份	全国(亿元)	东部地区(亿元)	所占比例(％)
1979	25.5	10.71	42.00
1980	24.39	11.24	46.08
1981	19.82	11.03	55.65
1982	25.74	14.05	54.58
1983	29.98	17.24	57.51
1984	52.42	28.04	53.49
1985	69.64	41.51	59.61
1986	106.46	57.11	53.64
1987	122.71	70.03	57.07
1988	138.57	83.31	60.12
1989	156.05	90.71	58.13
1990	180.53	101.47	56.21

（续表）

年份	全国(亿元)	东部地区(亿元)	所占比例(%)
1991	215.64	122.41	56.77
1992	360.24	218.97	60.78
1993	604.64	390.35	64.56
1994	791.43	514.66	65.03
1995	1 124.78	742.98	66.06
1996	1 287.25	839.39	65.21
1997	1 530.43	943.47	61.65
1998	2 460.41	1 407.87	57.22
1999	2 460.52	1 353.46	55.01

备注:东部地区包括北京、天津、河北、辽宁、上海、江苏、浙江、福建、山东、广东、广西、海南。

资料来源:交通部综合规划司:《新中国交通五十年统计资料汇编(1949—1999)》,人民交通出版社,2000年,第130页,整理得出。

港口建设力度的加强提高了港口的通过能力,与其相对应的是航线班期密度大大增加。2000年全国各港国际航班总计3 522班/月,其中远洋干线航班669班/月,近洋航班2 853班/月;外资班轮航班为1 673班/月,占国际航班数的47%,其中远洋航班467班/月,占全部远洋航班数的69%。[①]

港口通过能力的提高以及对外贸易量的扩大,中国港口的国际地位迅速提升。2000年中国大陆仅有上海入围世界十大港口,2001年宁波和广州同时进入世界港口十强,此时,世界十大港口中中国占据四席(包括香港在内),显示出中国海运经济的非凡发展(见表3-16)。

表3-16　2001年世界十大港口排名表

名次	港口	国家(地区)	吞吐量(万吨)
1(2)	鹿特丹	荷兰	31 545
2(1)	新加坡	新加坡	31 348
3(3)	南路易斯安那	美国	25 280

[①]　郑志海:《入世与服务业市场开放》,中国对外经济贸易出版社,2002年,第290页。

（续表）

名次	港口	国家（地区）	吞吐量（万吨）
4(4)	上海	中国	22 099
5(5)	香港	中国	17 821
6(6)	千叶	日本	15 870
7(7)	名古屋	日本	15 349
8(8)	安特卫普	比利时	13 005
9(13)	宁波	中国	12 852
10(16)	广州	中国	12 823

备注：括号内为 2000 年的名次。

资料来源：佚名：《2001 年世界十大港口》，《海运情报》2002 年第 11 期。

二、总体评价

经过 20 世纪 80 年代海运体制的改革和海运市场的开放，在海运经济中政府力量收缩，市场力量扩大。进入 90 年代以后，政府职能进一步调整，政府作用的重点在于对海运经济的宏观调控而市场体系进一步完善，市场对海运经济初步发挥资源配置的基础性作用。

（一）关于政府的作用

在海运市场开放十余年之后，市场的盲目性和滞后性逐渐凸显，中国政府通过对运力和港口进行调控，降低市场失灵对海运经济带来的损失程度。在该时期，中国政府改变以往直接干预海运企业微观具体的管理和生产的做法，转向"抓大放小"，仅直管数家大型企业，将工作重心转移到全行业的管理之上，这有利于中国行业竞争力的增强，以及为海运业市场化的顺利推进提供保障。

除此之外，政府对于海运市场的统一与开放发挥不可替代的作用。

第一，在海运市场统一方面。中国分别于 1997 年 7 月 1 日和 1999 年 12 月 20 日恢复对香港、澳门行使主权，港澳与中国内地之间的海上运输航线为实行特殊管理的国内航线。在内地登记注册并取得国际航线营运资格的航运公司和船舶，经批准可取得港澳与内地开放港口之间的客货运输业务。两岸三通既是中国的重大政治事件，也是海运事业的重大事件。在该时期，两岸的经济增长率都很高，双方的贸易关联度也越来越高，潜在的海运量巨大，只因政治的藩篱割裂了两岸的航线。

自 1979 年起,中国政府一直推进海峡两岸的海运通航事业。由于台湾当局在海运方面仍实行"三不"政策(不接触、不谈判、不妥协),中国大陆与台湾地区不能直接通航。在此背景下,两岸的海运一般通过两种途径解决:第一,台湾地区与中国大陆之间的进出口业务以三角贸易形式进行,且必须经由第三地港口转运,日本、韩国和中国香港成为中国台湾地区与中国大陆贸易主要的中转地;第二,中国台湾地区和中国大陆的海运企业将船舶移籍国外成为方便旗船,交由国外公司经营,此类船舶均可以停靠中国台湾地区和中国大陆的港口。长期以来,以第一种方式为主,第二种方式较少采用,中国远洋运输公司曾将部分船舶交付给注册在巴拿马、马耳他和塞浦路斯等方便旗大国的公司使用,由设立在中国香港的著名公司如 Para-kou,Tat On 和 Yiek Fung 来经营管理。[①]

90 年代中国大陆的目标是海峡两岸"双向直航"。1996 年 8 月 20 日起,交通部颁布的《台湾海峡两岸间航运管理办法》开始实施,规定两岸航运属于特殊管理的国内运输,中国大陆和台湾地区的合资航运公司和中国大陆或者台湾地区的独资航运公司具备从事两岸航运业务的条件。

1997 年 4 月交通部发出《关于加强台湾海峡两岸间接集装箱班轮运输管理的通知》,规定在"一个中国"的原则下,允许中国大陆或台湾资本的航运公司以自有或经营的方便旗船舶,申请经营以两岸港口为始发港和目的港的间接集装箱班轮运输航线;其公司总部设在香港的香港航运公司,也可以申请经营以两岸港口为始发港或目的港的间接集装箱班轮运输航线。

在海峡两岸的共同努力下,海峡两岸定点直航取得了重大突破,1997 年 4 月 19 日福建省厦门轮船总公司的一艘挂圣文森方便旗的轮船从厦门开往高雄;4 月 24 日,台湾立荣海运公司的一艘轮船从高雄驶向厦门,标志两岸定点直航双向开通。此次的定点直航仅局限于国际贸易中转的集装箱运输,在此之后中国政府坚持不懈地破除种种限制,为实现两岸无障碍直航努力。

第二,在海运市场开放方面。1986 年 7 月,中国政府正式向关税与贸易总协定(GATT)提出申请,要求恢复中国政府在关贸总协定的席位,开启了漫漫"入世"征程。1990 年 5 月,中国在《服务贸易总协定》GATS 草案上签字,中国承诺向外国开放包括船务、港口代理、港口装卸在内的海运市场。1994 年 4 月 15 日,中国与其他 100 多个国家在乌拉圭多边贸易谈判的最后文件上签字,意味着中国在加入世界贸易组织后将履行其承诺性义务,全面开放海运市场。中

---

① 　江海:《中远和中外运加快扩建船队,增强实力》,《海运情报》1994 年第 3 期。

国政府对海运服务业做出的良好贡献促进了其进入世界贸易组织的进程。

从1992年开始,中国陆续取消了国际贸易的货载保留、造船补贴、计划物资和税收减免等;外国海运企业可以自由选择和使用中外籍船舶从中国港口与外国港口之间的国际运输;外国船舶可以停靠中国对外开放的港口并进行货物装卸作业,港口使费、作业费用与中国籍船舶实行同一标准;外国海运公司可从事停靠中国对外开放港口的国际班轮运输;外国海运企业可在中国成立合资海运公司、独资船务公司,在华设代表处、分公司等。因此,中国在海运业方面的承诺基本上都已经落实。在海运市场开放方面,提前做足了准备。

为在入世后中国国际海运企业能够尽快适应更为激烈的国际竞争,交通部按照统一部署,提出中国海运业加入WTO的对策;统一安排为交通系统各省、派驻机构及有关单位进行WTO知识讲演,增强全系统对于WTO的正确认识和应对能力。

在该时期,中国政府在海运经济中发挥宏观调控作用,经过实践逐渐探索出政府的角色定位,1998年全国水运行业管理和水运生产工作会议对此作出了总结:"为了确保国民经济正常运行的重点物资运输,政府部门对运输生产组织的适度参与仍然是十分必要的。但这种参与决不能直接干预企业正常的生产经营。政府部门参与运输生产组织的主要任务是发挥组织、指导、协调、监督作用。组织作用,就是在特殊情况下,根据国家宏观调控的重点和市场供求形势的变化,运用政府动员能力,完成能源、外贸、抢险救灾等重点物资运输;指导作用,就是通过统计、分析、发布市场供求信息,推动合同运输等,为企业服务,提高运输效率;协调作用,就是通过协调港航之间、港航与货主之间以及港航与其他相关部门之间的利益和矛盾,保证运输生产正常进行;监督作用,就是监督企业执行法律法规和规章,当好市场竞争的'裁判'。"[①]

(二)关于市场的作用

1992年之后,中国市场经济体制开始确立,对外贸易运输体制发生了重大改革,对外贸易管理部门和交通管理部门不再掌握或控制对外贸易运输计划,这就使政府部门失去了分配货源的体制基础,控制市场份额的能力减弱。自90年代初以来,几家大型国有航运企业的煤炭运输市场份额呈逐年下降趋势,就是一个明显的例子,90年代初,几家大型国有航运企业的煤炭运输市场的煤炭运输

---

① 刘松金:《认真贯彻十五大精神,开创水运行业管理和水运生产工作新局面》(1998年4月22日);交通部水运司:《航运政策法规汇编(1985年—1999年)》,内刊,2000年,第87页。

市场占有率在 90％以上,至 1997 年,下降到了不足 70％。[①]除石油、煤炭、矿石和抢险救灾、国家储备粮食等重点物资外,其他物资的运输已基本进入市场。由海运企业自揽货源和通过代理机构成交的运输量约为整个运输量的 70％;港口吞吐量的这个比例更高,达到 90％以上。[②]

这表明,政府部门对市场份额的控制能力逐步下降,大型国有企业面临激烈的市场竞争,从中反映出市场在海运资源配置中的作用在提升。

市场作用的提升可以从价格机制中体现。在该时期,改革过去的船货平衡会议,使平衡会议逐步变成船货双方直接见面,进一步减少计划运输,扩大市场运输,逐步放开运价,建立以市场价格为主的运价机制。运价的形成机制正在发生根本性变化,运价已经在一定程度上成为反映市场供求关系、企业决策的重要参数和信号。为适应社会主义市场经济体制要求,国家计委和交通部于 2001 年 3 月 6 日联合发布《国家计委、交通部关于全面放开水运价格有关问题的通知》,规定自 2001 年 5 月 1 日开始,放开水运客货运输价格,实行市场调节价,具体价格由水运企业根据经营成本和市场供求情况自行确定。其中由军费开支和财政支出的军事、抢险救灾运输价格继续实行政府定价,具体价格由国家计委会同交通部制定。运价放开后,中国海运市场没有出现大起大落的现象,从此价格机制在海运市场发挥更为重要的作用。

1992 年之后,中国海运市场进入全面开放阶段。继美国总统轮船、海陆公司等国外海运企业在中国将原办事处改为子公司之后,日本、韩国、欧洲各国在中国相继成立办事处,直接从事揽货、订舱、代理业务。20 世纪 80 年代外国进入中国海运市场的领域一般仅是提供贷款购买船舶、投资建设港口,而到 90 年代进一步由船和港扩展到货,从经营业务范围看,中国海运市场的开放程度逐渐加深。

90 年代中国海运业市场开放的时机是否过早? 程度是否过高? 这是学界经常触及的问题,在此需要作一探讨。

较多学者认为 90 年代中国海运业市场开放的时机过早、程度过高。他们的立论依据主要是中国海运企业的竞争力不强,受到外国企业的冲击。对于这种观点需要辩证分析。具体而言,中国的大型海运企业竞争力较强,中小型海运企业竞争力较弱;前者受到的冲击不大,后者受到的冲击较大。

---

① 刘松金:《认真贯彻十五大精神,开创水运行业管理和水运生产工作新局面》(1998 年 4 月 22 日);交通部水运司:《航运政策法规汇编(1985 年—1999 年)》,内刊,2000 年,第 85 页。

② 中国交通年鉴社:《中国交通年鉴 1995》,中国交通年鉴社,1995 年,第 172 页。

这时期中国水运企业虽然数量很多,但规模经济优势和较高管理水平的企业较少。1996 年中国航运企业的平均运力不足 1 万吨,其中沿海航运企业不足 4 000 吨,国际海运企业中拥有 5 万以上载重吨运力的不足 6%,且单船公司占相当的比重,如海南、福建、山东、辽宁四省航运企业中单船公司的比例分别为 46%、33%、64%、44%。[①]

在外国企业涌入中国海运市场之后,直接受到冲击的是中小型企业,亏损面较大。中小型企业因力量弱小,竞争力不强,抗风险能力差,最易受到冲击,还不具备在开放的市场条件下通过自我积累实现规模化生产的内在力量,确实不利于中小企业的壮大发展,因而中国的海运中小企业直到现在仍然发展滞后,在国内没有形成多家实力相当的大型企业相互竞争局面。这对于中国海运业的发展而言的确很不利。

但是,为争取"入世"而加快和扩大海运市场的开放,是提高中国海运企业竞争力以适应在未来激烈的国际竞争的一个有效途径。中国"入世"后海运企业没有受到剧烈的冲击,中国远洋运输集团等大型企业竞争力更强,事实证明了中国在 1992—2001 年及时的、扩大的开放决策是富有成效的。我们还可以从以下四方面加以论证:

第一,从国家的整体海运实力看,中国是世界的海运大国。在此阶段,中国的商船吨位已经稳居世界前十位,成为国际海运业的重要成员。在 1993 年末,中国商船队吨位排名世界第十位。其中,除油轮船队未进入前十名外,另外三种船队都在前十名内;干散货船队 960 万载重吨,居第 9 位;件杂货船队 540 万载重吨,居第 3 位;集装箱船队 130 万载重吨,居第 10 位(见表 3 - 17)。从中说明中国的商船队实力并不是很弱。在这样的海运实力基础上,实行海运市场开放具备抵抗风险能力,符合国情实际。

表 3 - 17　1993 年末世界前十大商船队排名表

位次	总船队	万载重吨	油轮船队	万载重吨	干散货船队	万载重吨	件杂货船队	万载重吨	集装箱船队	万载重吨
1	利比里亚	9 180	利比里亚	6 000	巴拿马	2 870	巴拿马	1 170	巴拿马	470

① 国家发展和改革委员会综合运输研究所:《中国交通运输发展改革之路——改革开放 30 年综合运输体系建设发展回顾》,中国铁道出版社,2009 年,第 166 页。

（续表）

位次	总船队	万载重吨	油轮船队	万载重吨	干散货船队	万载重吨	件杂货船队	万载重吨	集装箱船队	万载重吨
2	巴拿马	8 320	巴拿马	3 770	利比里亚	2 340	俄罗斯	560	利比里亚	300
3	希腊	5 360	希腊	2 950	希腊	2 120	中国	540	德国	200
4	塞浦路斯	3 850	独联体	2 240	塞浦路斯	2 080	塞浦路斯	520	美国	280
5	独联体	3 270	巴哈马	1 920	日本	1 140	利比里亚	480	中国台湾	270
6	巴哈马	3 110	美国	1 330	菲律宾	1 040	美国	470	新加坡	190
7	日本	3 050	日本	1 320	马耳他	970	巴哈马	440	丹麦	180
8	马耳他	2 340	塞浦路斯	1 150	中国香港	970	日本	420	日本	140
9	美国	2 180	马耳他	1 050	中国	960	乌克兰	280	韩国	130
10	中国	1 950	新加坡	860	独联体	750	马耳他	270	中国	130
	世界	66 440	世界	31 050	世界	22 810	世界	9 070	世界	3 500

注:油轮、液化气船、干散货船和兼用船的吨位为 10 000 载重吨以上。件杂货船和集装箱船的吨位为 5 000 载重吨以上。油轮包括液化气船和 50％的兼用船。干散货船包括 50％的兼用船。

资料来源:劳氏海运信息服务有限公司。

第二,与韩国作横向比较。在海运市场开放方面,韩国与中国几乎同步,自 1990 年起韩国就一直是亚洲海运业自由化最积极的国家,因为它与中国都有同样的诉求:加入世界贸易组织。而从整体海运实力看韩国逊于中国,中国在船队总吨位、大型海运企业的世界排名均胜出一筹,在经营管理和造船业方面韩国领先中国。在 1994—1996 年实行逐步放开海运市场,1994 年 7 月起解除韩国/日本与韩国/东南亚航线"承运权"制度,允许外商自由经营;1995 年 1 月起解除韩国/中国与韩国/俄罗斯航线限制;1996 年起对外商开放肥料及谷物两种保护性运输货物。[①] 1998 年韩国海运市场全面开放,结束货物运输保留权和其他限制。

① 佚名:《韩国将逐步放开航运市场》,《海运情报》1994 年第 8 期。

煤、矿石和液化石油气的海运市场准许外国海运企业经营。

第三,事实上中国政府也意识到保护民族工业的重要性。时任中国交通部长黄镇东明确提出要保护国轮,他认为"我们现在国轮承运比例还不到一半,其他的货,即一半以上由外国海运企业承运了,在国际市场上,我们和有些国家之间也是很不平等的,有些国家根本没有多少对我国的外贸出口,可是有庞大的船队,大量地占领了我们的市场;保护国轮、保护民族工业我看没错,和改革开放根本没有矛盾。联系到搞活国有企业,我们不保护谁去保护? 当然,交通部作为行业管理部门能力有限,比如租船,我们就控制不住。"①

在 1998 年全国水运行业管理和水运生产工作会议上也提出"坚持对外开放,合理保护国内市场和民族航运业,提高中国水运市场对外开放的质量和水平。中国水运行业必须坚持对外开放,这是水运行业发展的需要,也是我们进入国际市场的需要。应当承认,经过近 20 年对外开放的锻炼和考验,中国企业对国外企业的竞争已经有了一定的承受能力,但是,中国企业同国外企业相比,无论是经济实力,还是科学管理水平,都还有较大的差距。中国水运行业的对外开放,要根据国家产业政策和中国加入世贸组织进程的需要统筹规划,掌握步骤和节奏,一般而言,要考虑两个因素,一是国内企业的承受能力,二是在向国外开放前,先向国内企业开放。为此,部水运司要做好两方面工作,一是要研究水运行业进一步开放的政策、领域和步骤,做到未雨绸缪,心中有数;二是在向国外开放前,要有计划、有组织的培育国内企业的市场竞争能力和市场占有率。"②

第四,中国海运市场的对外开放采取渐进方式。90 年代外国进入中国市场通常是以中外合营的形式,例如 1993 年 6 月,中日官方海运会谈达成共识,双方同意两国海运企业可以在对方国内设立独资和合资的子公司,并可以直接从事揽货、订舱、签发提单、运费收取等方面的业务。中国提出日本海运企业应先在中国设立合资公司,经过两三个试点以后,再逐渐发展成为独资公司。此后,日本海运企业积极到中国寻找合资伙伴,1993 年 10 月日本正和海运公司同中国远洋运输公司合资成立了中远—正和海运有限公司,中日双方各占公司资本 50%;1994 年 4 月中国远洋运输公司同日本东方轮船公司合资成立中远—东方

---

① 　黄镇东:《整顿航运市场》(1996 年 4 月 1 日);桂维明、王涛:《求实奋进探索交通发展之路》,中共中央党校出版社,1997 年,第 249 页。

② 　刘松金:《认真贯彻十五大精神,开创水运行业管理和水运生产工作新局面》(1998 年 4 月 22 日);交通部水运司:《航运政策法规汇编(1985 年—1999 年)》,内刊,2000 年,第 88 页。

海运有限公司。[①]因此,外国企业的进入并非意味着对抗与竞争,也存在合作与共赢,对中国海运企业的成长也是有利的。

实践证明,中国海运市场的扩大开放致使中国海运企业遭受打击失去市场的观点并不完全正确。中国海运市场的开放,使中国海运企业面临更为激烈的竞争是无疑的,但是否必然导致中国海运企业竞争力下降,这是值得商榷的问题。学界有的研究认为,当前中国海运企业的竞争力不强与中国海运市场开放过早有关,这种观点存在对历史事实的了解还不够全面客观之嫌。

---

① 苏骏:《亚洲内部贸易与海运繁荣兴旺》,《海运情报》1994 年第 1 期。

第四章

市场经济体制初步完善时期的海运经济
（2002—2013 年）

第一节　航运资源配置中的政府与市场

中国加入世界贸易组织之后，海运经济市场化程度明显加深，市场对航运资源的配置发挥更加重要的作用。航运资源超越国界在国际市场中进行配置：第一，中国运力更多地参与中外之间的运输以及第三国之间的运输，中国运力受本国之外的海运市场需求的影响越来越大；第二，更多的国外运力参与中外之间的运输，中国的海运市场需求对国外运力的影响越来越大。2008 年，世界金融危机爆发，呼吁政府干预成为中国海运业界热议的问题，再度倡导国货国运的政策。

一、资源过剩

进入 21 世纪以来，中国发展成为名副其实的"世界工厂"。制造业的发展壮大，带动了大规模的原材料进口以及制成品出口。以钢生产为例，2002 年，中国的钢产量为 1.824 亿吨，占世界的 20.2%；2008 年，中国的钢产量达到 5.005 亿吨，占世界的 37.6%。6 年间增长了 17.4%（见表 4-1）。

表 4-1　2002—2008 年世界与中国钢产量统计表

单位：亿吨

年份	2002	2003	2004	2005	2006	2007	2008
世界	9.04	9.69	10.689	11.418	12.475	13.435	13.297
中国	1.824	2.223	2.805	3.536	4.236	4.892	5.005

（续表）

年份	2002	2003	2004	2005	2006	2007	2008
中国占世界比例(%)	20.2	22.9	26.2	31	34	36.4	37.6

资料来源:顾家俊:《2007年铁矿石航运市场综述》,《海运情报》2008年第5期;顾家俊:《2008年的铁矿海运》,《海运情报》2009年第8期。

　　钢产量的增长直接带动了中国铁矿石的进口量,2000年,中国铁矿石的进口量为占世界的14.4%;2008年,占世界的50.4%。8年间增长36%(见表4-2)。

表4-2　2000—2008年世界与中国铁矿石进口量统计表

单位:亿吨

年份	2000	2004	2005	2006	2007	2008
世界	485.5	635.5	700.6	762.1	822.2	879.4
中国	70	208.1	275.2	326.3	383.1	443.6
中国占世界比例(%)	14.4	32.7	39.3	42.8	46.6	50.4

资料来源:顾家俊:《2007年铁矿石航运市场综述》,《海运情报》2008年第5期;顾家俊:《2008年的铁矿海运》,《海运情报》2009年第8期。

　　中国加入世界贸易组织之后,经济贸易的迅速发展对促进海洋运输的发展是相当显著的。2002年,中国沿海主要港口外贸吞吐量为71 087万吨,呈现逐年递增的趋势,至2008年达到178 271万吨,是2002年的2.5倍(见图4-1)。

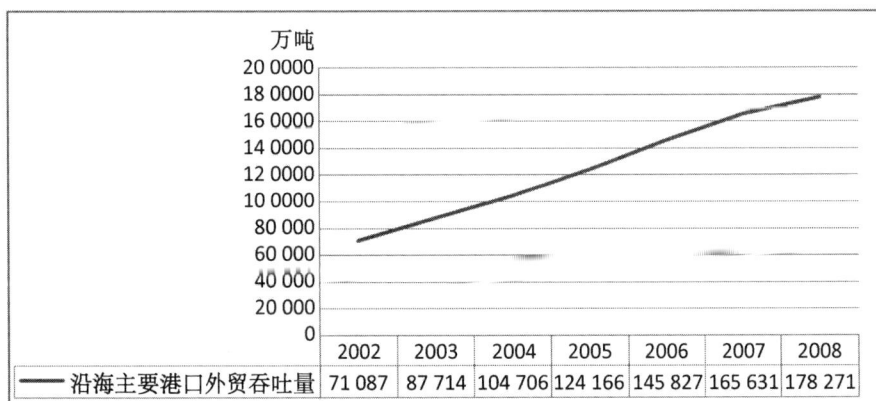

万吨	2002	2003	2004	2005	2006	2007	2008
沿海主要港口外贸吞吐量	71 087	87 714	104 706	124 166	145 827	165 631	178 271

图4-1　2002—2008年中国沿海主要港口外贸吞吐量趋势图

资料来源:2003—2009年《中国交通年鉴》。

在世界经济贸易繁荣,尤其是中国海运需求旺盛的背景下,中国海运企业的规模不断壮大。中国远洋运输(集团)总公司和中国海运(集团)总公司是中国规模最大的两家海运企业,从 2002 年至 2008 年,企业的运力规模迅速扩大,中国远洋运输(集团)总公司从 2002 年的 1 877 万载重吨增长到 2008 年的 5 321 万载重吨,增长 1.8 倍;中国海运(集团)总公司从 2002 年的 843.91 万载重吨增长到 2008 年的 1 798 万载重吨,增长 1.1 倍(见图 4-2)。

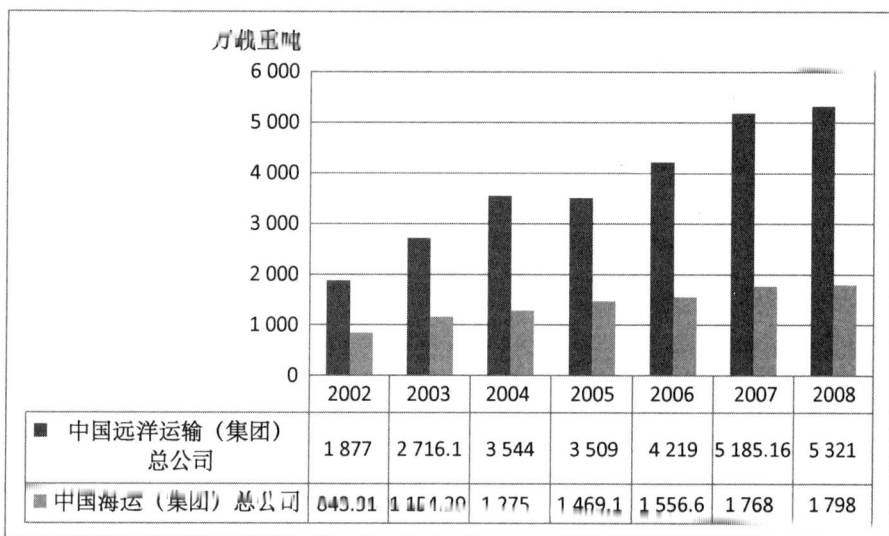

万载重吨

	2002	2003	2004	2005	2006	2007	2008
■ 中国远洋运输(集团)总公司	1 877	2 716.1	3 544	3 509	4 219	5 185.16	5 321
■ 中国海运(集团)总公司	843.91	1 151.20	1 275	1 469.1	1 556.6	1 768	1 798

图 4-2 2002—2008 年中国远洋运输(集团)总公司和中国海运(集团)总公司运力规模图
备注:包含方便旗船和租赁船的运力。
资料来源:2002—2008 年《中国航运发展报告》。

好景不长,2008 年世界金融危机爆发,世界经济衰退,国际贸易萧条,海运遭受严重冲击。2011 年,世界经济再度下滑,国际海运市场出现"二次探底"。海运业成为金融危机以来受到严重冲击的行业之一,海运资源出现大量过剩。2011 年,中国 A 股 10 大亏损企业中,海运类企业占 4 个,中小型海运企业更是纷纷破产,中国海运业面临 1949 年以来最为严峻的形势。2011 年,国内航运企业大概有 70% 处于亏损状态,2012 年这个数字超过了 80%。2012 年 2 月 2 日,波罗的海综合运价指数(BDI)跌至 651 点,创下 26 年来的最低点,海运市场整体低迷不断加剧。

各海运企业纷纷在营运上采取合并航线,在技术上采取"加船减速",在管理上采取临时封存运力等措施,尽量减少海运市场上有效运力的增长,但是难以改变运力总体过剩的局面。2008 年前三季度,中国上市海运企业都能实现盈利,但是到了 2009 年,同比均大幅下降,其中中海集运竟然下降 1 354%,效益下降幅度最大,下降幅度最小的招商轮船也达到 74%(见表 4-3)。

表 4-3 2008 年三季度与 2009 年三季度上市海运企业的效益波动表

上市公司代码	2008 年三季度(亿元)	2009 年三季度(亿元)	同比
中远航运 600428	12.55	1.01	−92%
中国远洋 601919	197.12	−53.08	−127%
中海发展 600026	47.26	9.06	−81%
中海集运 601866	4.27	−53.54	−1 354%
长航油运 600087	4.58	0.02	−100%
招商轮船 601872	13.69	3.49	−74%
中海海盛 600896	2.82	−0.25	−109%

资料来源:贾大山:《航运业发展态势与对策》;王祖温:《中国航运大讲坛》(第 1 集),大连海事大学出版社,2011 年,第 66 页。

中国远洋运输(集团)总公司是在金融危机中损失最为严重的中国海运企业。2007 年,中国远洋运输(集团)总公司倾力打造资本平台——中国远洋。融资过千亿的中国远洋频繁"触礁",业绩惨不忍睹,三度成为 A 股"亏损王"。2009 年,首现 75 亿元亏损并垫底所有 A 股上市公司;2011 和 2012 年,中国远洋又分别以 104 亿元和 95 亿元的亏损蝉联这一纪录,这是自中国远洋回归 A 股 5 年以来三度问鼎 A 股"亏损王"。由于连续两年亏损,自 2013 年 3 月 29 日起,中国远洋正式被"ST",成为 A 股有史以来规模最大的 ST 股。中国远洋的溃败是中国海运经济衰退的缩影。由于国内外海运市场运力过剩,运价连创新低,国内外投资者对海运和造船类上市的公司风险偏好明显降低。在此背景下,国内海运公司上 IPO 和再融资基本停滞。[①]

二、政府救市

世界金融危机的蔓延使世界经济发展明显减速,国际海运市场萧条,中国海运业发展也面临严峻形势。海运业界不断呼吁中国政府进行救市,在此后数年

① 中华人民共和国交通部:《2012 中国航运发展报告》,人民交通出版社,2013 年,第 52 页。

的全国两会上多次提出议案。

2008 年 12 月 15 日,交通运输部发布《关于促进当前水运业平稳较快发展的通知》,作为政府干预的第一个方案,其措施主要包括加强运力宏观调控,严格控制新增船舶运力,加快淘汰高能耗、技术含量低的老旧船舶,有效缓解航运市场运力供求矛盾;加快推进内河船型标准化,提高船队技术水平;引导企业走规模化、集约化、专业化的发展道路,促进运输组织向规模化、网络化方向发展;积极争取中央和地方人民政府以及有关部门在税收、财政补贴等方面对水运企业给予支持;积极发展船舶融资租赁,解决水运企业融资难、融资成本高的问题;加强与有关部门的沟通和协调,进一步落实中资方便旗船回国登记政策,提高国轮承运国货的比例;鼓励水运企业之间、水运企业与货主间实行联合、联盟、合作经营、互利共赢,建立长期稳定的战略合作机制;水运行业协会要充分发挥作用,加强行业自律,组织港航企业和水运施工企业,加强沟通和合作,做好市场稳定工作,防止恶性竞争。

政府救市的措施分两个层次:第一,直接干预运输资源的配置,如提高国轮承运国货的比例以及鼓励运输企业与货主间实行联合、联盟、合作经营、互利共赢;第二,间接干预运输资源的配置,如加强运力宏观调控,严格控制新增船舶运力,在税收、财政补贴等方面对运输企业给予支持。

从实施的效果看,没有达到救市的目标。政府直接干预运输资源的配置并没有采取强制性的方式,只是在宣传上的鼓励和倡导。中资方便旗船回国登记政策虽然在推进,但是回国登记的船舶数量较少,试图通过增加中国籍船舶数量来提高国轮承运国货的比例似乎只是政府的"一厢情愿"。对于政府鼓励船主与货主间实行联合,船主与货主都已经是独立的经济实体,是否实行联合都以利益最大化为准则,并没有完全按照政府的号召作出决策。

政府间接干预运输资源的配置其效力更弱,如运力的宏观调控没有真正实施。截至 2011 年 9 月 20 日,已取得交通运输部批准正在建造或即将建造的油船共 367 艘、268.87 万载重吨,占已有总运力规模的 32%;已取得交通运输部批准筹建尚未开业的经营主体数量为 100 家,占现有经营主体的 42%。[1]这说明金融危机以后,政府并没有立即采取干预手段限制运力准入。

尽管政府在运输资源配置方面的影响力减弱,但是,在对海洋运输的行政管

---

① 黄玲:《交通运输部暂停审批国内沿海省际成品油船运输经营者》,《中国水运报》2011 年 10 月 26 日第 1 版。

理方面的影响在加强。2009 年初,交通运输部海事局下发《关于采取积极措施帮助航运企业应对金融危机的通知》,要求各级海事管理机构突出服务,深入研究金融危机给中国航运业和水上交通安全带来的影响,提出具体服务航运企业的措施,真诚帮助和支持航运企业排忧解难,降低金融危机的影响,增强航运企业应对当前困难局面的能力,帮助企业提高效益,主动服务地方经济社会发展。主要措施有严格落实诚信船舶的各项优惠政策,加大对老旧船舶的安全检查力度,加强临时开放口岸的服务和管理,规范船舶抵押权登记,进一步缩短行政许可办结时限,严格执行国家行政事业性收费规定,加强安全管理体系审核工作,合理规范使用海事行政处罚自由裁量权,营造安全畅通的通航秩序。

由于金融危机还没有触底,中国海运企业经营状况受影响的程度进一步加剧,海运业界要求政府救市的呼声持续不断。2011 年,针对国内海运市场形势,交通运输部出台一系列宏观调控措施。

交通运输部门着力于运力调控。一方面通过严格实施老旧船舶强制报废制度,鼓励老旧运输船舶提前淘汰,减少运力存量;另一方面限制运力的新增,对新增运力提出更高的技术要求,实现运力调控和结构优化的双重目标。

2011 年 7 月 18 日,发布《关于进一步加强国内沿海化学品液化气运输市场宏观调控的公告》,严格控制新的经营者进入国内沿海省际化学品、液化气船舶运输市场,原则上继续暂停批准新增经营者,但此前已经交通运输部批准筹建并在有效期内完成筹建、申请开业的除外。新的投资者原则上应以收购现有国内沿海省际化学品、液化气船舶运输经营者的方式进入上述市场。交通运输部根据国内沿海省际化学品、液化气船舶运输市场状况,对申请新增运力经营者在行业内的领先地位等主要资质条件、岸基管理人员和高级船员的配备、船舶的技术水平、营运效率和安全记录、货源和资金落实情况等进行综合评价,符合条件的准予新增运力。

2011 年 10 月 18 日,发布《关于加强国内沿海成品油运输市场宏观调控的公告》,指出由于国内沿海省际成品油运输市场经营者和船舶运力快速增长、过度竞争的趋势已经显现,交通运输部决定加强国内沿海省际成品油运输市场宏观调控,暂停批准新的经营者从事国内沿海省际成品油船运输,严格控制批准新增国内沿海省际成品油船运力(含国内新建、国〔境〕外购置和光租、中国籍国际航行船舶转入国内运输以及省内运输船舶转省际运输);除经营者将现自有船舶退出国内运输市场申请运力更新(以船舶艘数为准)外,仅允许已取得国内沿海省际成品油运输经营资格的经营者在已批新增运力已建成并投入营运的前提下,每次新增 1 艘油船运力。

这两项措施都是针对国内沿海运输的运力调控,还没有涉及国际海洋运输的近洋运输和远洋运输。国内沿海运输市场没有对外开放,政府有条件实现对航运资源的配置;而对于国际海洋运输市场,存在国外运力的因素,运力调控需要充分考虑中外力量和利益的博弈,因此对航运资源的配置受到多方面的约束。

2011 年 10 月 18 日,交通运输部颁布《关于进一步规范货主投资国内航运业的公告》,指出积极推动大型货主企业与骨干航运企业签订长期运输战略合作协议;引导大型货主企业以资产为纽带,与大型骨干航运企业合资设立航运企业;同一货主企业原则上仅允许合资设立一家由航运企业控股的航运公司,授权中国船东协会对货主企业船队运力规模进行合理的控制。

但是,对于交通运输部的干预,货主企业未必完全遵照执行,它们越来越倾向于成立自己的船队,以此在市场波动时降低风险。例如上海宝钢仍旧与香港金山公司(Gold Peak)共同合资组建的自有船队计划在 2015 年前将其由 8 艘扩大至 15 艘,神华集团与中海合资组建的自有船队继续扩充 20 艘货船。

从针对 2008 年金融危机的政府救市过程看,在该时期政府对航运资源配置的方式和影响力发生了很大的变化。政府较少地直接干预运输资源的配置,更多地实现间接干预,干预的范围一般局限于船主,即运力的调控,而货主的经济行为则在范围之外,对船主与货主之间的关系没有直接干预。政府对航运资源配置的影响力在下降,凸显市场在航运资源配置发挥更大的作用。

三、国货国运

国货国运,一般是指本国的货物交由本国的船队运输。国货国运以国家政府的干预为前提,是政府对航运资源配置干预的一种体现。实质上,国货国运是与海运市场化相悖的行为。海运市场化主张船主与货主自由交易,货主享有选择船主的自主权,即由市场对航运资源进行配置,而国货国运则限制了货主的自由,要求国内货主必须选择本国的船主。

国货国运政策由来已久,是世界各国惯用的一项海运保护主义政策。每逢海运经济衰退之时,海运界总会出现主张国货国运的呼声。2008 年金融危机的到来,中国海运界也提出国货国运的主张。

1988 年以前,中国对外贸易运输基本上实行国货国运政策,由交通部门和外贸部门配合完成,在中国掌握派船范围内的货物运输除少量采用租借外轮外,其余大部分派给国轮运输。1988 年 7 月,国务院口岸领导小组颁布《关于改革我国国际海洋运输管理工作的补充通知》,对外贸进出口货物的运输不再执行中国货载保留份额,货主与船主在市场进行双向选择,标志着结束国货国运政策。

进入 21 世纪之后,中国成为世界海运需求量最大的国家,"中国因素"是世界海运需求增长主要推动力。虽然中国是世界第一大出口国和第二大进口国,外贸港口货物吞吐量接近世界海运总量的 1/3,但是中国远洋运输货物仅有25%左右是由中国海运企业承运,其中外贸集装箱约 20%、干散货约 30%、石油约 40%、件杂货约 20%。[①]

因此,国内船主试图提出国货国运政策来争取中国巨量的海运货源。但是,根据中国入世承诺,涉及国际海运市场需对外开放,不得以强制指定运输和设置市场壁垒。如果再实施"国货国运"的相关政策,容易引起国际贸易争端。

近年来,国货国运政策主要是针对战略物资的运输。在国际上,国货国运政策是用于保证战略物资安全运输的一种通行做法,欧美等贸易自由化非常高的WTO 缔约国对本国的战略物资仍然实行特殊保护,采用"载货保留"政策。

战略物资中海运量最大的当属煤炭、铁矿石和石油等能源。在中国,能源进口大部分依靠海洋运输进行,例如原油 90%以上靠船舶运输(见图 4-3)。

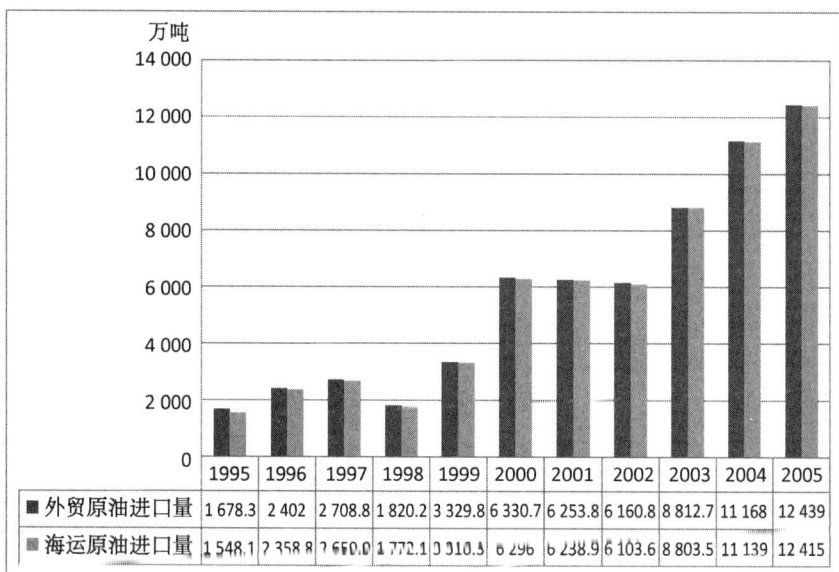

万吨	1995	1996	1997	1998	1999	2000	2001	2002	2003	2004	2005
■ 外贸原油进口量	1 678.3	2 402	2 708.8	1 820.2	3 329.8	6 330.7	6 253.8	6 160.8	8 812.7	11 168	12 439
■ 海运原油进口量	1 548.1	2 358.8	2 660.0	1 772.1	3 310.3	6 296	6 238.9	6 103.6	8 803.5	11 139	12 415

图 4-3 1995—2005 年中国外贸原油进口量与海运量趋势图

资料来源:顾家俊,王艳:《世界石油资源与海运》,《海运情报》2006 年第 12 期。

[①] 贾大山等:《我国对外贸易发展趋势与海运业应对措施》,交通运输部水运科学研究所:《水路交通决策参考》2013 年第 1 期,第 9 页。

　　中国的能源海运量占据世界的比重越来越大。2008 年,中国原油进出口总量 18 304 万吨,约占世界原油海运贸易量的 10％;铁矿石进口总量 44 000 万吨,约占世界铁矿石海运贸易量 51％;煤炭进出口总量 8 583 万吨,约占世界煤炭海运贸易量 10％。①

　　2010 年,中国的终端能源消费量达到 1 512.22 百万吨标准油,占世界的 17.43％,首次超过美国成为世界第一大终端能源消费国。② 2011 年中国煤炭进口 1.82 亿吨,超越日本成为全球最大的煤炭进口国。中国能源海运量随着能源消费量的增长而增长,但是中国国轮对能源海运的承运比例比较低。

　　2000 年以前,中国原油进口有两个“90％”,即 90％的进口原油来自中东、北非国家,90％的进口原油不得不由国际航运公司承运——因为中远、中海等国内航运公司没有那么大油运能力,国内油轮的建造速度,远远赶不上进口原油的增速,更重要的是中国没有那么多拥有远洋油运资质的船员。2002 年,中国进口原油 6 941 万吨,其中通过油轮运输的约为 6 450 万吨,而中国船东所承运的进口原油为 680～700 万吨,仅占中国进口原油总量的 10％左右。③中国铁矿石的进口来源主要是澳大利亚、巴西、印度、西非、南非、秘鲁,绝大部分需要海运,中国钢铁企业的长期运输合同大部分交给日本、欧洲和韩国的航运公司。

　　从世界范围内看,各国的能源资源运输权都掌握在本国船队手里。日本和韩国的钢厂与本国航运公司有着长期的运输协议,将运输权紧紧地掌控在自己手中,欧洲进口铁矿石中 95％都是长协货,运输权也交由本国航运公司承运。④

　　中国大量战略物资由外国海运企业承运,在经济上将受制于人,无法保证海上运输链的安全,从而威胁到国家的经济命脉。2003 年,交通部与国家发改委共同组织召开了进口石油海上运输安全研讨会,针对当时中国进口原油 80％由外轮承运,中国油轮船队运量中 90％承运第三国贸易的原油的现象,形成了《中国进口石油海上运输安全报告》,提出“国油国运”,国家发改委、国家交通部、国家财政部等有关部门、航运企业和石油进口企业成立联合工作小组,按 2010 年前使国内运输企业承运的进口原油份额达到 50％以上的目标,制定建立中国进口石油大型油轮船队具有可操作性的方案。

---

①　中华人民共和国交通部:《2008 中国航运发展报告》,人民交通出版社,2009 年,第 16 页。
②　国家统计局能源统计司:《中国能源统计年鉴 2013》,中国统计出版社,2013 年,第 336 页。
③　秦晓:《中国能源安全战略中的能源运输问题》,《中国能源》2004 年第 7 期。
④　张守国:《对中国航运业可持续发展的建议》,《中国交通年鉴 2012》,中国交通年鉴社,2012 年,第 853 页。

在国家政策的推动下,取得了一定的成效。例如,2006 年 6 月 23 日,中海油运与负责中石化原油进口业务的联合石化签署长期运输协议。中石化是中国最大的石油化工企业,也是中海油运最大的货主,其运量已达到中海油运总量的 50％。2008 年 5 月 9 日,中石油与委内瑞拉国家石油公司签署了《开发奥里诺科重油带呼宁 4 区块成立合资公司的框架协议》和《中国炼厂项目合资框架协议》,规定中委重油贸易量 2015 年达到 3 000 万吨,2020 年达到 5 000 万吨。中石油认为,建立一定规模的自有船队,有利于保障海外资源的安全、稳定运输,规避现货市场运费水平的过度波动,提高中国石油对境外资源海上运输的控制和抗风险能力。为此成立中委航运有限公司,它是中石油和委内瑞拉国家石油公司于 2008 年在新加坡注册成立的合资公司,双方各持股 50％。[1] 2009 年 12 月 29 日,中国首只船舶产业投资基金在天津正式投入运营,目标也是实现"战略物资国轮运输"战略。2011 年,全国水运工作会议明确指出要增强国轮船队对中国进口能源、原材料等战略物资的运输保障能力。

在近期,距离"战略物资国轮运输"目标的差距还很大。2010 年,中国进口原油 2.54 亿吨,铁矿石 6.89 亿吨,煤炭 1.7 亿吨,由中国海运企业承运的进出口份额仅为集装箱占 20％、散货占 30％、石油占 40％。[2]

第二节　船舶资源配置中的政府与市场

船舶是海运的基本要素。船舶在生产和经营两个阶段的过程中,政府和市场对船舶资源的配置共同发挥作用。在船舶生产阶段,船舶资源的配置主要体现在造船企业与海运企业之间供给与需求的关系;在船舶经营阶段,船舶资源的配置主要体现在船舶在中外登记入籍的问题。

一、供需"错位"

改革开放以后,中国船舶市场逐渐形成,船舶的供给者造船企业和需求者海运企业都成为自负盈亏的市场主体,国内造船企业面向世界接受国内外海运企业的造船订单,国内海运企业也面向世界购置国内外造船企业的船舶。可以说,

---

① 李春莲:《超九成石油进口运输依赖国外　中石油自建大型油轮破局一石多鸟》,《证券日报》2012 年 10 月 23 日。

② 张守国:《对中国航运业可持续发展的建议》,《中国交通年鉴 2012》,中国交通年鉴社,2012 年,第 853 页。

船舶资源超越国界在国际市场中配置。在国内船舶市场,供给与需求不吻合,出现船舶资源供需"错位"的现象,即国内造船企业作为船舶供给方,其生产的船舶主要供应国外而非国内;国内海运企业作为船舶需求方,其购置的船舶主要来自国外而非国内。概括地说,"国造外轮,国轮外造"。

"国轮外造,外轮国造"现象的产生,是船舶资源配置受到政府与市场共同影响的结果。在船舶生产过程中,政府的干预比较大。政府干预主要体现在船舶生产的融资政策和税收政策上。

在融资政策方面,外国政府贷款造船期限 10 年,宽限 4 年,贷款利率3.25%～3.75%,日本仅为 1%。中国贷款期限 5～10 年,税后还款,延期还款追加 20% 罚息,贷款利率 8% 以上,最高 15%。一艘投资 1 亿元的船舶,还本付息最高达到 1.9 亿元,目前也需要 1.56 亿元。另外,车船购置费规模(贷款额度)受到严格限制。[①]中国海运企业在国内的造船融资越来越困难,对造船的融资政策趋向紧缩,而到国外购船可以享受到造船国宽松的融资政策,因此,对于海运企业而言,到国外购船更有利。

在税收政策方面,在 20 世纪 90 年代,中国对国内海运企业在国内造船实行优惠政策,可免交增值税和进口设备关税,但在 1995 年开始执行新税制之后该项优惠政策被取消。中国海运企业在本国建造远洋船不再享受出口船待遇,要额外承担 17% 的增值税以及进口设备关税,造船成本要比造出口船高出 20% 以上。这就迫使中国海运企业到国外订造新船。此外,部分在境外开设有子公司的海运企业还可以合法避税。虽然国家规定进口船入关时也需交纳 17% 进口环节增值税与 9% 关税,但事实上进口船限制基本失效,因为国内航运企业在国外订船基本上是通过他们在境外的子公司订造的,其数额约占总量的 80%。[②]

以上是由于政府干预造成"国轮外造"的主要因素,因此,进入 21 世纪之后越来越多的中国海运企业倾向于到国外订购船舶。

关于"外轮国造"的原因,主要是由税收政策和财政政策所致。这要追溯到20 世纪 80 年代就开始实行出口导向的造船政策。政府通过贷款利率、税收和补贴政策进行干预,对造船、买船实行低息贷款政策,并适当延长贷款期限和减免关税;为鼓励船舶出口曾一度提供出口船价补贴;而另一方面鼓励国内造船企业建造外轮,在中国造船企业订造船舶的外国海运企业可以免税,还可以免交中

①　高梁:《挺起中国的脊梁:全球化的冲击和中国的战略产业》,石油工业出版社,2001 年,第 200 页。

②　刘斌:《国轮国造的尴尬》,《中国水运》2005 年第 3 期。

国造船厂进口的设备关税。加之中国出口退税政策对国内船舶和国外船舶的区别,造船企业为国外海运企业造船可以享受到 20% 左右的退税,而为国内海运企业造船则享受不到这一优惠。

因此,对于造船企业而言,接国外订单要比国内订单经济效益要高,造船企业更乐于接国外订单。在 2002—2010 年期间,中国船舶出口占造船完工量的比例平均为 70.72%。其中,2002 年的比例最高,达到 79.62%;2005 年的比例最低,也占 58.70%(见表 4-4)。可以看出,中国船舶出口的比重是相当高的。

表 4-4 2002—2010 年中国造船完工量统计表

单位:万载重吨

年份	中国造船完工量	其中			
		出口	比重(%)	内销	比重(%)
2002	417	332	79.62	85	20.38
2003	641	412	64.27	229	35.73
2004	881	561	63.68	320	36.32
2005	1 310	769	58.70	541	41.30
2006	1 587	1 187	74.80	400	25.20
2007	2 164	1 550	71.63	614	28.37
2008	3 041	2 125	69.88	916	30.12
2009	4 307	3 204	74.39	1 103	25.61
2010	6 757	5 374	79.53	1 383	20.47

资料来源:2003—2011 年《中国船舶工业年鉴》。

2010 年,中国船舶出口国家(地区)达到 169 个,亚洲和欧洲是中国船舶出口的主要市场,其中以中国香港、希腊、德国为最主要的出口对象国家(地区),分别占 18.5%、15.7% 和 13.7%(见表 4-5)。

表 4-5 2010 年中国船舶主要出口国家和地区表

国家/地区	出口船交付量(万载重吨)	占出口总量比重(%)
中国香港	991.6	18.5
希腊	845.3	15.7

国家/地区	出口船交付量（万载重吨）	占出口总量比重（%）
德国	737.9	13.7
挪威	346.7	6.5
意大利	262.2	4.9
日本	260.9	4.9
新加坡	191.5	3.6
丹麦	166.1	3.1
美国	162.9	3
土耳其	150.5	2.8
塞浦路斯	140.6	2.6
韩国	129.4	2.4
巴拿马	117.7	2.2
利比里亚	100.4	1.9

资料来源：邓璇玲：《中国船舶工业年鉴 2011》，中国船舶工业年鉴编辑部，2011 年，第 90 页。

　　除政府干预之外，还存在一些客观因素，例如造船技术差距。中国的造船技术水平与世界造船强国日本和韩国差距较大，对于高附加值、高技术含量的船舶生产能力不足，中国海运企业只能有求于国外造船企业。

　　船舶资源供需"错位"造成造船行业大量承造出口船，而国内海运企业却大量购进外国船的奇怪现象。虽然进口的船舶当中，有部分是国内不可替代的产品，但是有相当部分是国内完全有能力生产出来的，对于这部分产品中国的海运企业"舍近求远"从国外进口，造成了一定的资源浪费。船舶资源在生产过程中的配置，是在政府干预之下，海运企业和造船企业根据效用最大化的原则作出的市场行为。船舶资源配置的低效主要是由政府干预所致。

二、国轮国造

　　与"国轮外造、国造外轮"相对立的是国轮国造，它一般是指国内海运企业的船舶交由国内造船企业制造。国轮国造与国货国运有着同工异曲之处，都以国家政府的干预为前提，是政府对船舶资源配置干预的一种体现。这也是与海运市场化相悖的行为。海运市场化主张海运企业与造船企业自由交易，海运企业享有选择造船企业的自主权，即由市场对船舶资源进行配置，而国轮国造则限制了海运企业的自由,要求国内海运企业必须选择本国的造船企业。

国轮国造也是国际上惯用的一项海运保护主义政策。造船业与航运业有所不同的是,前者的垄断程度远远高于后者,自 20 世纪 90 年代世界造船中心向东亚地区转移,2005—2010 年期间世界三大造船国韩国、日本和中国的造船完工量占世界的比例平均为 91.31%,2010 年高达 94.49%(见图 4-4)。因此,国轮国造更多是造船大国所采取的保护主义政策。中国造船业界常年呼吁提高"国轮国造"的比重。

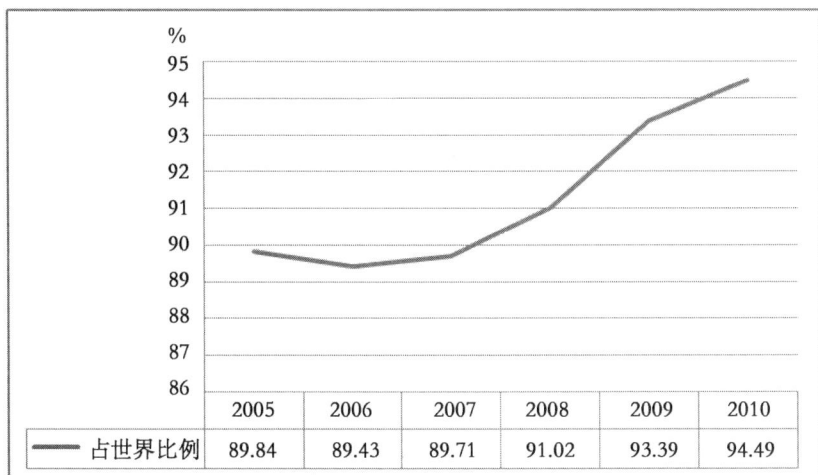

%	2005	2006	2007	2008	2009	2010
—— 占世界比例	89.84	89.43	89.71	91.02	93.39	94.49

图 4-4　2005—2010 年中日韩三国造船完工量占世界比例图

资料来源:2006—2011 年《中国船舶工业年鉴》。

自 1995 年以来,中国造船完工量一直位居韩国、日本之后,排名世界第三位。在加入世界贸易组织之后,中国造船业发展较快,造船完工量直线上升。2002 年完工量仅为 417 万载重吨,2010 年达到 6 757 万载重吨,增长 15 倍;2002 年中国造船完工量占世界 8.33%,2010 年占 44.87%(见图 4-5)。2008 年,中国造船完工量、新接订单和手持订单三大指标已经全面超越日本。

自 2002 年以来,除 2003—2005 年之外,其余年份中国造船完工量高于船舶运力增长量,从吨位角度看,证明中国的造船能力能够满足自身船舶运力增长的需要,且在 2006 年之后远远超出所需的范围,2010 年中国造船完工量为 6 757 万载重吨,船舶运力增长量仅 3 432 万载重吨,超过近 1 倍的载重量(见图 4-6)。

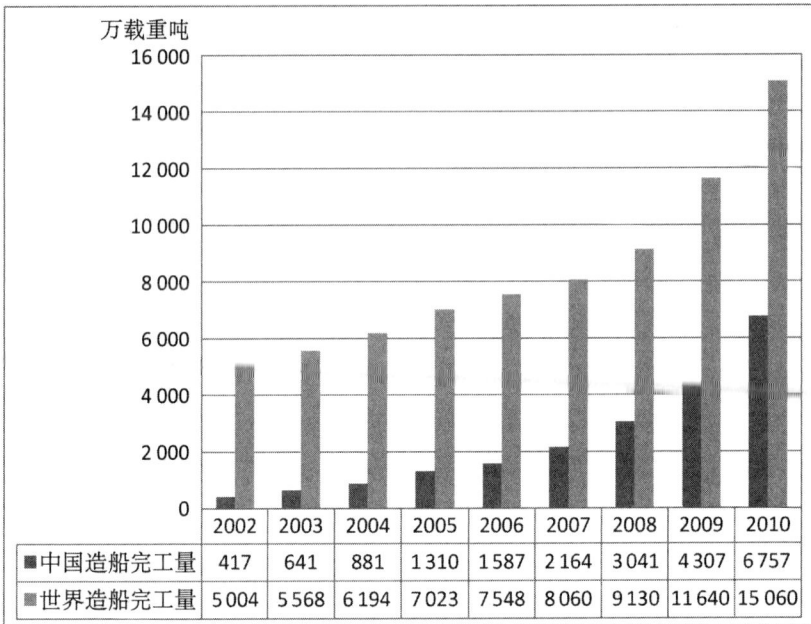

图 4-5 2002—2010 年中国与世界的造船完工量趋势图

资料来源:2003—2011 年《中国船舶工业年鉴》。

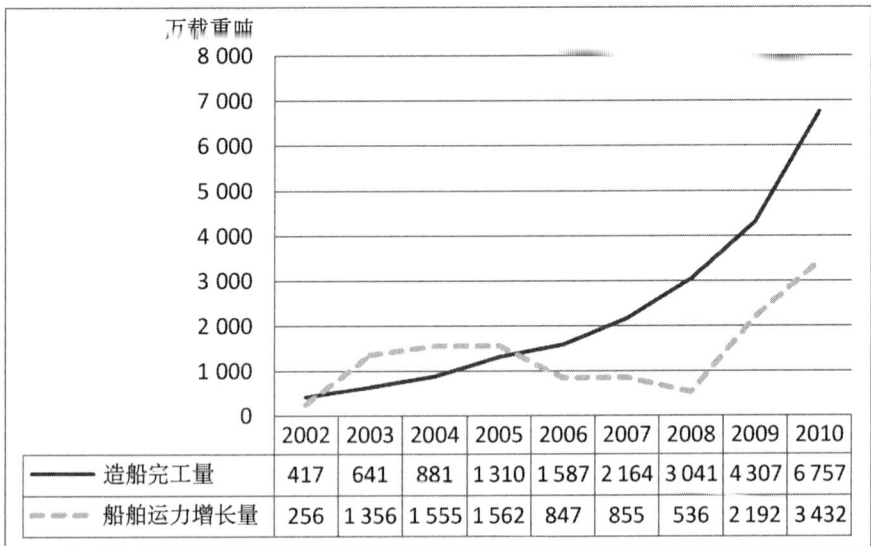

图 4-6 2002—2010 年中国造船完工量和船舶运力增长量比较图

资料来源:造船完工量源自 2003—2011 年《中国船舶工业年鉴》,船舶运力增长量源自 2003—2011 年《中国交通年鉴》。

中国造船水平提高较快,能够建造符合世界任何一家船级社规范,满足国际通用技术标准和安全公约要求,适航于任何海区的现代船舶,无论是常规散货船、油船、集装箱船,还是超大型油轮(VLCC)、大型集装箱船、液化天然气船(LNG)、液化汽船(LPG)均能够设计生产。

曾经有人认为中国海运企业倾向到国外造船是因为中国造船水平不高,不能跟上世界船舶大型化的趋势,高吨位船舶生产能力低。其实不然,中国已经具备大型船舶的生产能力,但是国内海运企业不在国内订造,产品大部分出口。以2010 年为例,吨位在 80 000~160 000 载重吨之间的造船完工量 122 艘,其中出口 118 艘,占 97%;160 000~250 000 载重吨之间的造船完工量 77 艘,全部出口,占 100%;250 000 载重吨以上的造船完工量 26 艘,其中出口 21 艘,占81%。反而吨位越低,内销比例越高,吨位在 4000~10 000 载重吨之间的造船完工量 731 艘,其中出口 203 艘,占 28%,内销 528 艘,占 72%;吨位在 4 000 载重吨以下的造船完工量 1 628 艘,其中出口 261 艘,占 16%,内销 1 367 艘,占84%(见表 4-6)。

表 4-6　2010 年按吨位分中国造船完工量和出口量统计表

吨位(载重吨)	造船完工量		其中出口量	
	艘	载重吨	艘	载重吨
总计	3 338	67 565 693	1 201	53 738 749
4 000 以下	1 628	1 595 247	261	310 982
4 000~10 000	731	4 490 959	203	1 367 187
10 000~30 000	318	5 534 755	179	3 050 086
30 000~50 000	163	5 726 572	134	4 617 234
50 000~80 000	273	15 998 760	208	12 131 860
80 000~160 000	122	12 624 400	118	12 175 400
160 000~250 000	77	13 767 000	77	13 767 000
250 000 以上	26	7 828 000	21	6 319 000

资料来源:邓璇玲:《中国船舶工业年鉴 2011》,中国船舶工业年鉴编辑部,2011 年,第 161-162 页。

客观地分析,中国船舶产品以常规船型为主,高附加值、高技术船舶建造少。尤其是复杂船舶的船型少,如集装箱船、冷藏船、滚装船、液化气船、化学品船等复杂船种产量与日本、韩国有较大差距。此外,生产效率低,船舶设计周期长。从科技创新能力看,国内的生产技术与国际技术水平差距也较大。目前,中国船舶工业的技术装备水平、产品开发能力以及生产制造技术均明显低于先进造船国家。国际海事组织对船舶提出了新标准和新规范,欧洲、日本、韩国大力研发符合国际新规则的节能、环保、安全、高效、智能化的船用配套设备,而中国自主研发能力薄弱,进口依赖程度高。因此,进口技术含量高的船舶是市场配置船舶资源的结果。

但是,由于造船工业与国防建设关系密切,且中国的造船工业具备坚实的基础,因此,政府也曾经采取一定的干预政策,扶持造船工业的发展。国轮国造的目的就是将国内船舶需求转化为国内造船的动力,国内船舶供给满足国内船舶需求,通过财税和金融政策,采取造船补贴和低息贷款等方式,鼓励国内海运企业在本国订造船舶。

1997年,财政部、税务总局下发了《关于"九五"期间内销远洋船财税政策问题的通知》,批准远洋运输船"国轮国造"免增值税,中远、中海等航运企业纷纷在国内各大船厂订单建造大批远洋船;1999年11月,国务院总理朱镕基亲自会同有关部门就内销远洋船政策问题专题研究,批准同意"九五"期间给予远洋运输企业"国轮国造"贷款贴息,给予船厂按照船价17%的造船补贴,对造船需要进口的船用设备、舰船特务专项设备执行1%的关税税率。此政策大大促进了海运企业在国内造船的积极性,仅中远集团一家在"九五"期间国内订造船9.17亿美元。[①]

至2006年,国务院颁布《船舶工业中长期发展规划》,并且首次将船舶工业列入国家五年计划纲要。2008年,受金融危机的影响,国际船舶市场陷入停滞,船舶交易急剧萎缩。国务院决定将船舶工业列为九大重点支持行业之一,出台了《船舶工业调整与振兴规划》,实施了积极的金融和财政政策进行干预:第一,加大生产经营信贷融资支持。各相关银行对船舶企业在建船舶和有效合同所需的流动资金贷款要确保按期到位;对船东推迟接船的,要适当给予船舶企业贷款展期支持;对信誉良好的船东和船舶企业要及时开具付款和还款保函;加强银企合作,对在建船舶实行抵押融资;支持符合条件的船舶企业上市和发行债券;加快建立船舶产业投资基金。第二,增加船舶出口买方信贷投放。鼓励金融机构

① 王大雄:《中国航运企业实施"走出去"战略的思考》,《探索与创新:中国现实问题思考》,四川教育出版社,2004年,第217页。

增加船舶出口买方信贷资金投放,帮助大型船舶企业集团和其他骨干造船企业稳定现有出口船舶订单。第三,努力扩大国内船舶市场需求。加大预算内资金投入,提前实施纳入国家规划的政府公务性、公益性船舶建造。

三、船舶移籍

船舶移籍,一般是指国内海运企业将船舶在国外登记注册,悬挂外国旗帜,即加入外国国籍。这是在船舶经营过程中市场配置船舶资源的行为。

船籍外移是海运企业的市场行为。海运企业受经济利益的驱动,没有将船舶加入本国国籍,而是加入外国国籍。国际上的船舶移籍主要是加入方便旗国。方便旗国,一般具有以下特征:允许外国人支配及管理本国商船;比较容易取得登记;在通常情况下,一国的船舶可以在驻外领馆登记,船舶所有人还可以任意转移船籍;在本国可免交或只交纳一部分船舶经营所得税;登记国往往都是些小国,对登记船舶的所属国没有任何要求;允许自由地配备外国船员;多数登记国没有设立有效实施政府规定或国际公约的机构。[①]方便旗国主要有利比里亚、巴拿马、塞浦路斯等国家。

2011年世界前10大船旗国(地区)中巴拿马、利比里亚、马绍尔群岛、巴哈马群岛、马耳他和塞浦路斯都是著名的方便旗国,它们的船舶吨位相当大(见表4-7)。但是方便旗国的船舶的所属企业(或船主)绝大多数不是该国的企业(或公民),例如悬挂巴拿马旗的船舶,其所属企业(或船主)绝大多数不是巴拿马的企业(或公民)。

表4-7　2011年世界前10大船旗国(地区)排名表

排名	国家(地区)	总吨位(吨)	平均船龄(年)	船舶数量
1	巴拿马	206 270 360	20.3	87 691
2	利比里亚	107 822 689	11.5	2 804
3	马绍尔群岛	63 456 586	9.9	1 766
4	中国香港	55 859 650	10.7	1 757
5	巴哈马群岛	52 712 793	15.7	1 510

① (日)水上千之著,全贤淑译:《船舶国籍与方便旗船籍》,大连海事大学出版社,2000年,第119-120页。

（续表）

排名	国家（地区）	总吨位（吨）	平均船龄（年）	船舶数量
6	新加坡	45 562 897	10	2 808
7	希腊	40 861 740	25.2	1 616
8	马耳他	38 405 146	13.6	1 783
9	中国	37 930 916	26.3	4 629
10	塞浦路斯	20 975 299	14.9	1 088

资料来源：祝晴：《巴拿马：全球最大船舶登记国》，《海运情报》2011年第9期。

　　船舶向方便旗国移籍在第一次世界大战以后开始盛行，国际海运界屡禁不止，因为它存在的利益仍然受到许多国家的青睐。在2011年世界船队实力前10大国家（地区）中，每个国家（地区）方便旗船队的比重都很高，其中日本以90.1％为最高，最低者是中国香港，也占36.7％，其余均超过50％（见表4-8）。

表4-8　2011年世界前10大国家（地区）拥有船队状况表

排名	国家（地区）	拥有船队总量（百万载重吨）	占世界船队比重（%）	方便旗船队比重（%）	本国（地区）船队比重（%）
1	希腊	217.1	14.9	70.1	29.9
2	日本	209.8	14.4	90.1	9.9
3	德国	125.5	8.6	86.1	13.9
4	中国	115.6	8	56.6	43.4
5	韩国	54.5	3.7	68.2	31.8
6	美国	44.5	3.1	88.4	11.6
7	中国香港	42.4	2.9	36.7	63.3
8	挪威	40.6	2.8	64.8	35.2
9	英国	40.3	2.8	67.3	32.7
10	中国台湾	37.7	2.6	88.8	11.2

注：1 000总吨以上船舶数据。

资料来源：交通部：《2011中国航运发展报告》，人民交通出版社，2012年，第23页。

　　在中国，20世纪90年代开始出现船舶移籍现象，加入世界贸易组织之后船舶移籍的数量持续增多。中国远洋运输（集团）总公司是中国规模最大的海运企业,同时也是国有企业,其方便旗船的比重也较大。从 2002—2007 年统计数据看,船舶数量的比重在 47.07%～53.25%之间,载重量的比重在 59.82%～64.21%之间(见表 4-9)。河北远洋运输股份有限公司和浙江远洋运输有限公司一直是中国船队规模前十强的海运企业,但是他们的船队近乎所有船舶在方便旗国登记注册,悬挂方便旗。

表 4-9　2002—2007 年中国远洋运输(集团)总公司运力状况表

年份	艘数(艘)	方便旗船比重(%)	载重吨(万吨)	方便旗船比重(%)
2002	467(235)	50.32	1 877(1 193)	63.56
2003	465(228)	49.03	1 955(1 225)	62.66
2004	464(226)	48.71	2 034(1 236)	60.77
2005	468(226)	48.29	2 113(1 264)	59.82
2006	444(209)	47.07	2 111(1 274)	60.35
2007	400(213)	53.25	1 983(1 273)	64.21

注:括号内为方便旗船数据;本表仅指自有运力,未包含租赁运力。

资料来源:2002—2007 年《中国航运发展报告》。

中资船舶悬挂方便旗经营的主要原因:第一,悬挂方便旗可以规避船舶高额的进口关税和进口增值税,当前中国对进口船舶征收的关税和进口环节增值税累计高达 27.53%;其次,与国内融资相比,在国外融资造船既可得到足够的贷款支持,又可享受各种优惠条件;第三,从船舶的运营所得税来看,方便船旗国的税率相当低,一些方便船旗国对在本国注册船舶进行的第二国运输大多免征所得税;第四,方便船旗国对老旧船舶入籍的门槛较低。由于海运业投入大、成本高、利润少,一些企业只能购买船龄高、安全技术状况低下的老旧船甚至是废旧船来运营,于是这些对老旧船依赖性较强的中小型企业便纷纷把目光投向对船舶入籍要求较低的方便船旗国;第五,中国船员的使用规定过严,不利于船东招募到优秀人才。中国现行船舶登记制度规定,中国籍船舶上雇佣的船员必须全部为中国公民。随着航运业的发展,国内优秀船员十分抢手,缺额很大,国际劳动力市场的优秀船员又不能雇佣,经常出现的职位空缺让许多海运企业捉襟见肘,难以操作运营,它们只好另寻出路,把船舶注册到其他国家和地区。[1]方便旗

---

① 董洁:《中资船舶"回归"征途》,《航运交易公报》2010 年第 48 期。

船舶由此获得了对五星红旗船舶的比较优势。

在选择船舶的国籍上,海运企业都会从其经济利益出发,千方百计降低船舶经营成本,在激烈的市场竞争中提高竞争力。2007 年中远集团有 6 艘 30 万吨级的 VLCC(巨型油轮),每艘造价约为 1.3 亿美元,若船舶加入中国籍,则每艘船舶需要缴纳高达 3 500 万美元的进口税费,这将大大增加船舶运输业务的经营成本,因此,中国远洋运输(集团)总公司将这 6 艘船加入巴拿马籍。①

中资方便旗船的数量越来越多,对中国海运经济产生了不利影响:第一,在法律上,悬挂外国方便旗船视同外轮,中国对在境外登记注册的中资船舶不具有船旗国的行政管理职权,无法对其实行有效监管和宏观调控,因而影响中国对这些船舶的实际控制力和在紧急状态下的运力调控能力,不利于保障国家经济安全。第二,中资船舶在境外登记注册,将使部分税费流失境外,造成经济损失。第三,不利于中国航运大国形象,削弱中国在国际航运界的地位,降低中国在国际海事公约制定中的话语权和影响力,国际上按照船旗吨位决定海运大国位置的排序,若挂中国旗的船舶吨位下降,那么中国的海运大国地位将受到冲击。第四,不利于对船舶实施安全监管,容易出现低标准船舶和安全事故隐患,也不利于维护中国船员的合法权益。②

因此,中国政府试图控制方便旗船比例的进一步提高,吸引更多的中资船舶加入中国籍,扩大国轮船队。经国务院批准,在现有船舶登记等制度基础上,采取特案免税政策,鼓励中资外籍国际航运船舶转为中华人民共和国国籍,悬挂中华人民共和国国旗航行。交通部于 2007 年 6 月 12 日颁布《关于实施中资国际航运船舶特案免税登记政策的公告》,对已经在境外登记并且在规定的船龄范围内的中资船舶,在 2007 年 7 月 1 日至 2009 年 6 月 30 日期间报关进口、办理船舶登记,可以免征关税和进口环节增值税。至 2008 年底,有 44 艘船舶获准享受"特案免税登记政策",船舶吨位总数近 200 万载重吨。③

2009 年 6 月 2 日,交通部发出《关于延长中资国际航运船舶特案免税登记政策的公告》,规定中资"方便旗"船特案免税政策的执行截止日期由 2009 年 6 月 30 日延长至 2011 年 6 月 30 日。这是交通部第一次发出延期通知。

至 2010 年底,中国有 61 艘船舶获准享受"特案免税登记政策",船舶吨位 208

---

① 魏志梅:《中国企业跨国经营税收问题研究》,中国财政经济出版社,2009 年,第 180 页。
② 董洁:《中资船舶"回归"征途》,《航运交易公报》2010 年第 48 期。
③ 中国交通年鉴社:《中国交通年鉴 2009》,中国交通年鉴出版社,2009 年,第 180 页。

万载重吨。[①]2011 年 12 月 23 日,交通部发出《关于在"十二五"期内继续实施中资方便旗船舶特案免税登记政策的公告》,指出中资"方便旗"船舶特案免税登记政策的实施期限延长至 2015 年 12 月 31 日。这是交通部第二次发出延期通知。

自 2007 年 7 月 1 日起实行中资"方便旗"船舶特案免税登记政策,经过一次延期至 2011 年 12 月 31 日,中国方便旗船队的比重仍然占 56.6%,[②]还在继续第二次延期,反映出船舶移籍问题的复杂性与长期性,实质上是政府与市场对船舶资源配置的一场较量。

第三节 港口资源配置中的政府与市场

港口是综合运输系统的枢纽,作为国家重要基础设施,它在国民经济发展中起到战略性资源的作用。在中国进入世界贸易组织之后,港口"群雄四起",数量之多,规模之大,堪称"世界港口大国",但是港口资源利用效率不高,需要调整港口资源配置的方式,充分发挥政府在整合各级行政区的港口资源和推进国际航运中心建设上的作用。

一、港口"群雄四起"

1984 年,中国对港口管理体制进行了一次重大改革,形成了秦皇岛港由中央管理,沿海和长江干线 37 个港口由中央与地方政府双重领导、以地方政府为主的管理体制。这种管理体制曾对中国港口事业的发展起到了积极的作用。但是,随着中国经济体制改革的不断深入和社会主义市场经济的发展,该体制已经不能适应新的形势,需要进一步深化改革。

2001 年 11 月,国务院颁布《关于深化中央直属和双重领导港口管理体制改革的意见》。2002 年 1 月 4 日,交通运输部发出《关于贯彻实施港口管理体制深化改革工作意见和建议的函》,标志着中国自 1984 年之后的新一轮港口管理体制改革在全国全面推行。这次改革的核心内容有两个方面:第一,原中央直属和双重领导的港口彻底下放,由地方人民政府直接管理;第二,实行政企分开。改革的主要目标相应有两个:第一,合理划分中央和地方政府管理港口事权;第二,发挥市场在配置港口资源中的基础性作用。到 2003 年改革工作基本完成,港口

---

① 中国交通年鉴社:《中国交通年鉴 2011》,中国交通年鉴出版社,2011 年,第 178 页。
② 交通运输部:《2011 中国航运发展报告》,人民交通出版社,2012 年,第 23 页。

全部下放地方管理并实行了政企分开。原中央直属的秦皇岛港改由河北省政府直接管理，其余双重领导的 12 个沿海港口改由所在城市管理。港口行政管理权的下放，有利于发挥地方政府投资建设和管理港口的积极性和主动性。港口企业已经作为完全的市场主体进行经营活动，提升了港口的竞争力。

在中国进入世界贸易组织的大背景下，新一轮的港口管理体制改革为沿海港口的大发展铲除了制度阻力，沿海城市无一不把港口作为发展的支撑，港口被视为基础产业。"建大港、大建港""港为城用、城以港兴"，成为港口城市的发展口号。中国由此进入了一个港口"群雄四起"的时代。

从 2002—2012 年中国沿海港口吞吐量变化情况看，港口竞争比较激烈。在前十强中，唯有青岛港稳居第 5 位，其余港口位置均发生变化：近代以来一直居全国首位的上海港在 2008 年被经整合 3 年后的宁波—舟山港口取而代之；长期排名第三的广州港也在 2008 年被天津港赶超；大连港和秦皇岛港常年在第六、七位之间变换；保持多年第八位的深圳港在 2010 年之后就被挤出十强；日照港、营口港和唐山港后来者居上。整体上看似稳定的十强局面其实局部蕴藏着变动（见表 4 - 10）。

表 4 - 10   2002—2012 年中国沿海港口吞吐量十强排位表

年份＼位次	1	2	3	4	5	6	7	8	9	10
2002	上海	宁波	广州	天津	青岛	秦皇岛	大连	深圳	舟山	连云港
2003	上海	宁波	广州	天津	青岛	大连	秦皇岛	深圳	舟山	福州
2004	上海	宁波	广州	天津	青岛	秦皇岛	大连	深圳	舟山	福州
2005	上海	宁波	广州	天津	青岛	大连	秦皇岛	深圳	舟山	日照
2006	上海	宁波—舟山	广州	天津	青岛	秦皇岛	大连	深圳	日照	营口
2007	上海	宁波—舟山	广州	天津	青岛	秦皇岛	大连	深圳	日照	营口
2008	宁波—舟山	上海	天津	广州	青岛	秦皇岛	大连	深圳	日照	营口
2009	宁波—舟山	上海	天津	广州	青岛	大连	秦皇岛	深圳	日照	营口
2010	宁波—舟山	上海	天津	广州	青岛	大连	秦皇岛	唐山	日照	营口
2011	宁波—舟山	上海	天津	广州	青岛	大连	唐山	秦皇岛	营口	日照
2012	宁波—舟山	上海	天津	广州	青岛	大连	唐山	营口	日照	秦皇岛

注：上海港货物吞吐量未含内河港。

资料来源：2002—2012 年《中国航运发展报告》。

　　中国沿海港口的竞争在同一区域内较为明显,主要集中在长江三角洲、珠江三角洲和环渤海湾地区三个区域。长江三角洲港口密布,沿海以上海港为中心,南有全国货物吞吐量最大的宁波港,北有"东方桥头堡"之称的江苏连云港,南京以下的长江段还有张家港港、江阴港、如皋港、太仓港等十多个港口,这些长江沿岸港口开辟有江海联运航线和直接对外航线。在长江三角洲港口群,港口竞争主要体现在上海和宁波两个港口上。上海老港区水深条件不足,选择在大小洋山建设国际深水港。为了提高对上海的竞争力,宁波港所在的浙江省启动了两个特大工程,一是建造杭州湾跨海大桥,二是杭州运河改造工程,其目的是与上海港争夺长江三角洲的货源。上海港和宁波港为争夺"势力范围"纷纷在长江沿线港口抢建码头泊位,开辟支线,结盟联营。

　　珠三角地区是中国经济与对外贸易最发达的地区之一,也是中国港口吞吐量最大的地区。这里的港口密集,竞争激烈,形成香港、广州和深圳"三足鼎立"的局面。香港在近代以来就已成为国际航运中心;深圳是中国发展最快的港口,发展速度为全国港口之首,1995年集装箱吞吐量仅有28.4万TEU,2006年高达1 846.9万TEU,年增长率约50%,这在世界港口发展史上也是罕见的;广州港实施南沙战略,南沙港区发展迅速,吞吐量猛增。在竞争中,香港的枢纽中转作用在下降,深圳港的吞吐量增长放缓。

　　在环渤海湾港口群,港口竞争主要体现在大连、天津和青岛三个港口上,这三个港口所在城市都提出要建设成为中国北方航运中心的发展规划,为了共同的目标而展开一场激烈的竞争。

　　激烈的竞争推动港口城市加大港口基础设施建设的力度,在客观上促进中国港口码头泊位数量的剧增。2002年,中国沿海港口码头泊位3 822个,到2011年增至5 532个,十年间增长44.74%;其中万吨级泊位增加1倍,所占比重从2002年的18.32%增长到2011年的25.7%(见表4-11)。

表4-11　2002—2011年中国沿海港口码头泊位数量统计表

年份	泊位数量(个)	其中万吨级数量(个)	所占比重(%)
2002	3 822	700	18.32
2003	4 272	748	17.51
2004	4 197	790	18.82

（续表）

年份	泊位数量（个）	其中万吨级数量（个）	所占比重（%）
2005	4 298	847	19.71
2006	4 511	978	21.08
2007	4 701	1 078	22.93
2008	5 119	1 157	22.60
2009	5 320	1 261	23.70
2010	5 453	1 343	24.63
2011	5 532	1 422	25.70

资料来源：2003—2012年《中国交通年鉴》。

进入新世纪初期，沿海港口基础建设的结构性矛盾仍然突出，大型深水泊位短缺，专业化集装箱、矿石、原油码头不足，公用码头吞吐能力不足。2003年，中国沿海港口吞吐能力17.33亿吨，完成吞吐量19.81亿吨，缺口2.5亿吨。其中煤炭吞吐能力为4.46亿吨，完成吞吐量5.64亿吨，能力缺口明显。[①] 2004年，煤炭主枢纽港口秦皇岛、天津港实际运量远远突破设计能力，超负荷运转，矿石枢纽港口青岛、防城港疏港压力很大，宁波、大连进口原油接卸已呈现紧张；沿海港口总的吞吐能力缺口5亿吨左右。[②]说明此时沿海港口建设仍然落后于经济发展。经过数年的发展，港口吞吐能力有了很大的提高，从2004年至2012年，每年的港口新增吞吐能力都超过2亿吨，平均达到3.1637亿吨（见图4－7）；同时大型化水平和专业化程度进一步提升，截至2012年底，中国港口拥有生产用码头泊位31 862个，其中万吨级及以上泊位1 886个，在这当中有专业化泊位997个，包括集装箱泊位309个，煤炭泊位189个，金属矿石泊位60个，原油泊位68个，成品油泊位114个，液体化工泊位141个，散装粮食泊位34个。[③]

---

① 交通部：《2003中国航运发展报告》，人民交通出版社，2004年，第67页。
② 交通部：《2004中国航运发展报告》，人民交通出版社，2005年，第64页。
③ 交通运输部：《2012中国航运发展报告》，人民交通出版社，2013年，第63－64页。

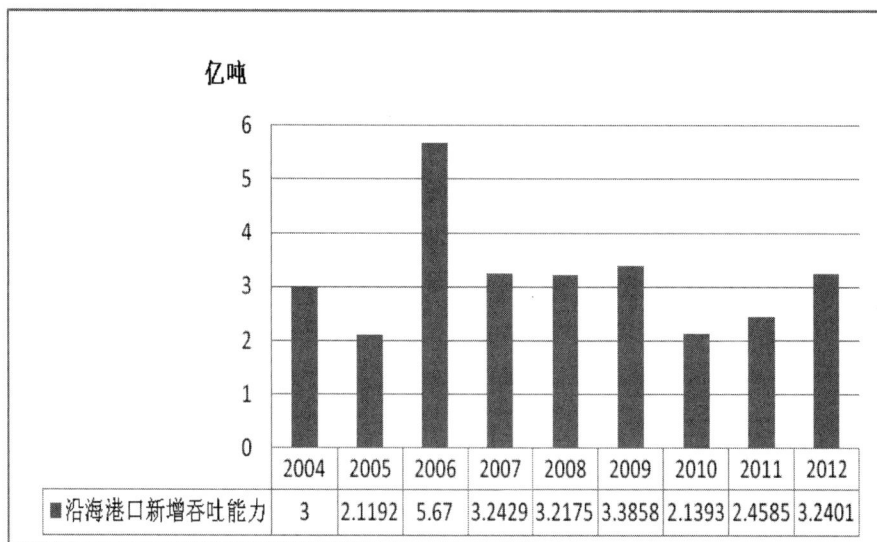

图 4 - 7　2004—2012 年中国沿海港口新增吞吐能力图

资料来源:2004—2012 年《中国航运发展报告》。

在该时期,港口"过热"也带来一些负面影响,由于港口竞争愈演愈烈,相互攀比,竞相压价,设立壁垒,导致港口重复建设、资源浪费、效率不高。在"十一五"初期,中国港口上市公司的资产是 800 多亿,在"十一五"末期,达到了 2 000 亿,港口的利用率在"十一五"起初达到 50%左右,到了"十一五"末期下降到 30%,而一般地港口的利用率在 70%左右是正常的。从利润的角度看,"十一五"初期的净利润在 20%左右,到"十一五"末期平均利润下降到 10%以下。[①]

二、港口资源整合

中国加入世贸组织后,进一步放开对外商投资港口的股权限制,2004 年《港口法》确立了多元化投资主体和经营主体,放开引入外资的持股比例,并且允许外资控股,该项政策吸引了众多的境外投资商参与我国码头建设。因此,市场在中国的港口资源配置中发挥越来越重要的作用。港口吞吐量是市场配置港口资源的反映,其大小取决于船主与货主的选择。

各港口的竞争很大程度上是市场主体之间的竞争,同时也有地方政府之间的竞争。港口企业为了追求经济利益而不断扩大经营规模,地方政府也出于

---

① 王祖温:《中国航运大讲坛》第 1 集,大连海事大学出版社,2011 年,第 168 页。

GDP 政绩的需要而助推港口建设规模的扩张。不可否认,港口规模扩张在一定时期适应经济发展需要,在某些地方也提高了港口资源利用效率,但是,港口重复建设和资源浪费的现象比较普遍,港口资源利用效率在总体上还比较低。岸线资源是不可再生资源,是国家的宝贵财富,属于公共产品,市场在配置港口资源过程中不能自觉遵循可持续发展的原则,因此,为了提高资源配置效率以及维护公共利益,需要政府干预。

需要注意的是,在港口资源配置中的政府干预主要分为三个层次:中央政府干预、省级政府干预和市级政府干预,每个层次的政府干预均服务于自身利益。市级政府干预一般是为了提高当地经济总量而最大限度地发挥港口优势,不断地扩大港口规模,较少顾及岸线资源与生态环境的保护;省级政府干预类似市级政府干预,不同之处在于它可以发挥整合和优化辖区内各港口资源的作用;中央政府干预从国家整体利益出发,注重公共利益的维护。

此阶段港口发展属于粗放型发展模式,重复建设,资源浪费严重,加上港口间的恶性竞争,港口生产效率更低。解决这个问题需要政府干预,对港口资源整合优化。港口资源整合优化是政府配置港口资源的行为,在此阶段中央政府和省级政府分别对全国港口和省内港口进行整合和优化。

中国的港口资源整合发轫于内河港口,2002 年江苏省将张家港港、常熟港和太仓港"三港合一",组合成苏州港。整合后的苏州港取得了明显的集聚效应,货物吞吐量连续四年保持 30% 以上增长、集装箱吞吐量连续两年保持 40% 以上增长。随后,沿海省市加快港口资源整合、优势互补的步伐。2005 年,浙江省酝酿多年的宁波、舟山两港一体化进程取得突破性进展,统一使用"宁波—舟山港"名称,两港实现"统一规划、统一建设、统一品牌、统一管理"。[①] 2006 年是山东省沿海港口资源整合的重要一年,1 月份青岛港和威海港联合成立青威集装箱码头有限公司;4 月份烟台港和龙口港组建烟台港务集团有限公司,在同一区划内有限的岸线资源集约化开发和经营。2007 年 2 月,广西北部湾港务集团有限公司宣告成立,标志着广西防城、钦州和北海三个沿海港口结束长期的恶性竞争,进入统一整合港口资源、进行一体化经营的新时期。2010 年 8 月,厦门港在原有 8 个港区的基础上,将漳州市行政区划内的古雷、东山、云霄、诏安港区纳入厦门港,组合成新的厦门港,在行政管理上实现港政、规划建设、港口引航主体、港口生产统计分析、港口航道执法、水路运输行政管理的统一。

---

① 交通部:《2005 中国航运发展报告》,人民交通出版社,2006 年,第 65 页。

各港口城市都有着不同的利益诉求,港口的整合资源和分工合作必然会改变港口的利益格局,一些港口从中获利,而一些港口则会失利。因此,在地方政府之间的协调过程中,每一个港口城市都要争取主动优势地位,不情愿作出让步。在中国,通常利用上级行政权威推进下级的港口资源整合,省级政府推进各市级之间的港口资源整合,中央政府推进各省级之间的港口资源整合。

早在 1997 年,"上海组合港"的概念就已提出,但由于不同区划和管理体制的制约,难以达到预期的目标。江浙沪各自组合,形成三地竞争的局面,在江苏,太仓港、常熟港、张家港港三港合一组合成苏州港,南京港、镇江港、扬州港整合为"宁镇扬"组合港;在浙江,宁波港、舟山港组合成宁波——舟山港。每个省份都要建立自成体系的港口,以地方利益为主导的竞争格局,制约了长三角港口群整体作用的发挥。省际间存在利益竞争,必须由中央政府通过宏观规划和布局进行整合和优化全国范围的港口资源。

2004 年《港口法》颁布实施,规定全国港口布局规划由国家制定和颁布。2004 年 12 月 22 日,国务院审议通过《长江三角洲、珠江三角洲、渤海湾三区域沿海港口建设规划(2004—2010 年)》,中国在 5 年之内建设长江三角洲、珠江三角洲、渤海湾区域三大港口群,着重发展大型的集约化和专业化码头,构筑三条顺畅的综合运输海上通道。这标志着中国政府对沿海港口首次实施区域性规划,迈出了全国性港口资源整合的第一步。

2006 年 8 月 16 日,国务院审议并通过《全国沿海港口布局规划》,这是中国首个全国性的沿海港口布局规划。作为国家级的布局规划,它从国家发展战略和全局出发,指导各省和具体港口的发展规划,合理利用和保护港口岸线资源,通过港口的集约化发展来提高港口资源的利用率。根据各沿海地区的经济发展状况、港口现状及港口间运输关系和主要货类运输的经济合理性,将全国沿海港口划分为环渤海、长江三角洲、东南沿海、珠江三角洲和西南沿海 5 个港口群体,强化群体内综合性、大型港口的主体作用,形成煤炭、石油、铁矿石、集装箱、粮食、商品汽车、陆岛滚装和旅客运输等 8 个运输系统的布局。

但这些规划并不能很有效地制止各省、市的港口"过度超前"和低水平重复建设的现象,2011 年 11 月 8 日,交通部颁布《关于促进沿海港口健康持续发展的意见》,提出要切实加强港口规划和岸线使用管理,对不符合规划的建设项目不予办理岸线使用审批,不予办理项目核准、初步设计审批和施工许可等手续;使用深水岸线的港口建设项目,必须经交通运输部会同发改委审批。该政策的出台加强了全国港口资源的整合力度,进一步提高了政府对港口资源配置的影响力。

三、航运中心建设

作为国际航运中心的港口其地位举足轻重,例如伦敦、纽约、新加坡和中国香港。它们对于提高其所在国的国际海运地位密切相关,许多国家纷纷努力打造国际航运中心的目的正源于此。

从历史经验看,国际航运中心主要由港口所在国的经济发展水平、海运实力和港口的地理区位所决定,但是也需要政府的干预。

回顾国际海运史,不难看出国际航运中心的兴起通常是伴随着国际经济和贸易中心的形成,这是国际航运中心成长的一般性规律。从19世纪末到20世纪70年代,国际经济和贸易中心经历了西北欧、北美和东亚地区的三次大转移,相应地先后催生了伦敦、纽约、新加坡和中国香港等国际航运中心。亚洲"四小龙"起飞之后,中国大陆在80年代崛起并逐渐成为"世界工厂",海运经济发展迅速,2012年全球货物吞吐量20大港口中,中国共占13席,其中前10位中占8席(见表4-12)。这已经充分反映中国具备了国际航运中心所需要的基本条件——经济发展水平和海运实力,但是国际航运中心的成长较慢,除香港外其余的港口正处在形成的过程之中。

表 4 - 12　2012 年全球 20 大港口货物吞吐量统计表

单位:亿吨

位次	港口	国家	货物吞吐量
1	宁波—舟山	中国	7.44
2	上海	中国	7.36
3	新加坡	新加坡	5.37
4	天津	中国	4.77
5	鹿特丹	荷兰	4.42
6	广州	中国	4.35
7	苏州	中国	4.28
8	青岛	中国	4.07
9	大连	中国	3.74
10	唐山	中国	3.65

（续表）

位次	港口	国家	货物吞吐量
11	釜山	韩国	3.11
12	营口	中国	3.01
13	日照	中国	2.81
14	秦皇岛	中国	2.71
15	香港	中国	2.7
16	黑德兰	澳大利亚	2.6
17	南路易斯安那	美国	2.53
18	休斯敦	美国	2.47
19	光阳	韩国	2.32
20	深圳	中国	2.28

资料来源:交通部:《2012 中国航运发展报告》,人民交通出版社,2013 年,第 56 页。

在东亚,环太平洋海域南部已经形成了新加坡和中国香港两个国际航运中心,环太平洋海域北部还没有真正形成,中国的上海、天津、大连和日本的神户,以及韩国的釜山都在向这个目标挺进。

从全世界的布局看,国际航运中心之间存在较长的航距,在较小的区域内不可能出现多个国际航运中心。因为对于国际航线的分布,在途经一个较小的区域一般有选择性地安排某个港口停靠,停靠航次数量多的港口自然更有优势成为国际航运中心。例如环太平洋海域北部,上海、天津、大连、神户、釜山等港口不可能都成为国际航运中心,它们之间必然形成激烈的竞争。在这场竞争当中,政府干预是为争取国家利益的必需手段。

在改革开放以来的几十年里,由于港口建设滞后,中国大陆的远洋运输相当份额由日本、韩国和中国香港转运,一般情况下华北地区的货物主要由日本神户港和韩国的釜山港中转,而华南地区的货物主要经中国香港中转。

90 年代以后,日本港口的国际影响力逐渐下降,主要原因之一是港口使费越来越高,使船东难以接受。以集装箱装卸费为例,如果日本为 100,则中国台湾地区为 38,中国香港为 29,上海为 18,新加坡为 14;加之,日本码头不做夜班,节假日也多,难以满足市场变化的需求。[①]此外,1995 年 1 月的神户大地震使神

---

① 顾家骏:《枢纽港之争》,《海运情报》1999 年第 8 期。

户港的功能减退,货物由此加快转向釜山,釜山作为中转港取代了神户港。

韩国一直希望通过以釜山港和光阳港为中心建设"东北亚物流中心",釜山港的集装箱吞吐量从 1991 年起就居世界第五位。2000 年釜山港的中转箱已占该港集装箱吞吐量的 32.2%,同年集装箱吞吐量超过高雄而跃居世界第二位。韩国政府以成为 21 世纪东北亚的枢纽港为目标,从 1994 年起,由海运港湾厅(现海洋水产部)制定了中长期港口开发和建设计划。[①]釜山港不但很早就确立了东北亚国际航运中心的目标,并且付诸实践,釜山新港区的建设早于上海洋山深水港区,随着上海港、宁波港和环渤海湾港口的发展,越来越多的海运企业直接挂靠这些港口,而不在釜山港中转。尽管釜山港采取了自由贸易区、税收减免等优惠政策,但是仍不能改变海运企业直接挂靠中国港口的趋势。2011 年,韩国制定了第三次全国港口基本计划,对 2011 年至 2020 年的港口建设作出了规划,其中为了确保釜山港与中国和日本港口竞争亚洲东北部地区枢纽港的优势,计划将釜山港的集装箱泊位从 17 个增至 40 个,集装箱转运规模提高至世界第二位。

上海自近代以来是中国的经济、贸易、金融中心,拥有优越的经济地理区位和港航自然禀赋,在此基础上建立国际航运中心是最佳的选择。1996 年中国提出"建设上海国际航运中心"的战略目标,港口建设提速,从 1997 年起,实施建设长江口深水航道工程,经过三期建设后,第三、四代集装箱可以全天候进出长江口,第五、六代集装箱船和 10 万吨级散货船及油轮可以乘潮进出长江口。长江口深水航道整治被认为是长江黄金水道上规模仅次于三峡工程的巨大工程。

上海港为了进一步扩大集装箱吞吐能力,解决深水泊位少的问题,兴建洋山深水港区,整个工程规划至 2020 年,总投资超过 500 亿,建设码头深水岸线总长超过 10 公里,布置 60 个超巴拿马型集装箱泊位,形成至少 1 500 万标准箱的年吞吐能力。

上海航运基础设施建设发展迅速,港口吞吐能力得到大幅提升,集疏运体系加快完善,上海国际航运中心建设进入由注重硬件基础到硬件与服务软环境并举的发展阶段。

2011 年 3 月 25 日,全球首个航运运价第三方集中交易平台——"上海航运运价交易有限公司"在上海成立,为船公司、货主、船代、无船承运人、贸易商、投资人等进行航运运价交易活动提高服务,交易商可将航运运价衍生品作为风险

---

① 龚月明:《确保国际竞争力的韩国港口计划》,《海运情报》2003 年第 7 期。

管理工具,发挥运价衍生品交易的发现价格、套期保值、规避风险、锁定利润的功能,将对中国争取国际航运话语权发挥重要作用。[①]

21 世纪初,中国政府将上海建设国际航运中心提升为国家战略。2001 年中国"十五"规划纲要明确提出建设上海国际航运中心。2009 年 4 月 14 日,国务院颁布《关于推进上海加快发展现代服务业和先进制造业建设国际金融中心和国际航运中心的意见》,其中国际航运中心建设的总体目标是:到 2020 年,基本建成航运资源高度集聚、航运服务功能健全、航运市场环境优良、现代物流服务高效,具有全球航运资源配置能力的国际航运中心;基本形成以上海为中心、以江浙为两翼,以长江流域为腹地,与国内其他港口合理分工、紧密协作的国际航运枢纽港;基本形成规模化、集约化、快捷高效、结构优化的现代化港口集疏运体系,以及国际航空枢纽港,实现多种运输方式一体化发展;基本形成服务优质、功能完备的现代航运服务体系,营造便捷、高效、安全、法治的口岸环境和现代国际航运服务环境,增强国际航运资源整合能力,提高综合竞争力和服务能力。

在中国政府的扶持下,上海港成绩斐然。1995 年上海港集装箱吞吐量达 1 526 000TEU,首次进入世界集装箱港口前 20 名,居第 19 名,与第一位香港的 12 563 000 TEU 差距很大,仅约占其 12％。1998 年上海港以 3 000 000 TEU 首次进入世界集装箱港十强,居第十位。2005 年,上海港成为世界第一大货运港。2010 年,上海港成为世界第一大集装箱港。

除上海之外,中国还积极推进天津港和大连港建设国际航运中心,但是各自定位有所不同。大连港的起步较早,1994 年,大连制订的 10 年发展战略规划旨在发展成为国际自由港,2003 年 10 月,党中央、国务院提出"充分利用东北地区现有港口条件和优势,把大连建成东北亚重要的国际航运中心"。2006 年 5 月,国务院颁布《关于推进天津滨海新区开发开放有关问题的意见》,提出"将天津滨海新区努力建设成为中国北方对外开放的门户、高水平的现代制造业和研发转化基地、北方国际航运中心和国际物流中心"。北方国际航运中心是对天津港的定位,而对大连港的定位是东北亚国际航运中心。在中央政府的扶持下,这两个港口的发展速度明显加快。2010 年 9 月 28 日,反映中国北方航运市场运价波动情况的天津航运指数在天津国际贸易与航运服务中心正式对外发布;同年,大连国际航运中心框架初步形成,以大连港为核心,积极推进专业化、深水化大型综合枢纽建设,并与锦州、葫芦岛、丹东等港口合作,促进形成分工明确、功能互

---

① 交通运输部:《2011 中国航运发展报告》,人民交通出版社,2012 年,第 59 页。

补、辐射力强的辽宁组合港群。[1]

第四节　市场经济体制初步完善时期海运经济的发展与评价

一、发展概述

尽管国际海运市场货源受"9·11"事件的影响增速大幅下降、运力严重过剩、运价长期低迷、市场竞争非常激烈。但是,加入世贸组织的中国海运市场却是另外一番景象。2004 年,中国对外贸易额为 11 548 亿美元,国民经济对外贸易的依存度达 70%,远远高于德国(56%)、法国(40%)、英国(38%)和美国(23%)。中国的外贸货物吞吐量已达 11.5 亿吨,占世界外贸运量 1/6 强。其中铁矿 2.08 亿吨,占世界 1/3 强;煤炭 1.2 亿吨,占世界 1/5;集装箱 6 150 万 TEU,占世界 18%,仅集装箱吞吐量(不包括中国香港、澳门、台湾地区)就已超过美日两国的总和。中国的粮食外贸运量 1 450 万吨,占世界 1/17;石油制品 4 900 万吨,占世界 1/10;原油 1.28 亿吨,占世界 1/14。[2]

自 2002 年起,中国沿海主要港口货物吞吐量与外贸货物吞吐量一直处于上升趋势,前者从 2002 年的 166 628 万吨上升到 2012 年的 665 245 万吨,增长 3 倍;后者从 2002 年的 71 087 万吨上升到 2012 年的 303 053 万吨,增长 3.26 倍(见图 4 - 8)。

2002—2012 年是中国海运经济发生巨变的时期。1970 年世界 20 大集装箱港口的吞吐量共计 406.9 万 TEU,占世界总吞吐量(536.3 万 TEU)的 75.9%,主要集中在美国和欧洲,其中美国占 7 席,欧洲占 11 席,余下 2 席为澳大利亚所有。直到 1990 年,中国没有一个港口的集装箱吞吐量进入亚太地区的前十名,也没有一个港口进入世界的前二十名。2010 年,东亚地区前 20 名的港口集装箱吞吐量超过 22600 万 TEU,相当于 80% 的世界集装箱吞吐量。其中,中国 11 个港口(包括香港)的集装箱吞吐量就占据了总量的 62%。[3] 2011 年世界 20 大集装箱港口中亚洲占据 15 席,其中中国占 10 席(包括中国香港和中国台湾地区在内),恰恰取代 1970 年欧洲的地位(见表 4 - 13)。

---

① 交通运输部:《2012 中国航运发展报告》,人民交通出版社,2013 年,第 20 页。
② 顾家俊:《中国与世界海运发展水平比较》,《海运情报》2005 年第 12 期。
③ 祝晴:《东亚地区集装箱运输业的复苏》,《海运情报》2012 年第 1 期。

万吨

	2002	2003	2004	2005	2006	2007	2008	2009	2010	2011	2012
■ 货物吞吐量	166 628	201 126	246 074	292 777	342 191	388 200	429 599	475 481	548 358	616 292	665 245
■ 外贸货物吞吐量	710 87	87 714	104 706	124 166	145 827	165 631	178 271	197 922	226 938	252 318	303 053

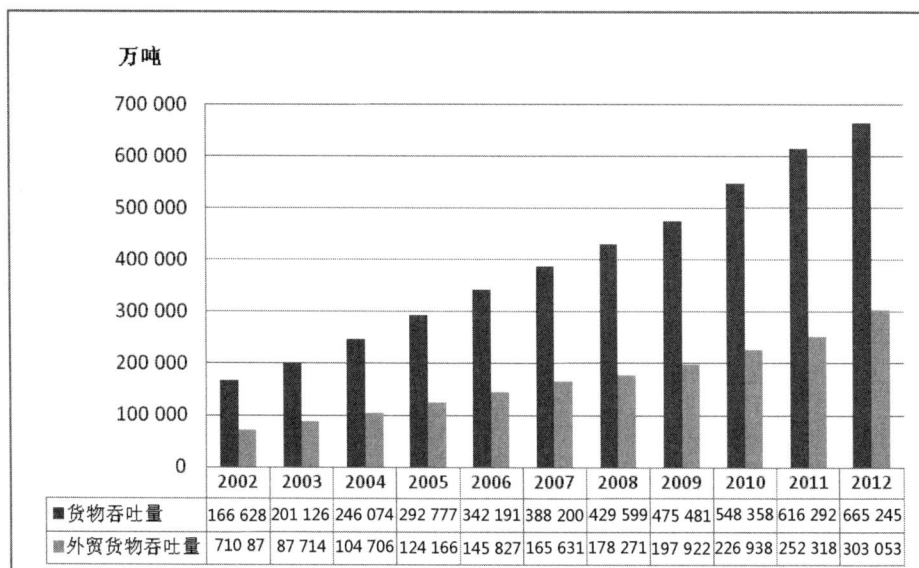

图 4 - 8 2002—2012 年中国沿海主要港口货物吞吐量与外贸货物吞吐量统计图

资料来源:2003—2013 年《中国交通年鉴》。

表 4 - 13 1970 年和 2012 年世界 20 大集装箱港变化表

单位:万 TEU

位次	1970 年的 20 大港			2012 年的 20 大港		
	港口	所属国家(地区)	吞吐量	港口	所属国家(地区)	吞吐量
1	纽约	美国	93.0	上海	中国	3 253
2	奥克兰	美国	33.6	新加坡	新加坡	3 165
3	鹿特丹	荷兰	24.2	香港	中国	2 313
4	西雅图	美国	22.4	深圳	中国	2 294
5	安特卫普	比利时	21.5	釜山	韩国	1 704
6	贝尔法斯特	英国	21.0	宁波—舟山	中国	1 617
7	不莱梅	德国	19.5	广州	中国	1 455
8	洛杉矶	美国	16.5	青岛	中国	1 450
9	墨尔本	澳大利亚	15.8	迪拜	阿联酋	1 330
10	伦敦	英国	15.5	天津	中国	1 230
11	拉尔纳	英国	14.7	鹿特丹	荷兰	1 190

（续表）

位次	1970 年的 20 大港			2012 年的 20 大港		
	港口	所属国家（地区）	吞吐量	港口	所属国家（地区）	吞吐量
12	维吉尼亚	美国	14.3	巴生	马来西亚	1 001
13	利物浦	英国	14.0	高雄	中国台湾	978
14	哈里奇	英国	14.0	汉堡	德国	886
15	哥德堡	瑞典	12.8	安特卫普	比利时	864
16	费城	美国	12.0	洛杉矶	美国	808
17	悉尼	澳大利亚	11.8	大连	中国	806
18	勒阿弗	法国	10.8	丹戎佩勒帕斯	马来西亚	772
19	安科雷哥	美国	10.1	厦门	中国	720
20	费力克斯托	英国	9.3	不莱梅	德国	612

资料来源:1970 年数据源自顾家俊:《20 大集装箱港的演变》,《海运情报》2008 年第 3 期;2012 年数据源自交通运输部:《2012 中国航运发展报告》,人民交通出版社,2013 年,第 44－45 页。

中国成为推动世界海运经济繁荣的"引擎"。中国经济的持续增长需要从世界各地进口大量的原材料,同时向世界各国出口大量的制成品。"中国因素"在改变国际经济格局的同时也在改变国际海运格局,中国的海运力量在此背景下迅速崛起。

截至 2013 年 4 月 9 日,全球前 10 名集装箱班轮公司中唯有中国占 2 席,其他国家均只占 1 席,其中中远集运排名第 5,占全球总运力的 4％,中海集运排名第 9,占全球总运力的 3.2％(见表 4－14)。

表 4－14　2013 年全球前 10 名集装箱班轮公司排名表

单位:TEU

位次	海运公司	船籍	运力	占全球总运力比例(％)
1	AP 摩勒马士基集团	丹麦	2 471 374	13.3
2	地中海航运	瑞士	2 192 315	11.8
3	达飞集团	法国	1 451 212	7.8
4	长荣班轮	中国台湾	757 602	4.1

（续表）

位次	海运公司	船籍	运力	占全球总运力比例(%)
5	中远集运	中国	741 591	4.0
6	赫伯罗特	德国	699 927	3.8
7	韩进海运	韩国	621 744	3.4
8	美国总统轮船	新加坡	607 690	3.3
9	中海集运	中国	585 328	3.2
10	商船三井	日本	534 348	2.9

注：数据统计截至2013年4月9日。

资料来源：胡先进：《集装箱班轮公司：强者更强》，《海运情报》2013年第9期。

但是，同时还要正视中国海运业存在的一些问题，首先是中国海运企业还面临着激烈的竞争，在经营管理上与国外先进企业存在差距。2011年第一季度，德鲁里航运咨询公司对世界二十大班轮承运人的船期可靠性进行调查分析，中国的中远集运和中海集运两个班轮公司的准点抵港船只百分比分别为40.6%和40.1%，与南美轮船和美国总统轮船等公司相比差距较大，在船舶总体准点可靠性排名和总体准点率排名中都相对靠后（见表4-15）。2011年9月，马士基公司开始启动"天天马士基"计划，该计划的目标是它在亚洲四个始发港至北欧三个目的港之间每天都开设航班，并在始发港每天都设有截港/截关时间，以此确保准点率达到100%。这是世界海运史的标志性事件，它将海运效率提升到一个新高度，对于引领各国海运服务创新影响深远。亚洲四个始发港分别是中国的上海港、宁波港、盐田港和马来西亚的丹戎佩勒帕斯港，这意味着中国本土的海运企业面临着更强大的竞争压力。

表4-15 2011年第一季度世界二十大班轮承运人船期可靠性比较表

承运人	准点抵港船只百分比(%)	船舶总体准点可靠性排名	总体准点率排名
南美轮船	69.10	10	14
美国总统轮船	67.6	11	8
马士基	66.4	12	11
商船三井	59.9	17	11
达飞海运	58.2	21	16

（续表）

承运人	准点抵港船只百分比（%）	船舶总体准点可靠性排名	总体准点率排名
现代商船	56.0	22	13
汉堡南美	53.9	23	23
长荣海运	49.8	27	26
日本邮船	49.5	28	23
东方海外	48.2	29	35
以星航运	47.8	30	31
地中海	47.4	31	40
赫伯罗特	46.4	33	26
阳明海运	42.4	37	35
中远集运	40.6	41	38
太平船务	40.5	42	57
川崎汽船	40.4	43	49
中海集运	40.1	44	55
阿拉伯联合航运	39.8	46	44
韩进海运	38.8	46	38

资料来源:祝静思:《船期可靠性下降》,《海运情报》2012 年第 1 期。

　　中国在 1990 年所控制的船舶运力(含悬挂中国国旗和开放登记国旗)占世界的 4.21％,同年的外贸海运货量占世界的 2.06％。那时,中国是一个航运国。而在 2012 年,中国控制的船舶运力占世界的 8.17％,但同年的外贸海运货量占世界的 16.5％。中国已经变成了一个不折不扣的货主国。[1]从中看出,一方面中国海运市场开放度比较高,另一方面中国海运实力的发展相对滞后,没能跟上海运量的增长速度,海运运力的国际市场份额增量不及海运货物市场份额增量。

　　进入 21 世纪以后,中国运输服务贸易逆差不断扩大,2000 年 67 亿美元,2010 年上升到 290 亿美元,而交通运输的逆差主要是海运造成的,2000—2009年 10 年间海运占运输服务贸易逆差的 97％。[2]

---

[1]　佚名:《航运业发展模式应改变》,《中国经济时报》,2013 年 8 月 25 日。

[2]　贾大山等:《我国对外贸易发展趋势与海运业应对措施》,交通运输部水运科学研究所:《水路交通决策参考》2013 年第 1 期,第 8 页。

其次,海运业在各种运输方式当中进步并不显著。表面上看,中国的海运业在高速发展,例如海运业增长值在不断上升,从 2001 年的 1 316.4 亿元上升到 2008 年的 3 858.1 亿元,增长 1.9 倍(见图 4 - 9)。

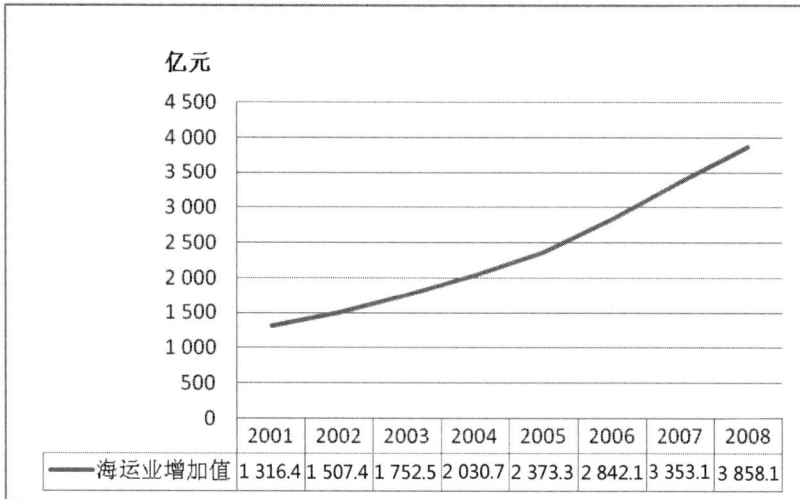

图 4 - 9　2001—2008 年中国海洋运输业增加值趋势图

资料来源:国家海洋局:《中国海洋统计年鉴 2009》,海洋出版社,2009 年,第 51 页。

但是,与其他几种主要运输方式相比较,海运业的发展表现平平。从 1995—2011 年的统计数据看,在多数年份里海运的发展速度略高于综合运输,在 2008 年之后则变低;海运的发展速度基本上高于河运、铁路运输和管道运输;但低于公路运输和民航运输(见表 4 - 16 和图 4 - 10)。

表 4 - 16　1995—2011 年中国主要运输方式全社会货物运输周转量指数表

年份	综合运输	海运	河运	铁路	公路	民航	管道
1995	1	1	1	1	1	1	1
1996	1.02	1.00	1.18	1.00	1.07	1.12	0.99
1997	1.07	1.11	0.95	1.02	1.12	1.30	0.98
1998	1.06	1.13	0.88	0.96	1.17	1.50	1.03
1999	1.13	1.24	0.89	0.99	1.22	1.90	1.06
2000	1.23	1.26	0.98	1.06	1.31	2.26	1.08

（续表）

年份	综合运输	海运	河运	铁路	公路	民航	管道
2001	1.33	1.53	0.97	1.13	1.35	1.96	1.11
2002	1.41	1.63	0.95	1.20	1.44	2.31	1.16
2003	1.50	1.69	1.08	1.32	1.51	2.60	1.25
2004	1.93	2.46	1.38	1.48	1.67	3.22	1.38
2005	2.24	2.95	1.66	1.50	1.85	3.54	1.84
2006	2.47	3.29	1.91	1.68	2.08	4.23	2.63
2007	2.82	3.80	2.24	1.82	2.42	5.22	3.16
2008	3.07	2.89	2.62	1.92	7.00	5.36	3.29
2009	3.40	3.31	2.92	1.93	7.92	5.66	3.43
2010	3.95	3.94	3.49	2.12	9.24	8.02	3.72
2011	4.44	4.31	4.14	2.26	10.94	7.80	4.89

资料来源：根据 1996—2012 年《中国交通年鉴》整理得出。

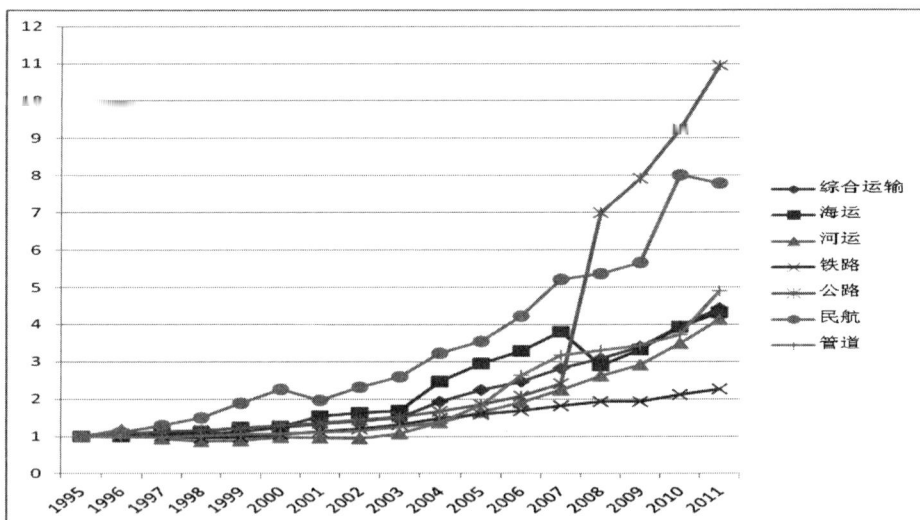

图 4 - 10　1995—2011 年中国主要运输方式全社会货物运输周转量指数图

　　在海运货物周转量占全社会货物周转量的比重看也得到印证。2002 年，海运货物周转量占全社会货物周转量的 51.3%；随后比重一路上升，至 2007 年达到最高峰，占 59.88%；2008 年金融危机爆发后出现下降；总体上看比重处在

40％～60％之间,尚未能突破 60％(见图 4-11)。

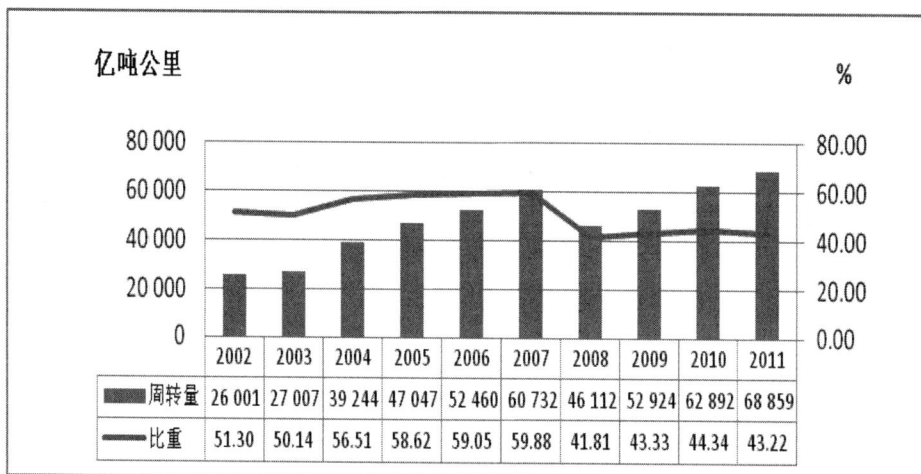

图 4-11　**2002—2011 年中国海运货物周转量以及占全社会货物周转量的比重图**

资料来源:根据 2002—2011 年《中国航运发展报告》整理得出。

二、总体评价

中国加入世界贸易组织之后,海运经济的市场化程度和开放程度更高。在海运资源配置中,市场的作用继续增强,政府的影响力相对下降。经过长期的实践,中国政府逐渐厘清政府与市场在海运经济中的关系,政府和市场的权力边界逐渐清晰,在各自的领域发挥作用。

(一)关于政府的作用

新形势下,政府在海运经济中的行为发生诸多的改变。当金融危机出现,海运经济遭受严重打击,航运资源过剩,但是政府不再采取以往直接调控供给数量的手段,将供需平衡的调整交给市场调节,而将重心放在行业准入的资质管理,通过技术、经济的手段促进船队结构优化升级;当国内船舶资源的供给与需求"错位",大量中资船舶移籍国外,造成资源流失,政府没有采取强制性手段干预船舶资源的流动与配置;当港口建设"过热",以致港口资源和岸线资源利用效率低,政府不再采取以往直接干预港口企业的手段,而将重点转向岸线资源的管控。种种现象都表明,一方面,政府在海运资源配置中的影响力相对下降;另一方面,政府影响海运经济的方式和领域发生改变。

第一,维护公共利益。

海运市场打开,中外竞争加剧,需要政府必须站在民族国家的立场维护公共利益。战略物资海运、造船工业和岸线资源都与国家的生存与发展息息相关,政府对其进行干预有利于维护公共利益。

战略物资海运主要是煤炭、石油和天然气等能源海运,由于能源海运关乎国家安全,因此必须拥有一支本国掌控的船队,为能源海运提供保障。对于战略物资的运输,国家采取适当的干预,扶持国轮船队的发展,保持一定比例的“国货国运”,始终掌握运输的主动权,保证战略物资的运输不被国外船队垄断。

造船工业是国家海军军事力量的基础,造船工业的兴衰直接影响国防实力的强弱。因此,在船舶资源配置上没有实现完全的市场化,“国轮国造”的主要目的就是为确保造船能力,为国防建设提高保障。

岸线资源属于不可再生的稀缺资源,具有公共产品性质,对于公共产品的配置,政府相比市场效率更高,政府干预有利于克服“市场失灵”。所以,在港口资源配置上没有实现完全的市场化,政府干预岸线资源的使用影响港口资源的配置。

此外,在该时期政府为海运提供公共服务——安全保障。2008 年以来,亚丁湾和索马里海域海盗活动猖狂,商船航行安全受到严重威胁。为了保障中国海上运输安全,同年底,中国政府决定出动军舰开赴亚丁湾和索马里海域执行护航任务,这是中国首次大规模远洋军事护航活动。所有中国籍船舶、中资外国籍船舶以及香港和台湾地区的船舶均可以向中国船东协会提出护航申请,再由中国船东协会向交通运输部提出护航申请,交通运输部每天将所有的护航请求信息提供给海军。截至 2011 年底,海军护航编队开展护航行动 3 周年来,共为约 4400 艘中外船舶实施伴随护航,为约 60 艘中外船舶实施了附带区域掩护,护航编队护航成功率 100%。[①]

第二,维护市场的统一、开放、竞争、有序。

在该时期,政府继续推进国家海运市场的统一,并取得了新突破。2008 年 11 月 4 日,大陆海协会与台湾海基会签署了《海峡两岸海运协议》,12 月 12 日,交通运输部发布《关于台湾海峡两岸间海上直航实施事项的公告》和《台湾海峡两岸直航船舶监督管理暂行办法》,12 月 15 日,台湾海峡两岸之间双向直航正式开通。这标志着中国海峡两岸海运事业取得了历史性突破,对促进两岸经贸

---

① 交通运输部:《2011 中国航运发展报告》,人民交通出版社,2012 年,第 9 页。

交流和合作,提高两岸经济实力和竞争力,推动两岸关系和平发展具有重大的历史意义。两岸海上直航后,以上海与高雄间的运输为例,因不再需要经日本石垣岛绕航运输,每个航次运距缩减 30%,运输时间缩短近 1 天,运输成本降低 2 万多美元,平均每吨货物节省费用超过 3 美元;按两岸年贸易额 1 000 亿美元、年运输量 7 000 万吨计算,每年可减少运输时间 11 万小时,降低运输费用 1 亿多美元。[①]至 2010 年底,大陆有 57 个、台湾地区有 14 个,共 71 个港口(港区)开通了直航运输。两岸海上直航启动,对扩大两岸人员往来、促进两岸经贸交流与合作、提高两岸经济的实力和竞争力、推进两岸关系和平发展具有重大意义。

中日航线航程短、海运量大,一直以来是以中国海运企业占据优势地位,一般占 80%以上的市场份额,因此中日航线的竞争实质上是中国海运企业之间的内部竞争。但是,中国的海运企业没有形成利益同盟,反而出现恶性竞争。2002 年随着航线货量的增长,大量运力投入市场,以致航线竞争日趋激烈,供需严重失衡。海运企业为保住市场份额,纷纷采取杀价竞争,使得运价一路走低。7 月至 8 月间,曾有海运企业报出关西 25 美元/TEU 的低价。而后在上海航运交易所、船东协会等组织的多方协调下,运价曾一度回升到 250 美元/TEU 水平。[②] 2003 年第二季度末,上海港至日本航线开始出现"零运价""负运价"。[③]虽然海运企业曾经在上海航运交易所的协调下订立停止价格战的"盟约",但是数次因部分企业违约而失效,仅靠行业自律不能解决恶性竞争。2006 年 9 月 29 日,交通部发布《关于整顿和规范中日航线班轮运输市场秩序的公告》,明确禁止以"零运价""负运价"的方式承揽货物,并进行全面整顿和规范。2008 年,媒体曝光了烟台国际海运等公司不正当经营和负债经营的情况,中国交通部根据海运条例进行干预。同年交通部颁布《进一步加强国际海运市场监管的通告》,继续整顿和规范中日航线市场秩序,对"零运价""负运价"的问题进行了专项整顿,依法查处涉嫌违规的国际班轮和无船承运业务经营者。

码头作业费产生的问题从 20 世纪 80 年代的欧洲开始,船货双方就该项费用应该由谁支付进行了长期的争论,在国际上该问题还没有得到很好的解决。在中国,2002 年 1 月 15 日起,国际航运协议各组织经过讨论后决定在中国大陆各港口收取码头作业费,引发了船货关系的恶化。在船货双方协商无果的情况下,应中国货主协会的请求,交通部会同国家发展和改革委员会、国家工商行政

① 　交通部:《2008 中国航运发展报告》,人民交通出版社,2009 年,第 7 页。
② 　交通部:《2002 中国航运发展报告》,人民交通出版社,2003 年,第 56 页。
③ 　交通部:《2003 中国航运发展报告》,人民交通出版社,2003 年,第 43 页。

总局依照《国际海运条例》组成调查机关,于2002年12月30日起对国际班轮公司向中国货主和托运人收取THC是否存在违法问题展开调查。历经长达4年的调查,三部门于2006年4月正式公布《关于公布国际班轮运输码头作业费(THC)调查结论的公告》,交通部对违反《国际海运条例》规定未向交通部报备THC集体协议的6个协议组织的40家成员公司分别处以行政罚款,另有3家企业在THC调查过程中,未按照调查机关要求报送调查材料的企业也同时受罚。

2012年7月30日,交通部颁布《关于完善管理促进国内航运业健康平稳发展的意见》,要求各级交通运输主管部门、港航管理机构加强国内水路运输市场监测和分析,以信息引导市场;加强国内水路运输市场宏观调控,促进运力结构调整;规范国内水路运输市场准入,强化行业服务;加强国内水路运输市场监管,促进水运行业稳定发展;开展国内水路运输行政管理工作专项检查,净化市场环境。从中反映出政府交通主管部门更加注重划分政府与市场的职能界限,更为准确地行使政府权力,避免对海运市场的过度干预。

(二)关于市场的作用

更大程度地发挥市场在资源配置中的基础性作用是该时期中国经济体制改革的目标。在海运经济领域中,经过政府与市场关系的调整,市场在资源配置中的作用在不断地增强。2002年4月24日交通部颁布了《关于调整国内水路运输管理职责改革管理方式的通知》,调整管理方式的主要目的是进一步发挥国内水路运输市场机制对水路运输资源的配置作用,转变政府职能,减少审批环节。交通部决定改革现行国内水路运输管理方式,全面废止根据航运市场供求关系制定运力额度计划的管理方式,根据航运经营人资质、管理制度、人员条件、船舶技术状况等技术标准进行准入管理。

海运市场开放程度的加深以及市场结构的多元化形成促进市场机制对海运资源配置发挥基础性作用。2002年之后,中国开始全面履行加入世界贸易组织的各项承诺,海运部门开价单中承诺的基本内容包括:没有货载方面的限制;允许设立中方控股的合资海运企业并享受国民待遇;允许设立合资企业从事所有六项海运附属服务并享受国民待遇;保证外国船舶可在不歧视和合理的条件下使用港口服务。[①]

市场开放度的提高促进市场结构的多元化形成。在造船市场体现最为明

---

① 交通部:《1999中国航运发展报告》,人民交通出版社,2000年,第134页。

显,民营造船力量异军突起,2008 年,民营造船完工量占全国的 55%。2010 年,中国列入统计范围的规模以上船舶制造企业共计 952 个,其中,国有控股企业 96 个,集体控股企业 35 个,私人控股企业 689 个,港澳台商控股企业 29 个,外商控股企业 62 个,其他企业 41 个。[①]私人控股企业所占的比例达到 72%,呈现出多元化的局面,也反映出市场化程度比较高(见图 4 – 12)。

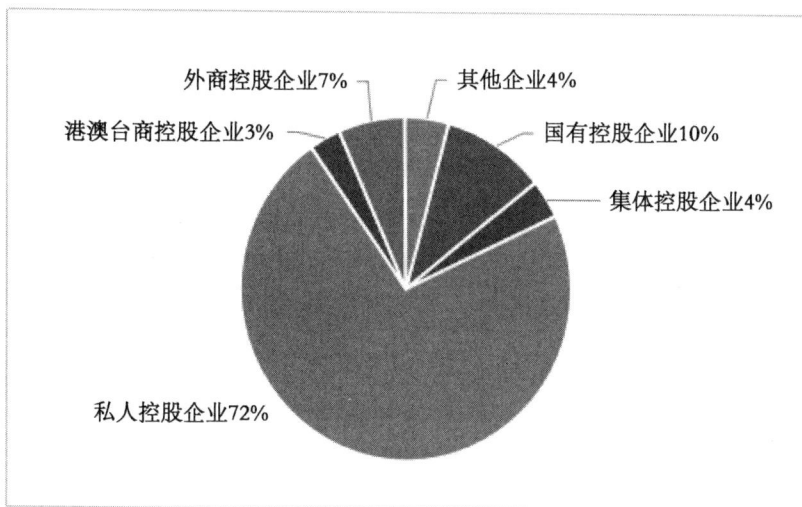

图 4 – 12　2010 年中国造船企业所有制结构分布图

在航运市场中独家经营的格局已消失,中国远洋运输(集团)总公司和中国海运(集团)总公司的市场份额也在下降。截至 2012 年底,中国持有国际船舶经营许可证的公司 241 家;外商在华设立独资船务公司 42 家,独资船务公司设立分公司 225 家;外商在华设立外商独资集装箱运输服务公司 7 家,分公司 73 家;在华开展班轮运输业务的中外公司共 153 家。[②]

在港口市场,建设投资主体多元化,在连年增长的投资总额中,政府投资的比例逐步下降,1980 年中央政府投资占中国沿海港口建设总投资的 80%,到 1990 年下降到 60%,到“十五”期末下降到不足 4%,且主要集中用于港口公用基础设施建设。社会资本和外资积极参与港口建设,中国远洋运输(集团)总公司、中国海运(集团)总公司等国内外海运公司投资建设沿海主要集装箱码头,多

---

① 邓璇玲:《中国船舶工业年鉴 2011》,中国船舶工业年鉴编辑部,2011 年,第 13 页。

② 交通运输部:《2012 中国航运发展报告》,人民交通出版社,2013 年,第 17 页。

家钢铁企业联合投资建设沿海矿石码头等。① 2002 年,中国履行加入世贸组织的承诺,取消港口业中方控股的规定,加大外商投资中国港口业的开放度。截至2007 年底,全国从事港口生产经营活动的企业共有 1.56 万家。其中,国有和集体企业所占比重分别为 10% 和 7%,私营企业和个体经营人分别占 13% 和38%,外商和港澳台企业占 2%。②

市场开放程度的加深以及市场结构的多元化形成必然产生竞争机制。竞争机制是市场机制的核心。在激烈的市场竞争中,中国海运企业规模最大的中国远洋运输(集团)总公司盛极而衰,应该说,它是市场机制对海运资源配置发挥基础性作用的典型案例。

中国远洋运输(集团)总公司是新中国成立后很长的时期里唯一的一家远洋运输企业,独家经营,垄断货源,自定运价。随着海运市场的开放,中外大量海运企业加入中国的远洋运输市场,形成多家竞争的局面。中国远洋运输(集团)总公司在适应海运市场化过程中历经了艰难的转型,步入正轨,进入新世纪制定了《中远 2001—2010 年发展战略》,提出了"从全球航运承运人向以航运为依托的全球物流经营人转变,从跨国经营企业向世界级跨国公司转变"的"两个根本性转变"的新世纪发展战略。新的发展战略描绘了中国远洋运输(集团)总公司的宏伟蓝图,似乎让人看到它的华丽转身。

美国经济杂志《命运》选出的 2007 年世界五百强企业中,中国远洋运输(集团)总公司被列于 405 位,是海运公司中利润上升最大的企业。它的营业额为208.4 亿美元,纯利润 36.78 亿美元,营业额、利润等的增长率和股东的利润返还率进入 50 位之内。③此外在英国《金融时报》全球五百强的排名中以 148 亿 5540 万美元排在第 337 位。④中国远洋运输(集团)总公司业绩达到历史的最新高度。

然而 2008 年金融危机爆发,世界海运企业大面积亏损,中国远洋运输(集团)总公司成为"亏损王"。从 2008—2011 年来看,中国远洋运输(集团)总公司的亏损净值最大,高达 15.68 亿美元,马士基虽然亏损额高于中远集团,但是它的盈利额较高,除抵消亏损部分外还盈利 8.32 亿美元(见表 4-17)。

---

① 《中国交通运输改革开放 30 年》丛书编委会:《中国交通运输改革开放 30 年·水运卷》,人民交通出版社,2009 年,第 87-88 页。
② 交通部:《2008 中国航运发展报告》,人民交通出版社,2009 年,第 62 页。
③ 佚名:《美国<命运>杂志将中国远洋列入世界五百大企业》,《海运情报》2008 年第 9 期。
④ 佚名:《中国远洋居全球 500 强第 337 位》,《海运情报》2009 年第 8 期。

表 4‑17　2008—2011 年各航运公司营业利润/亏损一览表

单位:亿美元

公司及业务部门名称	2008 年	2009 年	2010 年	2011 年	累计
东方海外国际/东方海外(班轮业务)	3.98	−3.26	9.23	1.32	11.27
赫伯罗特	1.75	−8.93	7.79	1.3	1.91
长荣海运及其子公司	0.59	−3.92	4.36	-1.73	−0.7
现代商船	4.65	−4.89	5.8	−2.43	3.13
以星综合航运业务	−2.5	−6.75	2.23	−2.76	−9.78
阳明海运及其子公司	0.22	−5.63	5.28	−3.48	−3.61
商船三井(班轮业务)	−2.5	−6.09	4.71	−3.66	−7.54
中海集运	0.3	−9.27	6.77	−3.98	−6.18
新加坡海皇东方/美国总统轮船(班轮业务)	0.34	−7.07	4.92	−4.46	−6.27
韩进海运(集装箱业务)	1	−6.52	6.12	−4.75	−4.15
A.P.摩勒马士基(集装箱运输与相关业务)	5.83	−20.88	28.2	−4.83	8.32
川崎汽船(班轮业务)	7.29	−7.02	3.5	−5.1	−1.33
日本邮船	−2.68	−5.53	4.02	−5.24	−9.43
南美轮船	−1.34	−6	1.82	−9.59	−15.11
中远集团(集装箱运输与相关业务)	0.32	−11.44	5.44	−10	−15.68
总计	17.25	−113.2	100.19	−59.39	−55.15

资料来源:高学超:《全球集装箱航运市场回顾及展望》,《海运情报》2012 年第 11 期。

　　中国远洋运输(集团)总公司一直是中国海运的一艘"航空母舰",作为国有企业,在海运市场开放以前企业的经营管理受到政府的全面干预,而当前成为一个自负盈亏的市场主体,在激烈的竞争中盛极而衰,至今还处在恢复期。这个案例反映出中国海运经济中政府干预在减少,市场在海运资源配置中发挥了基础性作用。

第五章

从历史演进角度看海运业的产业特征

把握产业特征是制定产业经济发展政策的前提基础,是调整产业经济活动中政府与市场关系的重要依据。从历史演进的角度看,海运业具有四个显著的产业特征:第一,它是国民经济的基础性产业;第二,工业化进程引起的运输方式代际变化将使海运业的影响力趋于下降;第三,它与国家安全密切相关[①];第四,时代背景的差异使海运业对大国崛起的影响发生变化。

第一节 海运业与国民经济关系的实证分析

一、理论基础

自 15 世纪地理大发现以来,海运成为国际货物贸易最重要的运输方式。目前,关于运输业与国民经济之间关系的理论以许庆斌、荣朝和(1995)的观点为学界主流。海运业属于运输业的其中一个分支,一般地认为,运输业与国民经济之间关系的理论适用于海运业与国民经济之间关系。海运业与国民经济之间存在互动的关系:第一,海运业扩大了市场范围,促进了分工,推动国民经济发展。海运业的发展将各地市场网络化,运输成本的降低加速市场范围的扩大;而市场范围扩大能够形成各地商品比较优势,促进分工和专业化程度的提高,推动了国民经济的发展。在地理大发现时期,海运业对经济发展的贡献是最为显著的,是海运业的发展打破了各大洲之间的孤立闭塞状态,使市场范围由区域性市场拓展

---

① 2006 年,中国推进国有资本调整和国有企业重组,将海运列为关系国家安全和国民经济命脉的七大行业之一。

成为世界性市场,世界市场一体化最终形成,人类的社会分工得以在世界范围内进行。第二,国民经济发展产生的运输需求推动海运业的发展。海运需求是国民经济发展的派生性需求,国民经济的发展水平直接影响海运需求的数量和结构。

二、文献回顾

纵观国内外关于海运业与国民经济之间的研究,大多从定性角度阐述了海运业的重要性。赵坚和杨轶(2003)利用古典经济学、发展经济学和新制度经济理论探讨了制度安排、交通运输与经济增长的关系。定量研究方面,已有的文献主要从两个方面进行了实证研究:一是利用投入产出理论定量测量了交通运输业对国民经济的贡献;二是实证分析了交通运输业与国民经济之间的关系。白帆(2009)运用投入产出法定量测算了水运业对国民经济的贡献,作者认为,2007年中国水运业对国内生产总值的贡献率为 9.49%,除了直接和间接对 GDP 做了贡献,还为相关的上下游产业提供了强大的支撑。刘建强和何景华(2002)通过格兰杰因果关系检验,认为货运量与 GDP 之间具有长期均衡关系,而客运量与 GDP 之间不存在协整关系,交通运输业带动了国民经济的发展。刘秉镰和赵金涛(2005)利用 1978—2003 年中国统计年鉴数据,实证检验了交通运输发展与区域经济发展之间的因果关系,检验结果表明,GDP 增长是交通运输发展的原因,而工业化水平与交通运输发展不存在格兰杰因果关系,但是城市化水平是交通运输发展的原因。王家庭和赵亮(2009)利用 1978—2007 年的数据进行检验,结果表明,交通运输发展与经济增长并不存在双向的因果关系,经济增长对交通运输的发展有巨大的促进作用,但是交通运输的发展对经济增长并没有显著的促进作用。已有的实证研究主要考察了交通运输业与国民经济之间的关系,还极少有文献实证检验海运业与国民经济之间的关系。海运业具有运输量大、通过能力强、对货物的适用性强等诸多优越性,在国际贸易运输中占据绝对重要的地位和作用。因此,实证检验海运业与国民经济之间的关系,对正确认识海运业在国家宏观战略决策中具有重要作用。

三、研究设计

在回归分析中利用时间序列数据容易产生伪回归问题(spurious regression problem),即经济现象之间根本不存在有意义的经济关系,但是使用 t 统计量的 OLS 回归往往标示着它们之间存在某种关系。这种虚拟的"伪回归"是因为时间序列的不平稳而产生的。虽然可以通过差分将对不平稳的 1 阶单整变量处理成平稳的变量,再进行 OLS 估计,但是经过差分处理的变量进行回归所获得系数可能丧失了原有的经济意义,这种缺陷限制了研究问题的范围。1987 年,恩格尔和格兰杰(Engle and Granger)规范探讨的协整(cointegration)概念,使得有关 1 阶单整变量的回归也有潜在意义[1]。利用 1978—2011 年的数据考察海运业发展与国民经济的关系,需要对数据进行平稳性检验以及协整检验。1998 年,Johansen 提出了以 VAR 模型为基础的检验回归系数的方法,使得 VAR 模型[2]得到了广泛运用。利用 VAR 模型来检验模型中各内生变量之间的长期动态关系,是较好的实证研究方法。3 个变量 y_{1t}、y_{2t}、y_{3t} 滞后一期的 VAR 模型如式5.1 所示。

$$y_{1t} = c_1 + \pi_{11.1} y_{1t-1} + \pi_{12.1} y_{2t-1} + \pi_{13.1} y_{3t-1} + u_{1t}$$
$$y_{2t} = c_2 + \pi_{21.1} y_{1t-1} + \pi_{22.1} y_{2t-1} + \pi_{23.1} y_{3t-1} + u_{2t}$$
$$y_{3t} = c_3 + \pi_{31.1} y_{1t-1} + \pi_{32.1} y_{2t-1} + \pi_{33.1} y_{3t-1} + u_{3t} \tag{5.1}$$

本节通过建立 VAR 模型,考察海运货物周转量、沿海港口固定资产投资和经济增长之间是否存在长期均衡关系和短期动态关系。根据数据的获取情况,将数据区间定为 1978—2011 年。在指标选取上,选取国内生产总值作为经济发展水平的指标,单位为亿元人民币,以 GDP 表示,为避免物价因素的影响,国内生产总值以不变价格计算。以海运货物周转量代表海运业的发展,其单位为万吨,简称为 TURN。以沿海港口固定资产投资代表海运工程建设,海运工程建设是影响海运业发展的重要因素,其单位为亿元,记为 INVEST。为减少异方差,将变量取对数处理。国内生产总值数据来源于《2013 年中国统计年鉴》。海运货物周转量中的 1978—1994 年数据来源于《新中国交通五十年统计资料汇编》;1995—2011 年数据来源于《中国航运发展报告》。沿海港口固定资产投资中的 1978—1999 年数据来源于《新中国交通五十年统计资料汇编》;2000—2011年数据来源于《中国交通年鉴》,由于此期间的数据是沿海与内河港口的总和,因此根据 1950—1999 年沿海港口的固定资产投资占全部港口的 87%,沿海港口的固定资产投资额按照全部港口固定资产投资额乘以 87% 得出。本书所用的计量分析软件为 stata12。

---

[1] (美)杰弗里·M. 伍德里奇著,费剑平译:《计量经济学》,中国人民大学出版社,2010 年。

[2] 1980 年 Sims 提出了向量自回归模型(VAR 模型),该模型采用联立方程形式,它不以经济理论为基础,不区别内生变量和外生变量,可以全部作为内生变量来处理,减少了主观判断有误而增加的不确定性。

四、实证检验

（一）单位根检验

只有平稳变量或者经检验后存在协整关系的同阶单整变量才能适用 VAR 模型，因此，检验时间序列变量的平稳性是创建 VAR 模型的前提。单位根检验为时间序列平稳性检验的最常用方法。单位根检验的基本原理是检验式（5.2）中 θ 是否显著异于 0，原假设是 $\theta=0$，存在单位根，而备择假设是 $\theta<0$，不存在单位根。在原假设成立时，y_t 是 1 阶单整序列，存在单位根，t 统计量不再有近似标准正态分布。t 统计量在原假设下的渐进分布被称为 DF 分布，因此用 DF 检验可完成单位根检验。为了消除 Δy 中的序列相关，在式（5.2）中增添 Δy 的滞后项，这种方法为广义的 DF 检验，简称为 ADF 检验，见式（5.3）。变量的平稳性检验结果如表 5-1 所示。

$$\Delta y_t = a + \theta y_{t-1} + \varepsilon_t \tag{5.2}$$

$$\Delta y_t = a + \theta y_{t-1} + \Delta y_{t-1} + \Delta y_{t-2} + \cdots + \Delta y_{t-p} + \varepsilon_t \tag{5.3}$$

表 5-1　单位根检验结果表

时间序列	检验类型（c,t,k）	ADF 检验值	5% 临界值	是否平稳
LnGDP	（$c,t,1$）	−2.961	−3.572	不平稳
LnTURN	（$c,t,1$）	−2.730	−3.572	不平稳
LnINVEST	（$c,t,1$）	−2.284	−3.572	不平稳
dLnGDP	（$c,t,1$）	−4.123	−3.576	平稳
dLnTURN	（$c,t,1$）	−4.527	−3.576	平稳
dLnINVEST	（$c,0,2$）	−3.037	−2.986	平稳

注：LnGDP、LnTURN、LnINVEST 分别为 GDP、TURN 和 INVEST 的对数，dLnGDP、dLnTURN、dLnINVEST 分别表示时间序列 LnGDP、LnTURN、LnINVEST 的一次差分；c 表示检验模型中的截距项，t 表示时间趋势，k 为滞后项的阶数，滞后项的长度往往由数据频率和样本容量决定。对于年度数据，一个或两个足矣[1]。

表 5-1 的结果说明 LnGDP、LnTURN 和 LnINVEST 均是非平稳的时间

---

[1]　（美）杰弗里·M.伍德里奇著，费剑平译：《计量经济学》，中国人民大学出版社，2010 年。

序列,而它们经过一次差分后都是平稳的时间序列,因此 LnGDP、LnTURN 和 LnINVEST 为一阶单整时间序列,即 LnGDP~I(1),LnTURN~I(1),LnINVEST~I(1)。

（二）协整检验

虽然经济变量 LnGDP、LnTURN 和 LnINVEST 是非平稳的时间序列,但是经济变量之间的关系可能是稳定的。这就是协整。协整检验的前提是经济变量为同阶单整。因为 LnGDP、LnTURN 和 LnINVEST 均是一阶单整变量,因此可以进行协整检验。本书采用 Johansen 进行协整检验。在协整检验之前,需确定滞后项的最佳阶数。加入滞后项可消除误差项中存在的自相关,获得参数的一致性估计。但是滞后项过多会导致自由度减小,影响参数估计量的有效性。可采用 LR 统计量、赤池信息准则 AIC、施瓦茨准则 SC、贝叶斯信息准则 BIC 等方法选择滞后项的阶数,若以 AIC 为判断标准,选滞后期 k 的原则是在增加滞后期的过程中使 AIC 的值达到最小,当 AIC 的值达到最小时,此时的 k 值是合适的。根据表 5-2 的结果,滞后阶数为 1 时,AIC、HQIC 以及 SBIC 的值都为最小,因此最适合的滞后阶数为 1。

表 5-2　滞后阶数选择标准统计量表

lag	LL	LR	FPE	AIC	HQIC	SBIC
0	−13.616	NA	0.001	1.072	1.117	1.211
1	117.297	261.83	0.000	−6.793 *	−6.612 *	−6.238 *
2	122.407	10.22	0.000	−6.542	−6.226	−5.571
3	133.884	22.953	0.000	−6.702	−6.250	−5.314

注:* 表示在各种不同的滞后项长度中,该阶数的统计量为最小值。

Johansen 协整检验的结果如表 5-3 所示。协整检验选择的滞后期为 1,方程的形式为有截距项无时间趋势项。协整检验从原假设 $H_0:r=0$,即 0 个协整向量(不存在协整关系)开始,备择假设 $H_1:r\geqslant1$,至少存在 1 个协整向量。Max-lambda 统计量以及 Trace 统计量均大于 95% 置信水平下的临界值,表示可在 95% 置信水平下拒绝原假设(不存在协整关系),接受备择假设(至少存在一个协整向量)。接下来检验原假设 $H_0:r\leqslant1$,至多 1 个协整向量,备择假设为至少 2 个协整向量,Max-lambda 统计量以及 Trace 统计量均大于临界值,拒绝原假设,接受备择假设,至少存在两个协整向量。最后,检验原假设 $H_0:r\leqslant2$,至多两个协整向量,因为最大特征值统计量和迹统计量均小于临界值,原假设不能被拒绝。因此,Johansen 协整检验结果表明,在 5% 的显著性水平下,$LnTURN$、$LnGDP$ 和 $LnINVEST$ 之间存在两个协整关系。

表 5-3　Johansen 协整检验结果表

H_0	H_1	特征根	Max-lambda 统计量	Max-lambda 临界值	Trace 统计量	Trace 临界值
$r=0$	$r\geqslant1$	0.678	37.42	20.97	62.65	29.68
$r\leqslant1$	$r\geqslant2$	0.533	25.23	14.07	25.23	15.41
$r\leqslant2$	$r\geqslant3$	0.003	0.083	3.76	0.083	3.76

注:临界值为 5% 显著性水平下的临界值。

(三)向量误差修正模型

变量间的协整关系表明了变量之间存在长期稳定的均衡关系,这种长期稳定的均衡关系是在短期动态过程的不断波动下形成的,变量间长期均衡关系的存在是因为存在一种调节机制,即误差修正机制使得长期关系的偏离被控制在一定范围内。任何一组协整时间序列变量都存在误差修正机制,反映短期调节行为,对于具有协整关系序列 Y_t,X_t,其误差修正模型为:

$$\Delta Y_t = \beta_0 + \beta_1 \Delta X - \lambda ecm_{t-1} + \varepsilon_t \tag{5.4}$$

其中,ecm 表示误差修正项,一般情况下 $0<\lambda<1$。

基于 VAR 基础上的向量误差修正模型表明,$LnTURN$、$LnGDP$ 和 $LnINVEST$ 之间长期的均衡关系为:

$$LnTURN = 4.554 + 0.381LnGDP + 0.337LnINVEST \tag{5.5}$$
$$(0.122***) \qquad (0.071***)$$

向量误差修正模型见表 5-4。

表 5-4　向量误差修正模型表

VEC	被解释变量	ECT_{t-1}	$dLnTURN_{t-1}$	$dLnGDP_{t-1}$	$dLnINVEST_{t-1}$	Constant
Equation1	$dLnTURN$	−0.540	0.175	−1.044	0.018	0.162

VEC	被解释变量	ECT_{t-1}	$dLnTURN_{t-1}$	$dLnGDP_{t-1}$	$dLnINVEST_{t-1}$	Constant
Equation2	dLnGDP	0.006	−0.010	0.456	0.033	0.047
Equation3	dLnINVEST	1.020	−0.101	1.012	0.092	0.080

Equation1 为式(5.5)的形式。

$$dLnTURN = -0.540ECT_{t-1} + 0.175dLnTURN_{t-1} - 1.044dLnGDP_{t-1} + 0.018dLnINVEST_{t-1} + 0.162 \tag{5.6}$$

式(5.5)中，$LnGDP$ 的系数为 0.381，在 1% 水平下显著异于 0，括号内为系数的标准误，说明国民经济增长与海运发展呈正相关关系；GDP 每增长 1%，海运货物周转量可提高 0.381%。$LnINVEST$ 的系数为 0.337，并且在 1% 水平上显著，说明沿海港口固定资产投资与海运货物周转量之间呈正相关关系，沿海港口固定资产投资增加 1%，货物周转量增加 0.337%，港口基础设施的改善有助于海运货物周转量的增加。随着国民经济发展、港口建设的加快，海运货物周转量不断增加。这也符合海运业发展的实际情况，与理论预期相一致。

式(5.6)中，若在 $t-1$ 时刻，$LnTURN$ 大于其长期均衡值，则 ECT_{t-1} 项为正数，$\lambda * ECT_{t-1}$ 为负数，使得 $dLnTURN_t$ 减少；相反，若在 $t-1$ 时刻，$LnTURN$ 小于其长期均衡值，ECT_{t-1} 为负数，则 $\lambda * ECT_{t-1}$ 为正数，使得 $dLnTURN_t$ 增大。ECT 体现了对长期均衡关系的控制。误差修正项的系数为 −0.540，说明在每一年，海运货物周转量对其长期均衡值的偏离有 54% 得到纠正。当海运货物周转量受到冲击后，很快就会回到其长期增长路径上去。从 ECT 的系数来看，GDP 受到冲击后，具有一定的持续性，而海运货物周转量向其均衡值调整的速度较快，而港口建设项目一旦做出投资决策后，较不容易进行调整。

（四）脉冲响应函数

由于 VAR 模型是一种非理论性模型，不以严格的经济理论为依据，不需对变量做任何先验性约束，因此，对 VAR 模型进行分析时，对无显著性的参数估计值并不从模型中剔除，也不分析回归参数的经济意义。VAR 模型的一个重要应用就是脉冲响应函数。脉冲响应函数描述了在随机误差项施加一个标准差大小的冲击后对内生变量的当期值和未来值带来的影响。为了更好地观察海运货物周转量、GDP 及沿海港口固定资产投资相互之间的动态关系，可以从脉冲响应函数进行考察。

　　图 5-1 为海运货物周转量对 GDP 冲击的响应函数。纵轴表示海运货物周转量的对数，横轴表示冲击作用的滞后期（单位为年），曲线代表脉冲响应函数。对 GDP 施加一个标准差的冲击后，当期并不影响海运货物周转量，海运货物周转量在第 1 期出现略微的下降趋势后，随即马上上升，上升的幅度较大，说明 GDP 对海运货物周转量的影响存在滞后的促进作用。海运货物周转量对冲击的反应在第 5 期达到最高点，而后又继续下降，出现了反复循环的震荡现象，但是震荡的幅度越来越小。这表明，海运货物周转量对 GDP 冲击存在慢慢吸收过程。最后从 15 期开始接近于平稳状态。

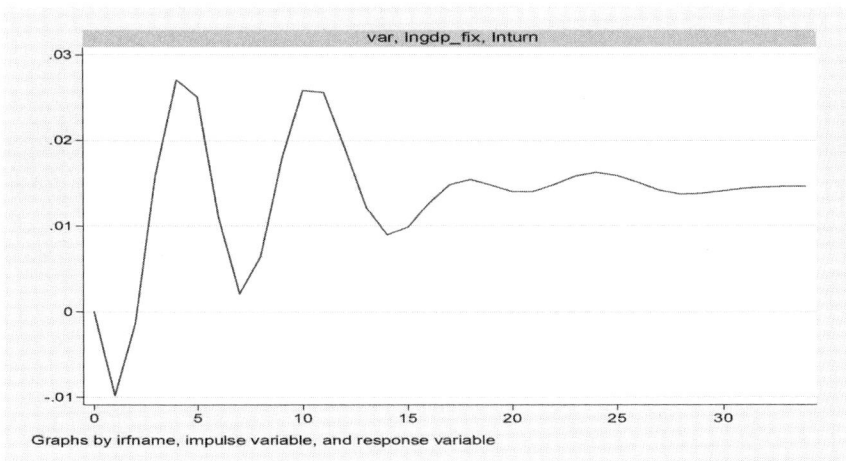

图 5-1　海运货物周转量对 GDP 冲击的响应曲线图

　　图 5-2 为海运货物周转量对港口固定资产投资冲击的响应函数。当给 LnINVEST 一个标准差的冲击后，海运货物周转量开始快速上升，上升的幅度较大，在第 2 期达到最高点，第 2 期至第 6 期快速下降，第六期达到最低点为 -0.01，而后震荡波动，到 10 期后基本上在 0 上下作小幅波动，反应较为平缓。沿海港口固定资产投资的冲击对海运货物量的影响在前期强烈，而且反应迅速，但经过一个较长时间的震荡后趋于稳定状态。

　　图 5-3 为 GDP 对海运货物周转量冲击的反应。海运货物周转量一个标准差的冲击，GDP 反应迅速，开始快速上升，到第 3 期达到最高点为 0.015，第 3 期后波动下降，到第 10 期后又继续上升，之后逐渐趋于稳定。这表明海运货物周转量的冲击直接影响了 GDP。

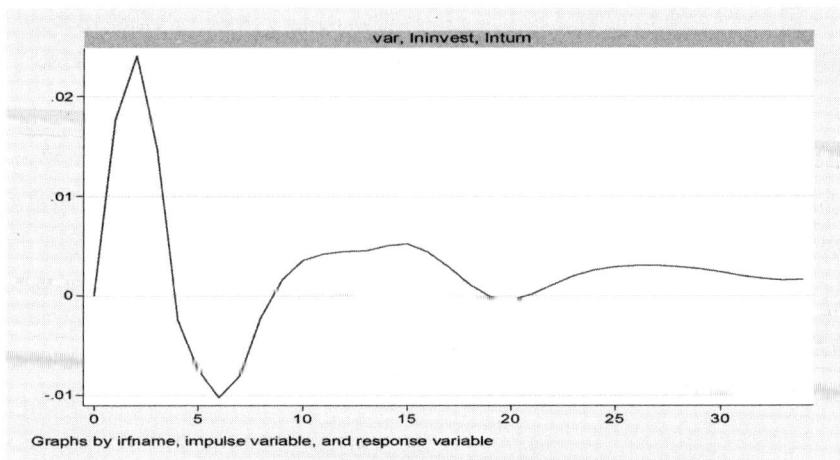

图 5 - 2　海运货物周转量对港口固定资产投资冲击的响应曲线图

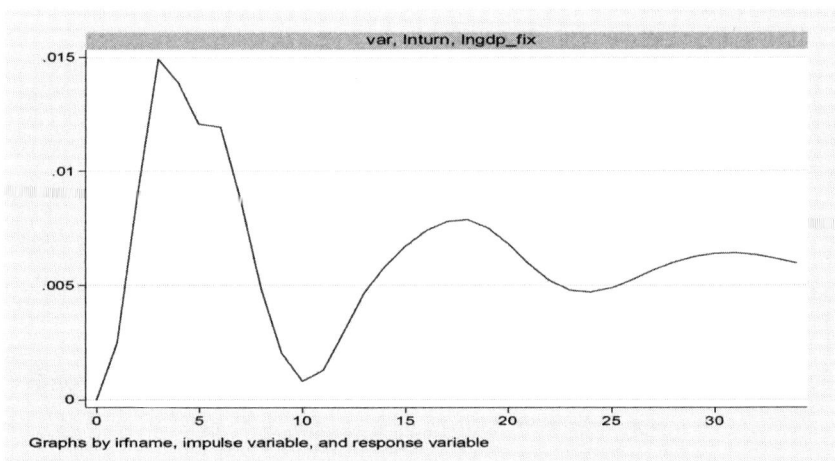

图 5 - 3　GDP 对海运货物周转量冲击的脉冲响应曲线图

　　图 5 - 4 为沿海港口固定资产投资对海运货物周转量冲击的反应,当海运货物周转量受到冲击后,也影响了沿海港口固定资产投资规模。在前 5 期出现了反复震荡上升的现象,第 5 期到第 8 期下降,第 10 期到 15 期上升,到 15 期后震荡幅度越来越小,在之后的较长时间内趋于稳定状态。

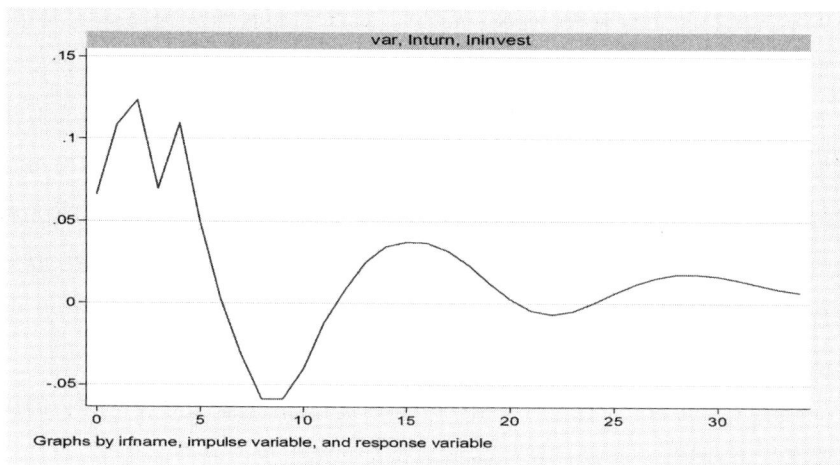

图 5 - 4 港口固定资产投资对海运货物量冲击的脉冲响应曲线图

五、研究结论

利用 1978—2011 年时间序列分析中的协整分析、VAR 模型、误差修正模型以及脉冲响应函数考察了海运货物周转量与 GDP、沿海港口固定资产投资之间的关系。研究结果表明：海运货物周转量与 GDP、港口固定资产投资之间存在长期静态均衡关系和短期动态调整关系。GDP 的发展以及港口基础设施的改善与海运业的发展呈现正相关关系，海运业的发展存在动态调整关系，海运货物周转量对其长期均衡值的偏离有 54％得到纠正。当海运货物周转量受到冲击后，很快就会回到其长期增长路径上去。根据脉冲响应函数结果分析，海运货物周转量对 GDP 冲击存在慢慢吸收过程，沿海港口固定资产投资的冲击对海运货物量的影响在前期强烈，而且反应迅速。经济发展水平是海运业发展的基础，经济发展水平对海运业的发展具有非常重要影响。随着进出口贸易额的增加，对海运的需求也越来越大，经济发展促进了海运业的繁荣；沿海港口固定资产投资的增加，提高了港口基础设施水平，增加了竞争力，对海运业的发展有积极的正向作用。

第二节 海运业与交通运输的代际变化

一、产业结构的升级优化

在工业化阶段，海运需求对经济增长具有较高的弹性，这与基础工业发展需要大量的原料和燃料有关,石油、天然气、煤炭和矿石等成为海运的大宗货物。从世界工业分布可以看出工业发展对海运的依赖。工业的趋海布局是世界经济发展的规律,生产原料与商品都超出本国范围在世界市场进行配置,而海运是完成配置的最主要方式。许多国家的工业和经济中心出现了进一步向沿海移动的趋势,如日本的三湾一海工业区的神户、大阪、名古屋、横滨等城市;意大利南部沿海城市的钢铁、石化工业;法国钢铁工业中心向沿海马赛——福斯、敦刻尔克转移;德国的汉堡、不来梅;荷兰的鹿特丹等。[①]中国在改革开放以后,工业布局也从内陆向沿海转移。

到后工业化时期,随着产业结构的升级优化,海运需求对经济增长的弹性逐渐降低。其原因,一是世界贸易高技术含量和高附加值的产品增多,而其物理体积和重量下降,海运量因之减少;二是海运大宗货物煤、石油等工业原料的运输量减少,国际分工发生变化,工业强国向技术密集型产业转型,将传统工业生产向原料产地转移,原料生产国开始工业化,因而工业原料的海运量大为减少,工业强国也逐步建立起节能的生产体系,作为海运大宗货物的煤与石油等能源消耗品减少。中国正处在产业结构的升级优化时期,从 1978—2011 年海运对工业总产值的货运强度看,海运量增长率下降的大势不会改变(见表 5 - 5、图 5 - 5)。

表 5 - 5　1978—2011 年海运对工业总产值的货运强度表

年份	海运周转量 (亿吨公里)	工业总产值(亿元)	货运强度	年份	海运周转量 (亿吨公里)	工业总产值(亿元)	货运强度
1978	3 266	1 644.8	1.99	1995	15 966	15 480.3	1.03
1979	4 019	1 787.2	2.25	1996	15 983	17 416.2	0.92
1980	4 481	2 017.9	2.22	1997	17 733	19 387.8	0.91
1981	4 585	2 053.0	2.23	1998	18 016	21 113.3	0.85
1982	4 826	2 171.5	2.22	1999	19 843	22 911.4	0.87
1983	5 082	2 382.6	2.13	2000	20 183	40 033.6	0.50
1984	5 565	2 736.5	2.03	2001	24 452	43 504.6	0.56
1985	6 749	3 234.8	2.09	2002	26 001	47 842.2	0.54

[①] 王晶、唐丽敏:《海运经济地理》,大连海事大学出版社,1999 年,第 191 页。

（续表）

年份	海运周转量（亿吨公里）	工业总产值（亿元）	货运强度	年份	海运周转量（亿吨公里）	工业总产值（亿元）	货运强度
1986	7 539	3 546.7	2.13	2003	27 007	53 942.5	0.50
1987	8 312	4 016.4	2.07	2004	39 244	60 151.3	0.65
1988	8 857	4 629.0	1.91	2005	47 047	77 230.8	0.61
1989	9 934	4 863.0	2.04	2006	52 460	87 175.1	0.60
1990	10 479	6 858.0	1.53	2007	60 732	100 170.1	0.61
1991	11 764	7 845.0	1.50	2008	46 112	110 117.4	0.42
1992	11 907	9 505.7	1.25	2009	52 924	119 731.4	0.44
1993	12 298	11 415.4	1.08	2010	62 892	160 722.2	0.39
1994	13 857	13 574.2	1.02	2011	68 859	177 403.6	0.39

注：①海运对工业总产值的货运强度＝货运周转量/工业总产值；②工业总产值为不变价。

资料来源：海运货物周转量中的 1978—1994 年数据来源于《新中国交通五十年统计资料汇编》；1995—2011 年数据来源于《中国航运发展报告》；工业总产值数据来源于《中国统计年鉴2013》。

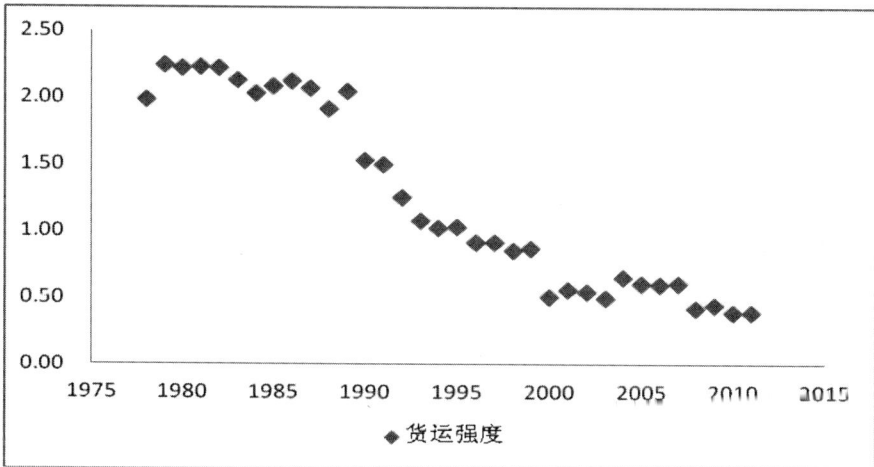

图 5 - 5　1978—2011 年海运对工业总产值的货运强度图

二、运输方式的代际变化

国家经济发展处在不同阶段,其运输方式的结构有所不同,运输方式出现代际变化。随着经济结构的优化升级,商品结构也相应发生变化,商品结构的变化又改变运输方式结构。特别是对外贸易运输,商品结构决定运输方式结构。对于远距离的国际贸易而言,物理体积大、运量大的商品选择海运方式,而物理体积小、运量小又追求运输效率的商品则选择空运方式,例如信息技术类商品。目前在国际贸易中,海运仍占主要地位,但具体到每个国家运输方式的结构有所不同。在发达国家,海运比重在不断下降,空运比重在日益上升。中国的货物空运增长率也在逐渐提高(见图5-6)。

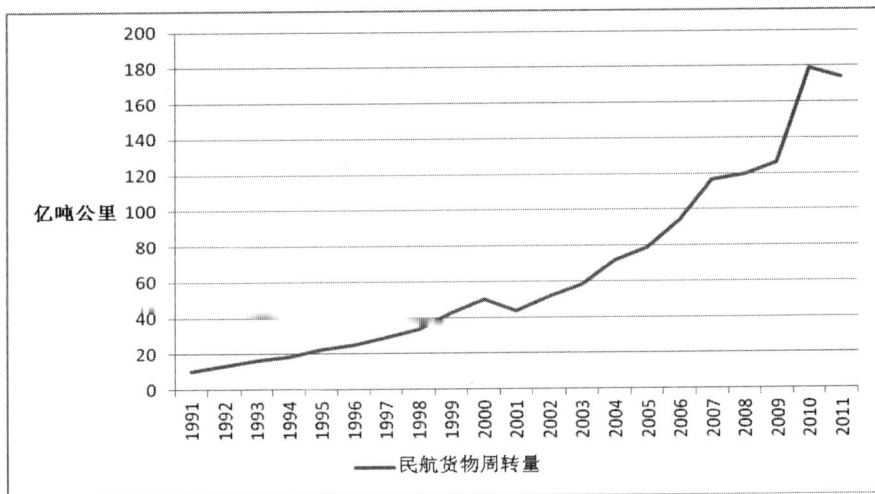

图5-6 1991—2011年中国民航货运周转量图

资料来源:中国交通运输协会:《中国交通年鉴 2012》,中国交通年鉴社,2012年,第886页。

在中国,另一种对海运具有替代影响的运输方式是管道运输。风险性高是海运的特点之一。尤其是远洋运输,漂洋过海,途径国家众多,其风险来自两个方面,一是传统安全的威胁,国际政治、军事和外交的冲突造成交通要道中断,尤其是世界几处"海上交通咽喉"控制权掌握在他国手中,一旦冲突爆发,海运航线将面临中断的风险;二是非传统安全的威胁,恐怖主义和海盗对海运的威胁长期存在。化解海运风险的途径首先加强国际合作,避免冲突,增强军事实力,提高护航能力;其次改变运输方式,利用其他运输方式替代海运。

目前中国的战略物资大量依靠海运,尤其是油气,进口石油主要来自中东和非洲,海运航线途经海盗猖獗的亚丁湾海域以及"海上交通咽喉"马六甲海峡,潜在的风险较高。中国采取发展管道运输的方式降低能源运输的风险。由于能源管道运输具有诸多优点,如高度的隐蔽性、稳定性、连续性以及不受一般的天气变化干扰等,因此今后越来越多的油气通过管道运输方式进入中国境内,并逐步改变传统的海运方式,将成为一个主要趋势。

中国已投产的国际油气管道共有四条:① 中哈油气管道。中哈石油管道在2005 年 6 月开工建设,2006 年开始运行。它西起哈萨克斯坦的阿塔苏,途经阿克纠宾,经过中哈边界的阿拉山口口岸进入中国,该管道一线总体规划年输油能力为 2 000 万吨。② 中俄原油管道。该管道起点为俄罗斯远东斯科沃罗季诺原油分输站,途经中国黑龙江和内蒙古自治区的 13 个市县区,终点为大庆。2010年开始运行,设计输送能力为 1 500 万吨。③ 中缅油气管道。2010 年 6 月,中缅石油管道项目正式开工,2013 年开始运行。该管道从中国云南昆明,经过瑞丽、缅甸的曼德勒直至实兑港。它建成后,来自中东或者非洲的石油,将从缅甸实兑港上岸,通过输油管道直达云南。与通过马六甲海峡运抵中国东南沿海的"太平洋线路"相比,这条"印度洋线路"要近 1 200 多公里。根据规划,每年输送2 000 万吨原油的预定目标。④ 中亚天然气管道。建设始于 2008 年 6 月 30日,是目前中国最主要的天然气进口管道,管道起始于阿姆河右岸的土库曼斯坦和乌兹别克斯坦边境,经乌兹别克斯坦中部和哈萨克斯坦南部,从阿拉山口进入中国,全长约 10 000 公里,是目前世界上最长的天然气管道。每年将从中亚地区向中国稳定输送 300～400 亿立方米的天然气,相当于 2010 年中国天然气消费总量的 30%左右。①

虽然日前管道运输量占进口总量中的份额还不高,但是随着中哈、中俄、中缅和中亚四大油气管道运输后期建设规模的持续扩大,加之可能建设的中(中国)巴(巴基斯坦)石油管道,将逐步提高管道运输量在中国油气进口总量中的份额,意味着能源海运量将大大减少。

在 2000 年,俄罗斯和哈萨克斯坦还没有进入中国原油进口的十大主要来源地,到了 2011 年,它们共占有 12.2%的份额(见表 5 - 6),成为中国新的原油主

---

① 魏一鸣等:《中国能源报告 2012:能源安全研究》,科学技术出版社,2012 年,第 94 - 95 页。

要进口国。

表 5-6　2000 年和 2011 年中国原油进口主要来源地比较表

2000 年			2011 年		
国家	进口量(万吨)	比例(%)	国家	进口量(万吨)	比例(%)
阿曼	1 566.1	22.3	沙特阿拉伯	5 027.8	19.8
安哥拉	863.7	12.3	安哥拉	3 115.0	12.3
伊朗	700.1	10.0	伊朗	2 775.7	10.9
沙特阿拉伯	573.0	8.2	俄罗斯联邦	1 972.5	7.8
印度尼西亚	457.5	6.5	阿曼	1 815.3	7.2
也门共和国	361.2	5.1	伊拉克	1 377.4	5.4
苏丹	331.4	4.7	苏丹	1 298.9	5.1
伊拉克	318.3	4.5	委内瑞拉	1 151.8	4.5
越南	315.9	4.5	哈萨克斯坦	1 121.1	4.4
卡塔尔	159.9	2.3	科威特	954.2	3.8

资料来源:中国海关数据库。

2010 年管输原油 7 180.1 万吨,管输成品油 1 900.1 万吨,比上年增加 198.9 万吨。2010 年,天然气年管输能力 868 亿立方米,是 2005 年 460 亿立方米的 1 倍;成品油年管输能力 2 300 万吨。"十一五"期间,中哈原油管道、中亚天然气管道和西气东输二线西段先后建成投产;中俄原油管道按计划投产,漠大线开始输送俄油,中缅油气管道开工建设;大连、江苏 LNG 项目主体工程完工,唐山 LNG 项目具备全面开工建设条件。这些油气储运设施的建设和投产标志着西北、东北、西南和海上四大油气战略通道格局基本形成。①

尽管在未来相当长的时期里,海洋运输将继续成为能源进口的主要运输方式。但是海运量增长率下降的大势也不会改变。

---

① 《中国交通年鉴》社:《中国交通年鉴 2011》,中国交通年鉴出版社,2011 年,第 270 页。

第三节　海运业与国家安全的特殊关系

海运业的行业特性在于其不仅作为国民经济中的基础性和先导性产业，对国民经济发挥重要作用，而且还带有"半军事化"性质，对维护国家安全和海外利益紧密相关。

一、商船队与制海权

商船队是一支国防后备力量，享有"第四军事力量"之称。在战争时期，商船队"弃商从军"，直接参与军事行动，一是为战争后勤提供运输服务，20 世纪 80 年代的马岛海战以及 90 年代的海湾战争都曾征用商船队；二是将商船改装成为军舰，第二次世界大战美国、日本等国为紧急扩充军力而将大型商船改装成为航空母舰等各种类的军舰。海员也成为海军的后备军，具备航海技能的海员在战时应征入伍成为海军。

15 世纪以后商船队"准军事力量"的作用日益凸显，商船队以"亦商亦军"的方式，一方面为从事经济性活动，为贸易交往运输商品；另一方面从事军事性活动，为殖民侵略直接或间接地参与军事行动。商船队成为维护国家安全与海外利益的重要力量。

19 世纪末，美国军事理论家阿尔弗雷德·塞耶·马汉（Alfred Thayer Marhan）提出了著名的"海权论"，认为制海权是统治世界的决定因素，为了夺取和保持制海权，必须拥有强大的商船队。15 世纪以来葡萄牙、西班牙、荷兰、英国、美国和日本等世界大国的先后崛起印证了马汉的观点。拥有一支强大的商船队成为世界大国的标志。

由于商船队所具有的特殊性质，世界大国无不对海运业实行特殊的政策，尽管政策内容有差异，但其目的无一例外都是为了扶持和保护本国的海运，确保拥有一支国家控制、力量强大的商船队。

近代以来，中国海运业落后，军事上无力抗击自海而来的外敌入侵，经济上受到国外海运企业的垄断。新中国成立初期，外贸运输仍然依赖外轮，1959 年印度尼西亚发生"排华"事件，中国为接回华侨仍须依靠租用外轮。百余年来处处被动、受制于人的局面促使国人产生"必须拥有船"的强烈愿望，因此中国政府大力发展海运力量，包括军事舰队和商船队。

中国商船队力量的壮大的确增强了维护国家安全的应急能力。2000 年

6月5日,所罗门群岛发生政变,中国在当地的许多侨民急待撤离,而所罗门群岛与中国没有外交关系。中国政府获知情况之后,立即指示中国远洋运输(集团)总公司就近调遣船只前往撤侨。6月12日,正在航行中的"阳江河"轮调转船头全速驶向所罗门群岛执行任务,饱经磨难和忧患的110余名侨胞们才得以迅速撤离。2011年,利比里亚局势发生重大变化,中国在利比里亚的3万多公民的使命安全受到威胁,中国政府立刻部署撤侨行动,中国海运企业的十几艘船只第一时间驶抵接侨点,中国公民顺利撤离利比里亚。①

二、海外港口与码头

改革开放以来,中国港口业的发展历经"引进来"和"走出去"两个阶段。在第一个阶段,改革港口体制,放宽市场准入,引进境外企业参与港口建设,打破国家经营管理的垄断局面。境外企业为中国港口建设提供了资金、技术和管理制度,对改变中国港口的落后面貌以适应改革开放新形势的需求发挥重要的作用。

加入世贸组织后,中国进一步提高港口市场开放度,放开对外商投资港口的股权限制,2002年4月1日起实施的新版《外商投资产业指导目录》及附件,对外商进入交通基础设施建设和经营方面作了重大调整,放宽了外商投资港口的控股比例限制,即取消港口公共码头的中方控股要求,外商在投资内地码头时,可以享有控股权,这标志着中国港口建设和经营的开发力度在不断加深。

2002年6月,交通部批准了国内第一家由外资控股的中外合资码头公司——厦门象屿保税区惠建码头有限公司,该公司可以经营海上国际集装箱港口装卸、仓储和中转等业务。这种港口投融资政策的改革,有利于提高境外投资者的积极性,拓展融资渠道,改变港口的投资结构和经营结构;有利于加快港口建设步伐,促进港口管理和技术进步,提高港口经营管理水平,更好地适应市场要求。②

2004年《港口法》以立法形式明确了多元化投资主体和经营主体,放开引入外资的持股比例,并且允许外资控股,该项政策吸引了众多的境外投资商参与中国码头建设。2004年,中外合资的集装箱码头完成吞吐量4 059万TEU,占中国港口吞吐量的65.7%,③境外资本在中国码头市场占据重要地位,在各大港口中均有中外合资的码头(见表5-7)。2007年,迪拜世界港口取得青岛前湾的集

---

① 贾大山:《海运强国战略》,上海交通大学出版社,2013年,第36—37页。
② 交通部:《2002中国航运发展报告》,人民交通出版社,2003年,第74页。
③ 王成金:《集装箱港口网络形成演化与发展机制》,科学出版社,2012年,第303页。

装箱码头项目,成为中国大陆第一家外商独资码头。

表 5-7　部分中外合资的集装箱码头注资比例表

港口	码头	境外投资企业	注资比例(%)
天津	天津东方海陆集装箱码头	环球货柜新世界天津公司	49
青岛	青岛前湾	铁行/马士基/中远太平洋	29/20/20
	青岛远港集装箱码头	中远太平洋	50
大连	大连集装箱码头	新加坡港务/马士基	42/7
宁波	宁波北仑港二期	和记黄埔	49
上海	上海港集装箱码头	和记黄埔	50
	上海外高桥四期	马士基	49
	上海外高桥一期	和记黄埔/中远太平洋	30/20
广州	广州港集装箱码头	新加坡港务集团	49
厦门	厦门国际货柜码头	和记黄埔	49
	厦门象屿保税区惠建码头	香港新创集团	50
深圳	盐田国际集装箱码头	和记黄埔	73
	蛇口集装箱码头	招商国际/中远/铁行/太古洋行	32.5/17.5/25/25
	赤湾集装箱码头	招商国际/嘉里	20/25
福州	福州江阴集装箱码头	新加坡港务集团	0
汕头	汕头国际货柜码头	和记黄埔	70
南京	南京国际集装箱装卸公司	美国英雪纳码头	>50
南海	南海国际货柜码头	和记黄埔	50
江门	江门国际货柜码头	和记黄埔	50
珠海	珠海国际货柜码头	和记黄埔	50
张家港	张家港永嘉集装箱码头	中远太平洋	49
秦皇岛	秦皇岛集装箱港务有限公司	香港银都机场公司	49

资料来源:王成金:《集装箱港口网络形成演化与发展机制》,科学出版社,2012 年,第 305 页。

港口市场多元化是市场机制发挥作用的一个体现。目前,外资对中国港口的控制力在加强,而政府的控制力却在减弱,因此,防止外资对中国港口的垄断或控制是未来政府的重点干预领域。

在第二个阶段,中国政府鼓励海运企业"走出去",到海外投资建设、经营港

口和码头。中国远洋运输(集团)总公司扮演"领头羊"角色,率先"走出去",2002
年其码头吞吐量达 470 万 TEU,占全球总吞吐量的 1.7%,已跃居全球性码头经
营公司第 8 位。虽然成绩不俗,但是与前三位的香港和记黄埔、新加坡港务集团
和丹麦 APM 码头集团相比较差距甚远(见表 5 - 8)。

表 5 - 8　2002 年二十大全球性码头经营公司排名表

单位:百万 TEU

排名	公司名称	吞吐量	占全球总吞吐量比例
1	和记黄埔(中国香港)	36.7	13.3%
2	新加坡港务集团(新加坡)	26.2	9.5%
3	APM 码头集团(丹麦)	17.2	6.2%
4	铁行港口集团(英国)	12.8	4.6%
5	欧门(德国)	9.5	3.5%
6	长荣(中国台湾)	5.7	2.1%
7	迪拜港务局(阿联酋)	5.3	1.9%
8	中远(中国)	4.7	1.7%
9	韩进(韩国)	4.7	1.7%
10	美国装卸服务公司(SSA)(美国)	4.4	1.6%
11	美国总统轮船公司(美国)	4.3	1.6%
12	汉堡港仓储公司(HHLA)(德国)	4	1.4%
13	日本邮船(包括塞雷斯)(中国香港)	3.5	1.3%
14	东方海外(中国香港)	3	1.1%
15	CSX 环球码头(美国)	2.7	1%
16	商船三井(日本)	2.7	1%
17	Dragados(西班牙)	2.3	0.8%
18	川崎汽船(日本)	2.2	0.8%
19	巴塞罗纳码头公司(西班牙)	2.2	0.8%
20	地中海航运(瑞士)	2.2	0.8%
	二十大公司合计	154.1	56.7%

资料来源:白水:《大型码头经营公司主导全球码头业》,《海运情报》2004 年第 3 期。

中远太平洋、招商局国际以及上港集团作为中国大陆三家顶尖港口运营商，其海外拓展的发展轨迹不尽相同，但无一例外，成为全球卓越的码头运营商和物流服务商将是它们共同的目标。中国海运企业借助中国经济的快速发展而起飞，羽翼逐渐丰满，开始将触角伸至海外。

2003年，中国远洋运输（集团）总公司旗下的中远太平洋获取新加坡两个泊位49％权益；2004年，中远太平洋收购比利时安特卫普港25％的股权；2007年，中远太平洋收购苏伊士运河码头20％的股权。2008年，中远太平洋以8.31亿欧元获得希腊第一大港比雷埃夫斯港2号码头现有土地设施和新3号码头东面部分土地的35年独家使用及商业经营权，从2009年10月1日正式启用比雷埃夫斯港2号及3号码头特许经营权。

2008年，招商局国际迈出海外投资第一步：与越南航运公司Vinalines旗下的BSPD和越南国家油气公司旗下的PVSB共同设立头顿国际集装箱港口合营公司（VICP），计划建设、开发和运营位于越南南部经济中心区巴地头顿省的头顿国际集装箱港口。

2010年，上港集团向马士基集团收购其在比利时泽布吕赫码头公司中25％的股份，成为该码头公司第二大股东。泽布吕赫港是欧洲北海海岸4个深水港口之一，是欧洲最大的煤气转运港和液化气进口港，也是欧洲第6大集装箱港。[1]

对于中国向外扩张港口和码头业，国外舆论格外关注，它们对此的解读不仅是从经济意义上分析，更多地是从国际政治和军事战略上考量，尤其是中远太平洋公司获得希腊比雷埃夫斯港35年的特许经营权，被认为是中国不费一枪一弹"拿下"希腊第一大港、地中海东部枢纽港，将它变成中国在欧洲的香港。中国海外的港口和码头布局除了在欧洲有希腊比雷埃夫斯港、比利时安特卫普港和泽布吕赫港，在亚洲还有位于缅甸的皎漂港、斯里兰卡的科伦坡港和巴基斯坦的瓜达尔港。从地缘政治上看，这三个港口都是印度洋地区的战略要地。

缅甸西部兰里岛北端的皎漂港虽然是一个不起眼的小城市，很少有人知道它被中国寄予厚望的中缅油气管道的起点。中国已经投资数十亿美元用来开发这个缅甸海港。汉班托特位于斯里兰卡首都科伦坡东南约240公里处，2011年8月，斯里兰卡与中国招商局国际有限公司签署了科伦坡港南集装箱码头项

---

① 刘俊：《中国码头运营商海外市场大显身手》，《航运交易公报》2010年6月11日。

目 BOT(建设—经营—移交)协议,总投资超过了5亿。瓜达尔港位处巴基斯坦西南沿海,靠近巴伊边境和霍尔木兹海峡,是中东石油产区和人口稠密的南亚地区的进发之地。巴基斯坦政府更是决定将境内唯一深水港瓜达尔港的控股权交给三家中国企业:中国远洋运输集团、招商局国际有限公司和中国海外港口控股公司。

在美洲,2008年4月18日,中国海运(集团)总公司在西雅图港与美国SSA、MATSON合资组建了码头公司,用于向西雅图港务局租赁经营集装箱码头。西雅图港位于美国西部沿海,是美国第二大集装箱港,也是美国距离远东最近的港口。在非洲,中国招商局国际有限公司于2011年并购了以星航运公司在尼日利亚廷坎岛集装箱码头的股份,廷坎是位于尼日利亚贝宁湾的岛港,作为开拓非洲市场战略中的重要一环。①

尽管向外扩张港口和码头业是企业的商业行为,目的是为了扩大经营规模和提高经济效益,但是有些国家对此存在顾虑,担忧中国将这些在海外控制的港口和码头变为军事基地。

在殖民时代,殖民地国家依靠军舰和商船队跨海越洋占据殖民地,以赤裸裸的暴力方式实现国家利益。在当代,这种方式显然难以为继。在海外投资、经营港口和码头的方式取代了武力征服,但同样也可以达到"开疆拓土"的目的。对于企业而言,港口业的风险低于航运业,收益也高于航运业,因此具有资本扩张实力的企业除了经营航运业务还会投资港口业务。对于国家而言,在未来实现国家利益上港口和码头较之商船队更为重要。

第四节 海运业与强国战略的辩证关系

一、海运强国战略的提出

进入21世纪之后,中国政府屡次提出建设海运强国。2002年,交通运输部首先在《公路水路交通发展战略》中提出海运强国战略;2003年,在国务院文件《全国海洋经济发展规划纲要》中明确提出了"逐步建设海运强国"的目标;等等。目前,力主呼吁和推动海运强国战略的力量主要来自三个方面:第一是交通运输

---

① 涂重航:《鲜为人知的中国海外港口帝国》,中国水运网 http://www.zgsyb.com/html/zt/2013/07/789501030796.html,访问时间:2013年9月20日。

部门,海运属于主要运输方式之一,交通运输部最早提出并最积极、最能直接推动海运强国战略;第二是海洋管理部门,海运属于海洋经济中的行业之一,随着海洋强国战略的提出,推动海运强国战略成为其必不可少的一部分;第三是服务贸易部门,海运属于服务贸易范畴,并且在服务进出口贸易占据较高的比重(见图5-7),作为提高对外贸易发展水平的重点领域。

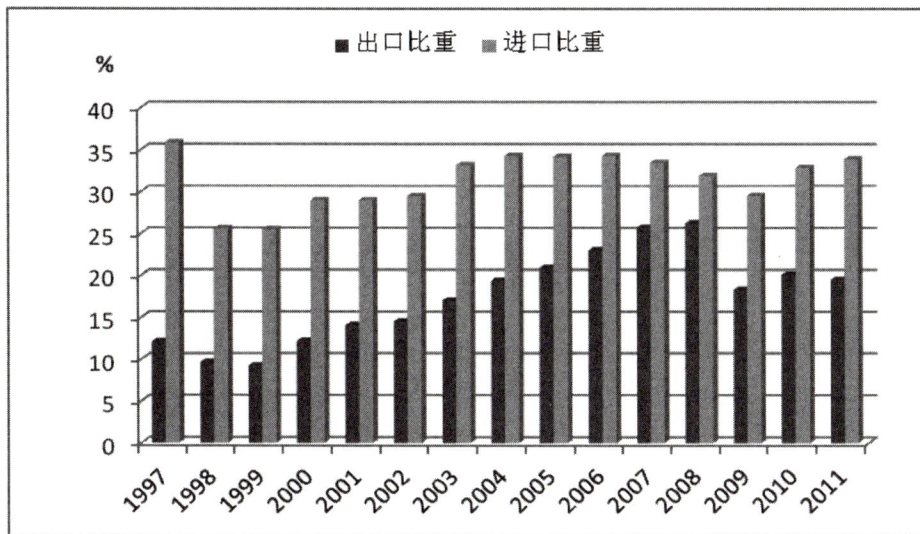

图 5-7 1997—2011 年中国服务进出口贸易中运输进出口服务贸易的比重图

资料来源:周柳军:《中国服务贸易发展报告 2012》,中国商务出版社,2013 年,第 178 - 182 页。

现阶段,中国的海运经济处在大而不强的状态。从数量和规模上看,中国的海运经济容量已经足够大,例如商船队、港口吞吐量、船舶生产的数量和规模均称雄世界。但是,从竞争力看中国的海运经济还不够强大。例如,中国服务进出口贸易长期逆差,主要是由运输服务进出口贸易造成,从 1997—2011 年一直处于逆差上涨状态,有些年度运输服务进出口贸易逆差额还高于服务进出口贸易逆差总额(见表5-9)。而运输服务进出口贸易中,海运占据绝对主体地位,运输服务进出口贸易的逆差基本上是由海运造成的。因此,建设海运强国,增强海运服务贸易竞争力,扭转服务贸易逆差成为服务贸易部门最为常见的政策主张。

表 5－9 1997—2011 年中国服务进出口贸易逆差表

单位：亿美元

年份	服务进出口贸易逆差总额	运输服务进出口逆差额
1997	－32.2	－69.9
1998	－25.9	－44.6
1999	－48.0	－54.8
2000	－57.1	61.3
2001	－61.3	－66.9
2002	－67.0	－78.9
2003	－84.8	－103.3
2004	－95.5	－124.8
2005	－92.6	－130.2
2006	－89.1	－133.5
2007	－76.0	－119.5
2008	－115.6	－119.1
2009	－295.1	－230.1
2010	－219.3	－290.5
2011	－549.2	－448.7

资料来源：周柳军：《中国服务贸易发展报告 2012》，中国商务出版社，2013 年，第 183 页。

二、海运强国战略的误区

无论理论界还是实务界，关于海运强国战略的探讨升温不断。值得注意的是要警惕两个方面：第一，过度拔高海运的地位，容易造成政府过度干预；第二，过度拔高海运的地位，容易造成脱离国情实际。

首先，过度拔高海运经济，不断地呼吁政府关注和重视，将导致过分地依赖政府的干预。交通运输行业呼吁将海运业上升为国家战略性产业，期望以此得到国家更多的支持。例如中国船东协会会长提出，"鉴于海运业在国家经济建设和国防战备中的重要地位，建议尽快将海运业确定为国家战略性服务产业进行重点支持，加大资金投入和政策支持力度，对航运企业实行税收优惠、关税减免、低息贷款，造、拆船及船舶营运补贴等多种支持政策，从财税、信贷、土地和价格等方面进一步完善和促进政策支持体系;同时,重点支持关键领域、薄弱环节的发展和提高自主创新能力,鼓励海运业又传统产业向现代服务产业转变。"①政府过度干预,必将破坏市场机制的发挥,从长远看不利于海运经济的健康发展。

其次,过度拔高海运的地位,造成脱离国情实际。每一个临海国家是否都具有建设海运强国的必要性和可行性? 在举国上下高呼建设海运强国的背景下,这是一个值得深思的问题。

海运强国包含两层意义:一是海运经济强大的国家;二是发展海运经济实现国家综合实力强大的目标。

对于第一层含义,即建设海运强国的必要性,要警惕不能忽视国情实际。海运业特别是航运业,具有高风险和微利的特性已是共识。从经济角度看,对于这种行业是否有必要将其列为国民经济重点发展的行业? 这需要从国情实际出发,主要依据自然禀赋条件和后天生产条件。

第一,自然禀赋条件。俄罗斯、中国和美国是国土面积的大国,但是海岸线系数相对较小;日本、挪威、希腊、英国和丹麦虽然国土面积小,但是海岸系数较高(见表5-10)。前者国土面积大,经济自给程度高;而后者国土面积小,经济自给程度低。因此后者相比前者对发展海运的重视程度较高,海运业在国民经济中的地位相对较高,其海运企业的国际竞争力也较强。2004年,作为丹麦第二大出口产业的航运业创收200亿美元,航运业占丹麦GDP的比重达10%。丹麦共有约1 000家航运相关企业,相关的产业人员达7万人。②日本、希腊、英国和丹麦的船队规模和竞争力都位居世界前列。海岸线系数是决定海运业在一国国民经济地位的重要影响因素。相对日本、挪威、希腊、英国和丹麦而言,中国海运业在国民经济中占据的比例和地位都要低。

表 5-10　部分国家的海岸线系数比较表

国家	海岸线长度 (公里)	国土面积 (万平方公里)	海岸线系数 (公里/万平方公里)
俄罗斯	34 000	1 710	19.90
中国	32 000	960	33.30

---

① 张守国:《对中国航运业可持续发展的建议》,《中国交通年鉴2012》,中国交通年鉴社,2012年,第852页。

② 智天皓:《丹麦航运概览》,《海运情报》2006年第2期。

（续表）

国家	海岸线长度 （公里）	国土面积 （万平方公里）	海岸线系数 （公里/万平方公里）
日本	30 000	33.77	800.20
美国	22 680	937.26	24.20
挪威	20 000	38.7	516.80
希腊	15 000	13.2	1 136.40
英国	11 450	24.41	469.10
丹麦	7 400	4.31	1 717.70

资料来源：交通部综合规划司：《新中国交通五十年统计资料汇编(1949—1999)》，人民交通出版社，2000年，第159页。

第二，后天生产条件。这里的后天生产条件主要是指国家经济发展状况。国家经济发展处在不同的水平和阶段，对海运业的需要有所不同。在本章第一、二节已有所论述，在此不再赘言。

对于第二层含义，即是海运强国的可行性，要警惕不能忽视时代背景。早期西方殖民国家的崛起无不是海运先行，强大的海运实力为其扩张海外殖民、打开世界市场披荆斩棘、所向披靡，海运成为殖民国家称霸世界的决定性条件。而当历史已成为世界历史，世界市场已形成，海运的角色逐渐弱化，海运牛用为王山海运民用为主转变，它的强大并不一定意味着国家的强大，例如丹麦和希腊，海运实力堪称世界一流，但从综合国力衡量不是世界一流强国。在当代，"海运强则国家强"的思想观念是错误的，甚至是有害的。海运并不是国家强盛的充分必要条件，而是必要不充分条件，国民经济的发展需要强大的海运，"海运弱则国家弱"，但是"海运强，国家并不一定强"。

在中国，人们常以西方殖民国家的崛起以及中国明清时期的海禁政策作为正、反面例子来论证发展海运业的重要性。海运业成为国家崛起和对外开放的代名词，形成了"不大力发展海运业，国家难以崛起"及"不大力发展海运业，就不是对外开放"的错误观念。在现阶段，不需要再拿西方殖民国家崛起的例子来作为发展海运业的理由，因为时代背景已发生巨大变化，它们的崛起主要是依靠海上暴力，如今仅靠海运业难以立大国；也不需要再将对外开放作为发展海运业的理由，通过梳理新中国成立以来的海运经济史，已经足以证明中国政府始终在积极争取对外开放。

第六章

结束语

通过以政府与市场的作用为视角对当代中国海运经济进行历史考察,总结出以下四点结论及启示。

第一,海运经济的发展需要政府与市场的共同作用。

通过系统梳理当代中国海运经济的发展历程,不难发现这是政府与市场共同发挥作用的过程。在计划经济时期,不仅有政府干预,还存在市场机制;在市场经济时期,不仅有市场机制,还存在政府干预。尽管当代中国海运经济史是一个市场化的过程,呈现出政府力量在不断减弱,市场力量在不断增强,但是并不意味着政府力量将会从海运经济领域退出。政府干预长期存在的原因在于:

首先,海运业具有自然垄断性。规模经济是自然垄断形成的充分必要条件,因为规模经济的存在使得企业的生产成本随着规模的扩大而降低,出现社会上只有一家企业时最为经济的现象。海运业的初始投资巨大,例如造船厂和港口等基础设施的建设以及船舶的购买都需要巨额资本,这些固定成本随着企业规模的扩大而逐渐降低,这个特点决定了海运业具有自然垄断特性,而且,由于投入高,无形中抬高了行业的市场准入水平,容易形成较高的市场进入壁垒,大规模的公共或私人企业更容易成为垄断者。但是,垄断势力的存在并不能做到使海运供给达到最优状态,一定程度的政府干预,如运价管制等可以迫使处于非完全竞争的海运企业接受近似完全竞争的运价水平,并调整自己的供给行为。特别是在中国改革开放初期,海运业市场化刚启动,在市场主体数量不多还不能形成完全竞争的情况下,若放开价格管制则将会出现垄断高价行为,因此,通过培育更多的海运市场主体,国内海运企业大量涌现,国外海运企业大量进入,此时才能够放开价格管制。

同时,海运业还具有低边际成本和强资产专用性的特点。低边际成本的特点会促使企业在竞争激烈之时通常把价格降低至平均成本之下,容易引发价格战,从而将运费降至边际成本,这种做法是难以持久的,最终将会导致企业无法收回固定成本而破产。世界海运市场不断地上演这样的恶性竞争。因此,过度的竞争和垄断对海运业的正常运行都是不利的,若单纯依靠市场的调节很难使海运供给达到最优状态,即要么会造成海运供给不足,要么会造成恶性竞争。政府的干预显得尤为重要。

其次,海运业具有外部性。海运业具有正、负外部性。与其他运输方式一样,海运业的正外部性体现在为经济活动提供运输服务,为经济发展的规模和质量提供基础。在战争时期,商船队成为"第四军事力量"以及海外港口和码头发挥"军事基地"的作用是海运业特有的正外部性。这是每个国家都主张维持一支商船队、积极对外投资港口和码头建设的共同原因,也是每个国家都对海运业进行政府干预的原因。海运业的负外部性在于它所带来的环境污染问题。尤其是,海运业造成的海水污染超越国界,成为国际性问题,而有些国家借绿色海运之机打击他国海运力量,加剧了国际海运业的复杂性,仅依靠市场机制是难以解决的。

因此,尽管海运业是一个国际化和市场化程度较高的产业,但是它的发展历程表明它的发展需要政府干预。世界上没有任何两个国家的海运政策是完全一致的,但是都存在相似之处,即需要政府与市场的共同作用。

第二,海运经济的发展可以实现强政府与强市场的有机结合。

政府和市场的关系是社会科学研究的一个基础性研究课题,政府和市场的关系在学术界已经争议不大,政府与市场的分工与界线也分析得比较透彻。对于这个"分工"关系,厉以宁认为,政府不要做可以让市场做的事情。[1]吴敬琏在考察 20 世纪社会经济制度变迁的基础上指出,明智合理地界定政府和市场之间的适宜边界,是经济稳定运行和长期增长的一个重大问题。世界各国的历史教训无可争辩地表明,政府过多干预,常常扼杀民间的创造力,使得经济缺乏效率和活力,因而必须充分发挥市场机制的激励和协调功能。在实际的经济生活中保证市场公平和有序时,要恰当地发挥政府的作用。通过市场和政府这双看不见和看得见的手的巧妙结合,创造繁荣的经济、富裕的生活和公正的社会。[2]

"政府失灵"与"市场失灵"同时存在,对于政府与市场而言,弥补自身的"失

---

[1]　厉以宁:《政府不要做可以让市场做的事情》,http://bschool.hexun.com/2013-12-21/160793888.html.

[2]　吴敬琏:《当代中国经济改革》,上海远东出版社,2004 年,第 400 页。

灵"都必须依靠对方,这为政府与市场的并存提供了客观依据。政府与市场在各自的界限范围内发挥作用,其力量自然越是强大越有利,在这个意义上看,强政府与强市场的结合最完美。

当代中国海运经济体现出强政府与强市场是可以结合在一起的。纵观当代中国海运经济史,政府与市场的关系一直在不断地调整,两者的"分工"界线由模糊渐变清晰。应该说,解决好"分工"关系是促进政府与市场在海运经济领域共同发挥作用的前提。而界定政府的作用范围是解决好"分工"关系的关键。在中国海运经济中,政府大幅度减少对资源的直接配置,主要在建设统一开放、竞争有序的海运经济市场体系以及提供公共服务上发挥作用。强大的政府并不意味着必将突破政府的界限,而是指它在其领域内发挥更强的作用。例如,中国军力随着政府的强大而强大,为海运提供安全保障,近年来中国军舰为商船队保驾护航的能力不断提升;中国政府的国际地位不断提高,有利于在国际海运界争取话语权,维护本国海运利益。

第三,海运经济政策的制定要注重从产业发展的阶段出发。

在海运政策上,长期存在保护主义与自由主义之争,从国际关系角度看,它是国家利益之争;但从资源配置的角度看,它是政府与市场之争,因为保护主义与自由主义的具体政策落实就体现在资源配置中政府与市场的地位之争。本书认为,这两种政策的分歧最终体现在实践中如何处理政府与市场在海运经济中的关系之上,保护主义政策强调政府干预,自由主义政策强调市场调节。海运经济的发展不能单纯依赖政府干预或者市场调节,而是需要政府与市场二者共同发挥作用。在发挥政府与市场的作用时,要结合产业发展的阶段性。

纵览中外海运经济史,得出两个规律性的认识:一是当海运业处在幼稚阶段采取保护主义政策较为有利;二是当海运业处在成熟阶段采取自由主义政策较为有利。

以英国海运业为例。英国工业革命的兴起与海运业的发展密不可分。为了与荷兰争夺海上霸权,1651年制定航海法令,禁止一切外国商船将其非本国所产的货物输入英国,亚洲、非洲和美洲各地与英国港口之间的贸易,一律保留给那些在英国建造的、属于英国船主并配属英国船员的船舶。通过政府立法保护和扶持了英国原本弱小的海上运输业,打败当时享有"海上马车夫"美誉的荷兰,英国商船队逐渐发展成为世界上最强大的海上商船队,同时促进了英国的海外贸易。

中国在20世纪50—80年代实行保护主义政策符合海运经济发展规律,实践证明这一政策是正确的。在处理政府与市场关系上,要充分考虑全球化的因素。在民族国家时期,国家利益冲突必不可免,市场机制不能完全维护国家利益,在这个前提下,就必须加强政府干预。在国际海运业中,仅依靠市场机制是不可能实现国家间利益均衡的。海运业与民航业虽然都是国际性的运输行业,但是,第三世界国家所获的市场份额与它们的航空乘客占世界总量的份额差不多是成比例的,第三世界航空公司已能与工业化世界的公司平起平坐。[①]而海运业则不同,1985 年发展中国家海运贸易的货物占世界货流量的 37%,而这时他们所拥有的船队的吨位仅占世界船队吨位的 17%。[②]

但是,当海运业处在成熟阶段若还一味实行保护主义政策将走向衰落。美国的海运业便是一个典例。第二次世界大战后,美国的海运(包括军用与民用)是世界最强者。但此后美国政府在海运政策上一贯实行保护主义政策,甚至出现国家财政给予海运业的补贴超过了海运业的财政收入,美国海运决策层不得不承认其海运政策是失败的。[③]其海运企业的国际竞争力越来越弱,民用海运业一直在走下坡路。

中国海运经济在 20 世纪 90 年代开始转变传统的政策,由保护主义政策转向实行自由主义政策,这个时机的选择是正确的。中国海运经济发展在此阶段已步入快车道,1993 年中国商船队的运力规模已经排名世界第 10 位;海运企业不断壮大,同年 10 月 5 日,中国远洋运输总公司将其在新加坡收购的一家上市公司更名为"中远投资(新加坡)有限公司",拉开对外扩张序幕,具备了一定的国际竞争力。在此基础上实行自由主义政策更加有利于海运经济的发展。

因此,在海运业处在成熟阶段坚持实行自由主义政策,不应因为海运业周期性的低谷出现而改变这一政策方向。"十年一峰,五年一谷"是海运经济发展的规律,它决定了海运市场的繁荣是短暂的,长期处在萧条和复苏状态。对于海运业周期性的低谷,应更多依赖市场机制的调节。2008 年以来,中国海运业处于低谷状态,中国远洋运输(集团)总公司等多家大型海运企业严重亏损,但是不应过分地加大政府干预,超越政府作用的界限,破坏市场机制的发挥。

第四,海运经济政策的制定要注重从产业具有的特征出发。

把握产业特征是制定产业经济发展政策的前提基础,是调整产业经济活动

---

① (美)斯蒂芬·D. 克莱斯勒著,李小华译:《结构冲突:第三世界对抗全球自由主义》,浙江人民出版社,2001 年,第 196 页。
② 钟秋:《世界商船队的组成和结构》,《海运情报》1987 年第 11 期。
③ 徐剑华:《国际航运经济新论》,人民交通出版社,1997 年,第 105 页。

中政府与市场关系的重要依据。从历史演进的角度看,海运业具有四个显著的产业特征:第一,海运业是国民经济的基础性产业;第二,工业化进程引起的运输方式代际变化将使海运业的影响力趋于下降;第三,海运业与国家安全密切相关;第四,时代背景的差异使海运业对大国崛起的影响发生变化。

海运业的特征决定了它的影响已经超出经济效益的范畴,还有政治、军事、社会等方面的考量。实现大国崛起的强国梦离不开海运业的支撑,但是,需要辩证看待海运业,不可过度拔高它的地位。过度拔高海运业的地位,将产生政府干预过多的负面影响,不利于海运业的健康持续发展。

在中国,对于海运业的产业定位,应将它作为国民经济的基础性产业,以适应国民经济发展的需要为标准,不宜过于追求海运服务贸易的顺差,不应为了片面追求海运业尤其是商船队的规模而给国家财政带来沉重的负担。

参 考 文 献

图书

[1]《当代香港航运》编委会:《当代香港航运》,大连海事大学出版社,1997年。

[2]《当代中国》丛书编辑部:《当代中国的水运事业》,中国社会科学出版社,1989年。

[3]《当代中国》丛书编辑部:《当代中国的船舶工业》,当代中国出版社,1992年。

[4]《当代中国》丛书编辑部:《当代中国的海洋事业》,中国社会科学出版社,1985年。

[5]《当代中国对外贸易》编辑部:《当代中国对外贸易(上、下)》,当代中国出版社,1992年。

[6]《福建航运史》编委会:《福建航运史(现代部分)》,人民交通出版社,2001年。

[7]《广东航运史(现代部分)》编委会:《广东航运史(现代部分)》,人民交通出版社,1994年。

[8]《广西航运史》编审委员会:《广西航运史》,人民交通出版社,1991年。

[9]《山东航运史》编委会:《山东航运史》,人民交通出版社,1993年。

[10]《中国对外贸易运输总公司发展史》编写组:《中国外运四十年》,中国工人出版社,1990年。

[11]《中国海洋志》编纂委员会:《中国海洋志》,大象出版社,2003年。

[12]《中国交通改革十年》编辑委员会:《中国交通改革十年(1978—1988)》,人民交通出版社,1990年。

[13]《中国交通运输改革开放30年》丛书编委会:《中国交通运输改革开放30年·水运卷》,人民交通出版社,2009年。

[14]白雪洁、王燕:《中国交通运输产业的改革与发展》,经济管理出版社,

2010 年。

[15] 蔡桂英:《国际航运经济》,人民交通出版社,1995 年。

[16] 蔡雅丽:《大连轮船公司史》,大连海事大学出版社,1999 年。

[17] 陈海宽、汪成、李晨:《交通运输服务贸易与物流》,中国海关出版社,
2002 年。

[18] 陈林生、李欣、高健:《海洋经济导论》,上海财经大学出版社,2013 年。

[19] 邓璇玲:《中国船舶工业年鉴》(2006—2013),中国船舶工业年鉴编辑部,
2006—2013 年。

[20] 范厚明:《海运企业跨国经营投资研究》,大连海事大学出版社,2003 年。

[21] 冯金华:《新凯恩斯主义经济学》,武汉大学出版社,1997 年。

[22] 福建省地方志编纂委员会:《福建省志·交通志》,方志出版社,1998 年。

[23] 福州港史志编辑委员会:《福州港史》,人民交通出版社,1996 年。

[24] 高梁:《挺起中国的脊梁:全球化的冲击和中国的战略产业》,石油工业出版
社,2001 年。

[25] 谷牧:《谷牧回忆录》,中央文献出版社,2009 年。

[26] 顾裕瑞、李志俭:《北海港史》,人民交通出版社,1988 年。

[27] 广东省地方史志编纂委员会:《广东省志·水运志》,广东人民出版社,
2006 年。

[28] 广西壮族自治区地方志编纂委员会编:《广西通志·交通志》,广西人民出
版社,1996 年。

[29] 贵义和:《天津港史(现代部分)》,人民交通出版社,1992 年。

[30] 郭旸:《公共性与市场性的悖离与融合:中国古代水运制度思想的经济考
察》,上海人民出版社,2009 年。

[31] 国际海洋局:《中国海洋政策》,海洋出版社,1998 年。

[32] 国家发展和改革委员会综合运输研究所:《中国交通运输发展改革之路:改
革开放 30 年综合运输体系建设发展回顾》,中国铁道出版社,2009 年。

[33] 国家海洋局:《中国海洋统计年鉴》(1993—2013),海洋出版社,1995—
2014 年。

[34] 国家海洋局海洋发展战略研究所课题组:《中国海洋发展报告》,海洋出版
社,2007 年。

[35] 国家经委经济综合局:《全国工业交通企业提高经济效益经验选编》下册,
工商出版社,1985 年。

[36] 国家经委经济综合局:《中国工业交通产业政策研究》,中国经济出版社,1988年。

[37] 国家科学技术委员会:《中国技术政策:交通运输》,内部文件,1985年。

[38] 国家统计局:《中国统计年鉴2013》,中国统计出版社,2013年。

[39] 国家统计局工业交通统计司:《中国工业交通能源50年统计资料汇编1949—1999》,中国统计出版社,2000年。

[40] 国家统计局能源统计司:《中国能源统计年鉴2013》,中国统计出版社,2013年。

[41] 国务院法制办公室:《加入世界贸易组织法规文件汇编》,中国法制出版社,2002年。

[42] 国务院台湾事务办公室:《台湾事务法律文件选编》,九州出版社,2011年。

[43] 何力平:《市场经济与政府职能》,黑龙江人民出版社,2000年。

[44] 河北省地方志编纂委员会:《河北省志·海洋志》,河北人民出版社,1994年。

[45] 胡鞍钢、石宝林:《中国交通革命——跨越式发展之路》,人民交通出版社,2009年。

[46] 胡景岩:《进入中国服务业》,高等教育出版社,2008年。

[47] 黄锦明:《中国迈向贸易强国的理论与对策研究》,浙江大学出版社,2007年。

[48] 黄景海:《秦皇岛港史(现代部分)》,人民交通出版社,1987年。

[49] 黄民、张建平:《国外交通运输发展战略及启示》,中国经济出版社,2007年。

[50] 纪少波、陈江令:《烟台港史(现代部分)》,人民交通出版社,2008年。

[51] 季国兴:《中国的海洋安全和海域管辖》,上海人民出版社,2009年。

[52] 贾大山:《海运强国战略》,上海交通大学出版社,2013年。

[53] 江苏省地方志编纂委员会:《江苏省志·交通志·航运篇》,江苏古籍出版社,2001年。

[54] 姜旭朝:《中华人民共和国海洋经济史》,经济科学出版社,2008年。

[55] 交通部:《中国公路水运交通五十年》,人民交通出版社,1999年。

[56] 交通部上海海运管理局:《上海海运三十年(1949—1979)》,内部资料,1979年。

[57] 交通部水运司:《航运政策法规汇编(1985年—1999年)》,内刊,2000年。

[58] 交通部综合规划司:《新中国交通五十年统计资料汇编:1949—1999》,人民

交通出版社,2000年。

[59] 交通运输部:《中国航运发展报告》(1999—2012),人民交通出版社,2000—2013年。

[60] 交通运输部:《中国交通运输60年》,人民交通出版社,2009年。

[61] 金立成:《上海港史(现代部分)》,人民交通出版社,1986年。

[62] 李钢、李俊:《迈向贸易强国:中国外经贸战略的深化与升级》,人民出版社,2006年。

[63] 李明春:《海洋权益与中国崛起》,海洋出版社,2007年。

[64] 李文良:《WTO与中国政府管理》,吉林人民出版社,2003年。

[65] 厉以宁:《资本主义的起源:比较经济史研究》,商务印书馆,2003年。

[66] 辽宁省地方志编纂委员会:《辽宁省志·公路水运志》,辽宁人民出版社,1999年。

[67] 林毅夫、蔡昉、李周:《中国的奇迹:发展战略与经济改革》,上海三联书店、上海人民出版社,1999年。

[68] 刘伟:《水运基础设施发展论》,大连海事大学出版社,1999年。

[69] 吕靖、张明、李玖晖:《海运金融》,人民交通出版社,2001年。

[70] 骆温平:《中国水运物流研究》,人民交通出版社,2005年。

[71] 马洪、唐杰:《中国改革全书(1978—1991)·交通运输改革卷》,大连出版社,1992年。

[72] 马洪、张有民:《中国改革全书(1978—1991)·物资流通体制改革卷》,大连出版社,1992年。

[73] 马陵:《魔法无边的手——市场的力量》,新华出版社,2001年。

[74] 钱永昌:《轻舟已过万重山》,人民交通出版社,2008年。

[75] 钱云龙:《上海改革开放二十年·交通卷》,上海人民出版社,1998年。

[76] 人民铁道出版社:《马克思、恩格斯、列宁、斯大林论交通运输业》,人民铁道出版社,1955年。

[77] 任兴源:《国际航运经济》,人民交通出版社,1987年。

[78] 荣朝和:《论运输化》,中国社会科学出版社,1993年。

[79] 山东省地方史志编纂委员会:《山东省志·海洋志》,海洋出版社,1993年。

[80] 商务部研究院:《中国对外贸易30年》,中国商务出版社,2008年。

[81] 上海通志编纂委员会:《上海通志·第6册》,上海社会科学院出版社;上海人民出版社,2005年。

[82] 束方昆:《江苏航运史(现代部分)》,人民交通出版社,1994 年。

[83] 苏少之:《中国经济通史·第十卷》上册,湖南人民出版社,2002 年。

[84] 粟裕:《粟裕文选》,军事科学出版社,2004 年。

[85] 孙光圻、钱耀鹏:《当代台湾航运》,大连海事大学出版社,2005 年。

[86] 孙光圻:《国际海运政策》,大连海事大学出版社,1998 年。

[87] 孙光圻:《中国航海史基础文献汇编》,海洋出版社,2007 年。

[88] 唐晋:《大国崛起:以历史的眼光和全球的视野解读 15 世纪以来 9 个世界性大国崛起的历史》,人民出版社,2006 年。

[89] 万红先:《中国服务贸易国际竞争力研究》,中国科学技术大学出版社,2008 年。

[90] 王成金:《集装箱港口网络形成演化与发展机制》,科学出版社,2012 年。

[91] 王德荣等:《交通运输产业政策研究》,科学技术文献出版社,1989 年。

[92] 王惠臣:《论运输管制——公共性与企业性的悖论》,高等教育出版社,1997 年。

[93] 王加丰:《强国之鉴:八位央视＜大国崛起＞专家之深度解读》,人民出版社,2007 年。

[94] 王杰、闵德权、王莉:《国际海运政策概论》,大连海事大学出版社,2010 年。

[95] 王杰、王琦:《国际航运组织的垄断与竞争》,大连海事大学出版社,2000 年。

[96] 王晶、唐丽敏:《海运经济地理》,大连海事大学出版社,1999 年。

[97] 王俊豪:《自然垄断产业的政府管制理论》,浙江大学出版社,2000 年。

[98] 王庆云:《交通运输发展理论与实践》,中国科学技术出版社,2006 年。

[99] 王树才:《河北省航运史》,人民交通出版社,1988 年。

[100] 王晓芳:《运输政策变迁的制度分析》,经济科学出版社,2011 年。

[101] 王燕、白雪洁:《中国交通运输产业的政府规制改革》,经济管理出版社,2010 年。

[102] 王祖温:《中国航运大讲坛》(第 1 集),大连海事大学出版社,2011 年。

[103] 魏际刚:《运输业发展中的制度因素》,经济科学出版社,2003 年。

[104] 魏一鸣等:《中国能源报告 2012:能源安全研究》,科学技术出版社,2012 年。

[105] 魏志梅:《中国企业跨国经营税收问题研究》,中国财政经济出版社,2009 年。

[106] 吴承明:《经济史:历史观与方法论》,上海财经大学出版社,2006 年。

[107] 吴敬琏:《当代中国经济改革》,上海远东出版社,2004 年。

[108] 吴敬琏:《市场经济的培育和运作》,中国发展出版社,1993 年。

[109] 吴易风等:《市场经济和政府干预:新古典宏观经济学和新凯恩斯主义经济学研究》,商务印书馆,1998 年。

[110] 席龙飞:《中国造船史》,湖北教育出版社,2000 年。

[111] 厦门港史志编纂委员会:《厦门港史》,人民交通出版社,1993 年。

[112] 肖林:《政府经济学——透视"有形之手"的边界》,上海人民出版社,2008 年。

[113] 徐德济:《连云港港史(现代部分)》,人民交通出版社,1989 年。

[114] 徐剑华:《国际航运经济新论》,人民交通出版社,1997 年。

[115] 徐质斌:《中国海洋经济发展战略研究》,广东经济出版社,2007 年。

[116] 杨金森:《海洋强国兴衰史略》,海洋出版社,2007 年。

[117] 杨圣明:《服务贸易:中国与世界》,民主与建设出版社,1999 年。

[118] 杨兴斌:《国际市场价格概论》,世界知识出版社,1994 年。

[119] 杨泽伟:《中国海上能源通道安全的法律保障》,武汉大学出版社,2011 年。

[120] 叶飞:《叶飞回忆录(续):在交通部期间》,人民交通出版社,2001 年。

[121] 於世成、胡正良、郏丙贵:《美国航运政策、法律与管理体制研究》,北京大学出版社,2008 年。

[122] 章雁:《国际航运企业竞争力研究》,大连海事大学出版社,2008。

[123] 赵德馨:《经济史学概论文稿》,经济科学出版社,2009 年。

[124] 赵刚:《航运企业经营管理》,人民交通出版社,2005 年。

[125] 赵凌云:《中国经济通史·第十卷》下册,湖南人民出版社,2002 年。

[126] 郑绍昌:《宁波港史》,人民交通出版社,1989 年。

[127] 郑志海:《入世与服务业市场开放》,中国对外经济贸易出版社,2002 年。

[128] 中国航海学会:《中国航海史(现代航海史)》,人民交通出版社,1989 年。

[129] 《中国交通年鉴》编辑部:《中国交通年鉴》(1986—2013),中国交通出版社,1986—2013 年。

[130] 中国外轮代理总公司:《中国外轮代理总公司发展史》(征求意见稿),1999 年。

[131] 中国远洋运输总公司《中远发展史》编委会:《中远发展史——中国远洋运输公司史》,人民交通出版社,2000 年。

[132] 中远集装箱运输有限公司史编纂委员会:《中远集装箱运输有限公司(上

海远洋运输公司)史》,上海人民出版社,2004 年。

[133] 周厚才:《温州港史》,人民交通出版社,1990 年。

[134] 周柳军:《中国服务贸易发展报告 2012》,中国商务出版社,2013 年。

[135] 朱士秀:《招商局史(现代部分)》,人民交通出版社,1995 年。

[136] (德)弗里德里希·李斯特著,陈万煦译:《政治经济学的国民体系》,商务印书馆,2009 年。

[137] (美)W. W. 罗斯扎著,郭熙保、工松茂译.《经济增长的阶段:非共产党宣言》,中国社会科学出版社,2001 年。

[138] (美)阿尔弗雷德·塞耶·马汉著,萧伟中、梅然译:《海权论》,中国言实出版社,1997 年。

[139] (美)保罗·克鲁格曼著,张兆杰译:《地理和贸易》,北京大学出版社、中国人民大学出版社,2000 年。

[140] (美)保罗·肯尼迪著,王保存译:《大国的兴衰》,求实出版社,1988 年。

[141] (美)杰弗里·M.伍德里奇著,费剑平译:《计量经济学》,中国人民大学出版社,2010 年。

[142] (美)曼贡著,张继先译:《美国海洋政策》,海洋出版社,1982 年。

[143] (美)斯蒂芬·D. 克莱斯勒著,李小华译:《结构冲突:第三世界对抗全球自由主义》,浙江人民出版社,2001 年。

[144] (美)约瑟夫·E. 斯蒂格利茨等著,郑秉文译:《政府为什么干预经济:政府在市场经济中的角色》,中国物资出版社,1998 年。

[145] (美)约瑟夫·E. 斯蒂格利茨等著,周立群等译:《社会主义向何处去:经济体制转型的理论与证据》,吉林人民出版社,1998 年。

[146] (美)约瑟夫·熊彼特著,朱泱等译:《经济分析史》,商务印书馆,2011 年。

[147] (日)水上千之著,全贤淑译:《船舶国籍与方便旗船籍》,大连海事大学出版社,2000 年。

[148] (英)安格斯·麦迪森著,伍晓鹰等译:《世界经济千年史》,北京大学出版社,2003 年。

[149] (英)苏珊·斯特兰奇著,杨宇光等译:《国家与市场》,上海人民出版社,2006 年。

[150] (英)亚当·斯密著,唐日松等译:《国富论》,华夏出版社,2005 年。

[151] Barker, T. C. An Economic History of Transport in Britain. London: Routledge, 2006.

［152］Committee on the Marine Transportation System. National Strategy for Marine Transport System：A Framework for Action，July 2008.

［153］Frankel，Ernst G. and Henry S. Marcus. Ocean Transportation. Cambridge，Mass：The MIT Press，1973.

［154］Panitchpakdi，Supachai and Mark L. Clifford China and the WTO：Changing China，Changing World Trade. Singapore：Wiley，2002.

［155］The UNCTAD secretariat. Review of Maritime Transport（1997—2012），New York and Geneva：United Nations，1997—2012.

论文

［1］白景涛：《中国沿海港口合理发展建设时机研究》，上海海事大学，2006 年博士学位论文。

［2］包鹏程、王晓：《我国现行航运政策的比较研究》，《南通航运职业技术学院学报》2003 年第 3 期。

［3］陈双喜、王磊、宋旸：《我国海运服务贸易逆差影响因素研究》，《财贸经济》2011 年第 2 期。

［4］金钰：《美国航运政策及其立法研究》，大连海事大学，2000 年硕士学位论文。

［5］刘斌：《国轮国造的尴尬》，《中国水运》2005 年第 3 期。

［6］刘铁利、王全喜：《中外国际航运业税收制度的比较与借鉴》，《涉外税务》2005 年第 9 期。

［7］麦正锋：《近代北海港是"大西南门户"吗？——再论近代北海港的经济腹地》，《广西民族研究》2013 年第 3 期。

［8］麦正锋：《近代北海港贸易地位的变迁》，《广西民族研究》2014 年第 1 期。

［9］马艳飞、王晓霞：《浅析我国航运保护政策的完善》，《法制与社会》2007 年第 3 期。

［10］聂佳玉、王玉田：《中国海运政策的调整及其对航运业发展的影响分析》，《水运管理》1998 年第 8 期。

［11］钱玉戬：《国民经济恢复时期海运史述略》，《上海海运学院学报》1986 年第 4 期。

［12］秦晓：《中国能源安全战略中的能源运输问题》，《中国能源》2004 年第 7 期。

［13］肜新春：《试论新中国海运事业的发展和变迁（1949—2010）》，《中国经济史研究》2012 年第 2 期。

[14] 万红先、戴翔：《我国海运服务贸易竞争力的国际比较》，《国际商务（对外经济贸易大学学报）》2007 年第 1 期。

[15] 王婧祎：《WTO 国际海运服务贸易与我国海运业开放》，《上海经济研究》2008 年第 11 期。

[16] 王庆云：《交通运输的政府规制与市场竞争》，《交通运输系统工程与信息》2003 年第 3 期。

[17] 王庆云：《交通运输市场化运作中政府的作用》，《综合运输》2003 年第 5 期。

[18] 王幸子：《航运补贴制度研究》，东北财经大学，2010 年硕士学位论文。

[19] 卫太夷：《关于"一五"时期我国海运管理改革的探讨》，《上海海运学院学报》1986 年第 2 期。

[20] 武力：《1949—2002 年中国政府经济职能演变述评》，《中国经济史研究》2003 年第 4 期。

[21] 向爱兵、肖昭升：《交通运输资源配置中政府和市场作用定位初探》，《综合运输》2010 年第 4 期。

[22] 徐文宇：《发展我国远洋运输事业及若干政府行为》，《中国港口》1996 年第 4 期。

[23] 徐仪佑：《美国海运政策演变及中国海运政策趋向建议》，《世界海运》1999 年第 4 期。

[24] 杨崇正：《改革开放时期中共航港体制改革之研究》，台湾政治大学，2003 年博士学位论文。

[25] 杨靳、邵哲平：《自由主义航运政策对中国航运业的影响》，《中国水运（学术版）》2006 年第 8 期。

[26] 于谨凯、侯瑞青：《海洋运输业竞争力提升中的政府补贴机制研究》，《内蒙古财经学院学报》2009 年第 6 期。

[27] 于立新：《开放中国航运服务贸易市场的思考》，《财贸经济》1999 第 10 期。

[28] 余光生、孙大光：《论"一条龙"运输大协作》，《红旗》1960 年第 1 期。

[29] 张培林、梁小威：《我国国际航运经济政策优化分析》，《中国软科学》1998 年第 6 期。

[30] 赵德馨：《跟随历史前进》，《中南财经大学学报》1995 年第 6 期。

[31] 赵沫：《我国海运服务贸易竞争力研究》，大连海事大学，2011 年硕士学位论文。

[32] North，Douglass C. "Sources of Productivity Change in Ocean Shipping，

1600—1850. ” Journal of Political Economy，76：5(1968).

[33] Solow，Robert M. “Economic History and Economics. ” The American Economic Review，75：2(1985. 5).

索 引

后 记

本书是笔者在博士学位论文基础上修改完成的。在论文写作过程中,得到了导师苏少之教授的悉心教导,著名经济史学家赵德馨教授、武汉大学历史学院张建民教授、华中师范大学校长赵凌云教授、华中师范大学副校长彭南生教授、中南财经政法大学副校长邹进文,以及中南财经政法大学经济学院的姚会元教授、瞿商教授、张连辉教授和李小平教授分别对论文提出了宝贵的建议。然笔者资质驽钝,未能完全领会老师们的学术思想,深以为憾。本书难免存在错漏之处,望各界人士不吝赐教。

本书在出版过程中,也得到了浙江财经大学党委副书记卢新波教授、经济学院院长胡亦琴教授、经济史教研室主任王力教授的大力支持;上海交通大学出版社编委提文静老师给予了指导。

在此,笔者向以上各位老师致以衷心的感谢和崇高的敬意! 向常年来给予关怀和支持的各位亲友表示深深的谢意!